아주 개인적인 한국사

사적인 기록, 시대를 담아 역사가 되다

아주 개인적인 한국사
사적인 기록, 시대를 담아 역사가 되다

1판 1쇄 2022년 11월 1일

지 은 이 모지현

발 행 인 주정관
발 행 처 더좋은책
주   소 서울특별시 마포구 양화로 7길 6-16
서교제일빌딩 201호
대표전화 02-332-5281
팩시밀리 02-332-5283
출판등록 2011년 11월 25일(제2020-000287호)
홈페이지 www.ebookstory.co.kr
이 메 일 bookstory@naver.com

ISBN 978-89-98015-41-1 03910

아주
개인적인
한국사

사적인 기록, 시대를 담아 역사가 되다

모지현 지음

종은책
더좋은책

역사는 개개인의 삶이 한 흐름으로 모인 줄기이며 산맥이다. 그 방향이 어디로 뻗을지는 아무도 알지 못한다. 마치 생명과 같아서 수많은 질곡 속에 태어나고 성장하고 정점을 맞았다 사멸한다. 그리고 새로운 역사의 싹을 틔우는 옥토가 된다.

개인의 삶은 그런 역사 속에서 규정되기 마련이다. 한 개인이 살아낸 시대는 그의 모든 것에 절대적인 영향을 미치는 법이니 말이다. 평가 또한 마찬가지. 난세에는 영웅일 인물이 태평성대에는 반란 수괴로 치부되거나, 제아무리 선구적 인물일지라도 뒤따라오는 시대의 가장 보수적인 대중보다 보수적일 수 있음이 그런 것이다. 시대적 한계 앞에 자유롭기가 쉽지 않은 수많은 모습 중 단편이다.

그러나 역사의 흐름이 개인의 삶을 결정짓는 순간에도 개인은 '선택'을 해야 한다. 주어진 수많은 선택지에 정답이 따로 있는 것은 아니지만, 같은 상황 동일 조건에도 다른 선택을 하는 개인들은 놀랍다. 시대에 대한 순응도, 침묵도 선택할 순간이 있는 법이다. 때로 개인적 비극으로 종결될 것이 예상됨에도 저항을 선택하는 사람도 있고 말이다. 그리고 그렇게 난 좁은 길로 다수의 개인이 뒤따르기를 선택하면서 역사는 또 한 걸음 나아간다. 그러기에 역사는 거대하면서도 지극히 개인적이다.

『아주 개인적인 한국사』는 역사와 개인, 그 사이를 잇는 기록에 대한 고민에서 출발했다. 작은 개인이 경험한 거대한 시대, 그 시대를 빚어낸 개인이 선택한 삶들. 둘 사이를 오가며 흐르는 하루하루는 개인에 의해 기록되고, 그 위에 쌓인 시간만큼 묵혔다 꺼내진 사연들은 모여 시대의 역사를 이룬다. 일기와 자서전, 회고록과 비망록 등 개인이 사적으로 남긴 기록을 통해 한국사의 물줄기를 그려 보고자 한 까닭이다. 지극히 사적인 측면에서 바라보는 역사는 어쩌면 하찮을 수도 혹은 반대로 도두 보일런지도 모르겠다. 하지만 아픔과 기쁨이 갈마든 개인의 삶을 통해 엿보는 역사적 장면이기에, 그래서 평범하면서도 전적으로 유일무이하기에 더 깊이 공감되고 애틋하게 느껴지지 않을까?

1388년 요동(랴오둥) 정벌을 위해 출정했던 이성계가 압록강 위화도에서 군대를 돌려 개경으로 돌아온다. 위화도 회군은 고려의 멸망과 조선 건국의 서막을 알리는 역사적 사건이었다. 이후 조선 왕조는 성리학에 입각한 중앙집권적인 통치체제를 이룩하는 데 총력을 기울였고, 문화적 자존감은 특히 세종대왕 시기 위대한 업적으로 광채를 뿜어냈다.

그렇게 백 년을 거쳐 조선의 통치체제와 문물이 완성됨을 여러 면에서 증명하던 성종 치세 1488년. 금남 최부의 기록이 탄생한다. 이 책 여정의 시작점이다. 최부의 기록이 출발점이 된 이유는 단순하고, 알고 보면 당연하다. 사실 일기야 인간의 문자 생활과 더불어 시작됐을 테니 한국사에서 삼국이나 고려 시대에도 있었을 것이다. 그러나 일기 등 사적 기록이 활발하게 작성되어 본격적으로 남기 시작한 것은 조선에 와서다. 물론 이후 세기들과 비교하면 15세기에도 드문 형편인데, 최부의 기록은 그런 귀한 '일기'이기 때문이다.

그리고 5백 년이 지난 1987년. 그해 6월 민주항쟁을 담은 기록은 5·18 광주민주화운동이 열매 맺은 대한민국의 위대한 흔적이다. 이한열의 글과 박종철 관련 기록이 책의 도착점이다. 이후에도 개인적 기록은 헤아릴 수 없을 정도로 생산되었고 현재도 진행 중이지만, 선택할 '역사적' 기준이 세워지기에는 아직 쌓인 시간이 얇은 듯해 더는 나아가기가 곤란했다.

그사이 허다한 개인은 부지불식간 각자의 눈으로 바라보고 체험한 당대를 기록 속에 남겨 놓았다. 그중 스무 주제를 선택한 것은, 수많은 기록 중 그 어느 것도 감히 의미 없다 평가할 수 없었기에 힘든 과정이었다. 결국 학교 현장에서 역사 교육을 맡았던 사람으로서 장착된 시각이 선택의 기준으로 작용했다. '현재의 대한민국을 만든 힘과 미래를 위한 시금석으로서의 역사'라는, 거창해 뵈지만 실은 매우 평범하고 오랜 고민. 거기에 배울 때보다 가르칠 때 훨씬 더 아쉽게 다가오는 '서술의 현장감, 해석의 깊이나 다양함의 부족'을, 교과서나 참고 도서 속에서 느끼게 했던 역사적 장면들이 그것이다.

그러다 보니 5백 년 대부분을 차지하는 조선의 기록에 관한 서술이 일제강점기, 대한민국과 비교해 상대적으로 성긴 감이 있음을 고백한다. 하여 그 아쉬움을, 조선 시대 일기에 대해 간략하게 훑은 도입 글로 조금이나마 달래려 해보았다. 그 내용에서 말하듯 이 책의 모자람은 기록의 부재 때문이 아니다. 전적으로 나의 과문 탓이니 부디 너그러운 이해를 부탁한다.

감사하게도, 역사적 현장을 일군 수많은 위대한 이들이 남긴 기록 속 그들의 생각과 선택은 한국사에서의 고민에 대한 실마리를 제공해주었다. 예상치 못했던 삶들을 기록에서 만날 가능성에 대한 기대감 역시 헛되지 않았다. 조선사람이 남긴 천 개가 훌쩍 넘는 일기들, 근대 이후 탄생한 외국인들의 저술과 대한민국 시대의 기록들 속에서 찾아진, 거대한 시선으로는 미처 보지 못했던 한국사의 편린들은 그 다채로움이 놀라울 뿐이었다.

그 결과 『징비록』, 『난중일기』, 『백범일지』와 같이 한국인이면 누구나 안다고 자부하는 이들의 기록은 더 가까워졌다. 『양아록』, 『미암일기』와 윤치호, 이승만, 전태일, 이한열의 일기 같은 기록은 개인과 시대의 새로운 면면을 짚어주었다. 중국과 일본, 미국 등을 오간 이들의 기록은 당시 국제관계의 속내를 드러내 주며, 이것이 현재 가늠자가 될 수 있음 역시 보였다.

전(前)근대 기록물의 생성과 보존이 가지는 한계 때문에 대부분 '남성 식자층'이라는 기록자 간 공통점을 완전히 뛰어넘을 수는 없었으나, 주변인처럼 여겨진 '여성'과 '외국인'의 시선으로 해당 시대의 숨어있던 풍경 또한 찾을 수 있었다. 『계축일기』나 『한중록』에 비해 상대적으로 널리 알려진 편은 아니지만 그래서 마음이 더 쓰인 송덕봉의 글과 『병자일기』를 선택한 이유고, 나혜석과 메리 린리 테일러, 이재영의 저술, 안련, 그

일 그리고 어비신의 기록들에 대해서도 마찬가지다.

동일 사건을 겪은 사람들이 각자 상황과 특성에 따라 내린 선택과 기록을 살핀 것도 상당히 소중한 작업이었다. 특히 전쟁과 관련된 기록, 즉 임진왜란과 한국전쟁을 다룬 일기들이나 일제강점기 저술들이 그렇다. 기록 단절이 발생하기 쉬웠고 처한 형편에 따라 시각 차이가 클 수 있던 시간이었기에, '사실의 증거적 속성을 보존하지만 통제되어 기억을 왜곡시키는 도구로 쓰이기도 쉬운' 기록의 특성상 한국사에서 매우 중요한 지점이기 때문이다.

기록이 번역을 거치는 과정을 되짚어 본 것 역시 기쁜 작업이었다. 최근 번역에서 시간을 거슬러 수십 년 전 첫 국역본들까지 관심이 미칠 수 있던 데는 동력이 여럿 있었지만, 개중 큰 건 호기심이었다. 『표해록』, 『쇄미록』, 『하멜표류기』, 『해유록』, 『열하일기』 등등. 많은 시간이 필요했고 과정은 고단했다. 그럼에도 기록자와 더불어 그 기록에 정성을 쏟은 후대인들의 시간까지 품게 된 듯한 흡족한 마음은 더할 나위 없이 좋았고, 그런 기쁨을 한국사에 애정을 가진 많은 이들과 나누고 싶다는 소망은 더 자라났다. 오랜 시간 믿음과 응원으로 기다려주신 분들과 기꺼이 보물들을 내어준 도서관, 출판사들에 감사할 수밖에 없는 이유다.

원저작부터 첫 번역, 그리고 최근 번역에 연구 성과까지 수많은 이들의 도움이 없었다면 불가능했을 작업이었다. 그러다 보니 외국어나 한문 투의 표현, 현재 맞춤법에 맞지 않는 구절들이 함께한다. 조선의 기록에는 더더욱 그렇다. 읽는 데 거칠게 느껴질 수도 있겠다. 하지만 그것이 안겨주는 세월의 묵직함은 감수할 만한 가치가 있는 불편함이지 않을까 조심스레 기대해 본다.

이 책 속을 걷는 우리가 5백 년 한국 역사와 함께, 그 시간을 살아낸 현재 우리와 다름이 없는 보통의, 그러함에도 그 시대성을 지닌 오직 하나뿐인 개인의 숨결을 느낄 수 있으면 좋겠다. 하여 각자의 빛과 어둠 속을 담담히 걸어간 그들로부터 위로와 힘을 얻은 선택이 결국은 희망이길 바란다.

누군가에게 시간을 들인다는 건 다시는 돌려받지 못할 삶의 일부를 주는 것이라고 한다. 이 책에 귀한 시간을 들이려는 여러분에게 진심으로 반갑고 고맙다는 인사를 전한다.

2022년
하은 모지현

차 례

/ 제3부 /
일제강점기를 기록하다

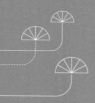

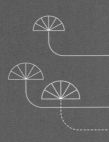

제1부
조선을 기록하다 1

─────────── '기록의 왕국'은 조선을 가리키는 표현이다. 다른 왕조가 아닌 조선이 역사에 있어 '기록'의 위대한 가치를 알릴 수 있던 데는 『조선왕조실록』과 같은 공적 기록물의 힘이 크다. 하지만 그 때문만은 아니다. 일기를 비롯한 사적인 저술의 규모와 다양성 역시 어마어마한데, 문화재청 국민문화재연구소가 조사하고 번역, 해제 작업한 바에 따르면 개인 일기 목록만 무려 1천 6백여 건에 달한다. 이는 그만큼 혹은 그 이상의 후손들이 기록 보존에 힘을 다해오고 있다는 의미일 것이다.

사실 14~15세기 일기는 후대와 비교하면 절대적인 양도 많지 않고 그나마도 '일기'라고 하기에 곤란한 저술이 대부분이다. 사적 기록보다 공적 기록에 더 중점을 둔 것은 1세기 뒤에 모습을 드러낼 사림 출신 작자들과는 다른 당시 사대부들의 성향 때문이었다. 15세기 최부의 『표해록』이 특별한 기록이 된 까닭이다.

『양아록』과 『미암일기』 등을 배출한 16세기, 일기는 이전에 대해 열 배 이상 폭발적으로 증가한다. 작품의 양이 165건 정도일 뿐 아니라 내용도 풍부해진다. 이는 사림(士林)의 등장과 밀접한 관련이 있다. 그들은 향촌에서 가문과 본인의 위상 유지를 위해 분투하며 학문적 탐색에 전심을 다하곤 했고 그 결과 향촌 생활을 생생하게 담은 기록들을 남길 수 있었다. 게다가 일기의 경우 필수 내용인 행력(行歷)만을 간단히 적은 것이 아니라, 그날그날 작성한 시문과 편지 등도 함께여서 내용도 풍성하다. 『난중일기』 『징비록』이 이들 기록과 같은 세기 저술임에도 불구하고 내용은 천양지차이듯, 임진왜란은 일반적으로 조선을 두 시기로 구분할 만큼 결정적 사건이다. 그렇기에 조선의 개인적 기록들 역시 이 지점을 기준으로 나누었다.

이후 일기 작성은 17세기 243건, 18세기 305건으로 심화, 확장되다가 19세기 437건에 이른다. 성리학이 극도로 발달하며 '양반'으로 대표되는 '글'을 하는 이들의 규모가 확장된 조선의 상황을 반영하는 현상이겠지만, 『하멜표류기』『열하일기』가 보여주듯 이는 조선이 세계사적 흐름을 타지 못하게 하는 주요 원인이 되기도 했다. 20세기 들어 178건으로 줄어드는 것은 결국 나라를 빼앗긴 데다 국한문 혼용이나 영어의 사용이 증가하면서 전통적 일기도 조선의 다른 전통처럼 사라지는 과정에 들어선 탓일 것이다. 서구를 비롯한 외국과 조약이 본격적으로 체결된 뒤 한국에 온 서양인들은 눈에 띄게 증가했고, 그에 따라 이들의 기록 역시 늘어난다.

15세기에서 20세기 초까지 조선 및 대한제국 시대 개인 기록의 저자들은 문장에 능한 남성 지식인이 대부분이다. 혹 층을 확대한다 해도 일부 무인 층, 사대부 여성 정도까지다. 때문에 서술 시각, 태도나 방법에서 계층성을 벗어나기 쉽지 않은 것이 사실이다. 그럼에도 기존에 알려진 사료를 보충하거나 배경 및 인과 등을 추정케 하는 자료들로 풍부하니, 가히 무궁무진한 '사료의 보고'라 말할 수 있을 것 같다. 이미 유명한 기록들을 비롯해 아직 발굴, 가공되지 못한 개인의 기록들은 조선에서 펼쳐졌던 각종 다양한 삶들이 구체적이고 생생하게 재현될 날을 기다리고 있다.

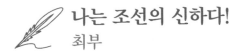

나는 조선의 신하다!
최부

1488년 포르투갈의 바르톨로메우 디아스는 아프리카 최남단을 통과한다. '희망봉'이라 붙여진 이름에서 예견된 듯 신항로 개척의 역사적 순간이 된 바로 그해. 성종 치세 19년을 맞은 조선의 추쇄경차관 금남(錦南) 최부(崔溥·1454~1504)가 윤1월 3일 제주 별도포에서 출항한다. 도망한 죄인, 노비의 추적 체포를 위해 제주에 파견된 지 불과 서너 달, 부친의 부음을 듣고 고향인 전남 나주로 향하는 길이었다.

바르톨로메우 디아스가 심한 폭풍우 속에서 생사를 넘나들다 '아프리카'의 모양새를 알리게 된 것처럼, 최부도 같은 이유로 15세기 동아시아 역사에 의미 깊은 궤적을 남기게 된다. 그는 폭풍우 치는 바다 위 표류 끝에 중국 영파(닝보)에 도착, 내륙 대운하를 따라 북경(베이징)에 호송되어 명 황제를 알현하고 돌아온다. 성종(재위 1469~1494)의 명을 받아 그 과정을 기록해 남기니, 『(금남)표해록(錦南漂海錄)』이 탄생한 경위다.

21세기 현재 국내 조선인 표류기록 중 대표적인 위치에 오르고, 일본 승려 엔닌의 『입당구법순례행기』와 이탈리아 마르코 폴로의 『동방견문록』과 함께 3대 전근대 중국 여행기로 꼽히고 있는 최부의 『표해록』. 의도치 않게 중국 강남을 다녀온 최부가 이를 통해 15세기 조선에 말하고 싶었던 것은 무엇일까? 그런 그의 마음과 자세에 대해 조선이 내린 선택은 어떤 의미일까?

어쩌다 중국

'표류'란 주로 자연 풍파로 인해 배가 본래 목적지가 아닌 곳으로 흘러가는 상태를 말한다. 해상 재난 사고의 일종으로, 근대 이전까지는 무동력 배가 운행된 까닭에 자주 발생한 현상이었다. 조선 해안가 사람들은 어로, 상업, 여행 등 다양한 이유로 항해하다 일본과 중국에 표착하기 일쑤였고, 안남(베트남)과 유구(일본 오키나와현), 심지어 여송(필리핀) 등지까지 이르곤 했다.

가장 잦은 표착 지점은 동해 쪽을 바라보는 일본 연안이었는데, 임진왜란 이후부터 19세기 중엽까지 일본에 표착했다가 송환된 사례는 1천여 건에 1만 명에 가까울 정도라 한다. 송시열과 정약용의 유배지로 유명한 경상북도 포항 장기 앞바다가 주요 무대였다. 이와 더불어 남서쪽 지역에서 해난 사고가 빈번하게 일어난 곳은 제주도와 전라남도 육지부를 연결하는 추자도 앞바다였다. 최부 일행의 표류가 시작된 바로 그곳이다.

겨울이 한창이라 일기는 좋지 않았다. 출항 여부를 놓고 의견이 분분했지만 최부는 한시라도 빨리 부친의 영전에 가야 한다는 일념으로 출

제주시 화북포구
최부가 출항한 '제주 별도포'의 현재 모습. 조선 시대 말까지 조천포구와 함께 제주와 육지를 잇던 대표적인 관문이었다.

발을 결심했다. 평소라면 제주 별도포에서 강진으로 이어진 항로를 따라 해남에 도착해 육로로 나주로 향하게 될 것이었다.

그러나 출항한 지 하루도 안 된 일행은 폭풍우에 휘말려 표류하기 시작했다. 우박과 큰바람에 하늘이 뒤흔들리고 성난 파도가 산같이 배를 두들기는 가운데, 동북쪽 멀게 한 점 탄환처럼 보인 흑산도를 마지막으로 결국 대양으로 들어서고 만 최부 일행. 본래 최부 자신을 포함해 8명이었는데, 제주 목사가 호의로 선원 35명을 더해 43명이 승선한 터였다. 폭우 속 표류 상황이면 으레 그렇듯 대부분은 자포자기해 명령에 불복하고 누워 차라리 파선을 기다렸고, 심지어 목매달아 죽으려는 사람까지 나왔다. 그들을 다독이며 통솔하던 최부는 관과 상복을 차려입고 하늘에 구원을 빈다.

흰빛 바다를 보며 중국과 가까워졌음을 확신하던 그가 일행을 독려한 7일 이후로도 상황은 여전했다. 기아와 탈진으로 죽음의 문턱까지 다다랐을 무렵, 기적같이 내린 비에 젖은 옷을 짜 마셔 목을 축인 일행은 윤1월 11일 저녁 드디어 구사일생 중국 땅에 도달한다.

그러나 고행은 끝나지 않았다. 중국 동남부의 절강성 영파부에 가까스로 도착한 그들이 처음 만난 것은 20여 명의 중국 해적이었기 때문이다. 의복과 식량, 행장 등 물건을 모두 빼앗기고 죽음 앞에 선 상황에서, 최부의 인신(印信)과 마패마저 빼앗겼다가 되찾은 것은 그나마 다행이었다. 닻과 노, 모든 줄이 끊긴 채 버려진 뒤 일행은 푸른 바다를 헤매며 침몰되기만 기다릴 지경이 된다.

그러던 16일 천신만고 끝에 태주부 임해현 우두(牛頭)의 외양(外洋)에 도착한 이들은 후추 등을 요구하는 도적들을 만나 다시금 목숨의 위협을 받는다. 일행 모두와 함께 근처 인가로 탈출을 감행한 최부는 왜구로 오해한 주민들에 의해 "차라리 바다에서 죽는 것이 나았을 것"이라 후회할 정도로 고통당하지만, 덕분에 그들 존재가 외부로 드러나 목숨을 건질 수 있었다.

도저소(桃渚所)[1]와 건도소(健跳所)[2]로 호송된 최부는 이어지는 소흥부, 항주(항저우) 등의 관리로부터 거듭 심문당한 뒤 조선 관리임을 증명해 낼 수 있었다. 이후부터 손님으로 대접받으며 당시 동아시아 삼국 관례에 따라 송환 길에 오른다. 2월 13일 항주에서 출발한 그는 대운하를 타고 이동해 3월 28일 북경의 옥하관(일행이 머문 관사)에 들어선다. 한 달 가까이 체류하면서 황제 알현까지 한 뒤 4월 24일 길을 떠나 6월 4일 의

---

[1] 최부가 처음으로 심문을 받은 곳. 현 절강성 임해시 관할. 명 초 왜구 방비를 위해 군사제도인 위소를 설치하면서 형성된 군사도시로, 바다로 통하는 개천을 만들고 그 양쪽에 복숭아를 많이 심은 데서 명칭이 유래됨.
[2] 절강성 4대 항구 중 하나로 3면이 산으로 둘러싸여 입구만 방어하면 왜구를 방어할 수 있는 형세를 이용해 세운 군사도시.

경항 대운하
중국의 베이징과 항저우를 잇는 운하로 베이징-항저우 대운하라고도 한다. 수나라 양제가 건설해 원 쿠빌라이칸이 개수, 명 영락제 시기 완성되었다고 전해진다.

주에 입성한다. 제주에서 출발해 13일간의 표류와 135일 동안 중국을 남북으로 종단하며, 43명 중 한 사람의 낙오도 없이 의주까지 이른 총 3,780여 킬로미터의 대장정이었다.

이들이 돌아와 청파역에 묵는 동안 성종은 출발부터 도착까지의 일을 기록해 바치라고 명령한다. 사실 최부는 병들어 수레를 타고 귀국해야 할 정도로 몸이 쇠약해져 있던 데다 상주였기 때문에 곧 나주로 가 부친 상을 마쳐야 했다. 그럼에도 임금의 명령에 어쩔 수 없이 8일 동안 견문 일기를 기록해 바친 뒤에야 상을 시작할 수 있었다. 최부의 경험과 세심한 기억, 수하 관리 여럿의 기록으로 다듬어진 3권3) 2책으로 된 『표해록』은 그렇게 탄생했다.

강남 한가운데서 조선을 외치다

『표해록』은 제목 때문에 바다에서의 표류가 주된 내용인 것처럼 보이지만, 실상은 중국 강남에서 조선 입국에 이르는 동안 직접 보고 들은 것에 대한 기록이 내용의 3분의 2에 달한다. 그럼에도 왕명에 따라 공식적으로 중국을 사행한 사신들이 쓴 각종 사행록(조천록 또는 연행록)들과 구별하기 위해 붙여진 제목이라고 전한다.

사실 최부와 같은 해역에서 표류당한 경우는 부지기수이고 기록을 남긴 이들도 있다. 개중 장한철(張漢喆 · 1744~?) 역시 『표해록』으로 널리 알려졌다. 1770년 12월 25일 과

거 응시를 위해 그도 제주에서 한양으로 출항했다. 풍랑을 만나 유구 호산도에 표착, 1771년 귀국하기까지의 경험이 그 내용이다. 일본으로 가는 안남 상선에 구조되었다가, 제주도 인

장한철의 『표해록』 본문 ⓒ문화재청

근에서 국내 해역으로 또다시 표류한 점이 독특하다. 당시 해로와 해류, 바람 등에 관한 내용과 표류하는 동안의 심정이 실감 나게 기록되어 『표해록』이라는 제목이 잘 어울린다. 하지만 외국 체류 시기는 없어 외국문화에 대한 견문이나 현지인과의 문화교류에 관한 서술은 빈약하다.

『표해시말(漂海始末)』은 우이도(소흑산도) 어상 문순득(文淳得 · 1777~

---

3) 출항에서 귀국까지 제1권 무신(1488)년 윤1월 3일~2월 4일, 제2권 2월 5일~3월 25일, 제3권 3월 26일~6월 4일 일기로 되어있음.

1847)의 표류 경험에 관한 기록이다. 1801년 12월 우이도를 출항한 그는 이듬해 1월 태사도(흑산도 인근 삼태도)에서 홍어를 사서 돌아오던 중 표류를 당해, 1805년 1월 8일에야 고향에 돌아온다. 표류 과정과 그가 다녀온 유구, 여송의 풍속과 언어 등에 관한 내용으로 외국문화에 대한 견문이 매우 뛰어나다. 그러나 표류자가 직접 쓴 것이 아니라 그의 구술을 바탕으로 당시 우이도에 귀양 와있던 정약전(丁若銓·1758~1816 정약용의 형)이 기록했다.

이 두 작품과 비교할 때 최부의 『표해록』이 가지는 의의는 더 명확해진다. 경험자와 기록자가 동일인인 데다 표류한 경험뿐 아닌 중국에 도착해 문화교류를 한 내용까지도 담긴 '개인'의 기록인 것이다. 특히 성종이 서둘러 그에게 기록을 명령했던 데는 나름 중대한 이유가 있었다. 최부가 표착하고 지나온 곳이 바로 중국의 강남이라는 점이었다.

당시 강남, 즉 양자강(양쯔강·창장강) 이남에 대한 조선 조정의 관심은 지대했다. 그곳은 조선이 국시로 삼고 이념적으로 지향하던 성리학이 형성된 남송의 땅이었을 뿐 아니라 당·송 이후 중국의 신흥 경제 중심지역으로 부상해오고 있던 터였다. 이를 충분히 인지한 조선의 관심은 지극히 높았지만, 실상은 정반대로 그곳을 공식적으로 밟아본 조선인은 거의 없었다.

당 시대 중국 본토에는 신라방, 신라관, 발해관 등 다양한 외국인 거주지가 존재했다. 바닷길을 통해 동서양 교류가 활발했던 원대에도, 고려는 유학생을 보내고 빈공과에 합격한 관원을 배출하기도 하는 등 밀접한 외교 관계를 유지했다. 그러나 명 건국(1368) 후 상황은 바뀐다. 빈공과 폐지는 물론이거니와 교류는 제한되었고, 명이 경제적 기반 또한 무역 대신 농업으로 삼으면서 사무역도 엄격히 금지된다. 1370년대 홍무제 초기 내려진 "한 조각의 널빤지도 황제의 허가 없이는 밖으로 나갈 수 없다"라며 실시한 '해금 정책'은 민간의 교역을 통제하는 단적인 표현이었다.

조공무역이라는 공적 교류만이 허용된 상황에서 남경(난징)이 명의 도읍이었던 초기, 사신들은 해로를 통해 왕래하기도 했었다. 그러나 영락제의 북경 천도 이후 중국에 공식적으로 파견된 사절단의 왕래는 북방의 정해진 육로로 한정된다. 이는 사신들이 북경 이남 지역을 밟는 것이 불가능하다는 의미였고, 조선 사대부에게 그 지역에 대한 이해는 제한적·간접적일 수밖에 없다는 뜻이었다. 후대 박지원의 『열하일기』 역시 정해진 북방 육로에서 나온 작품이다. 그런데 최부가 강남을 경험한 것이다. 최부가 귀환 도중 요동 광녕역에서 성절사(황제의 생일을 축하하는 사신) 참판 채수 일행을 만났을 때 그가 부러운 듯 말하는 데서 그 가치는 짐작된다.

"신(臣)에게 지나온 산천의 요해처와 인물의 번성한 것을 묻기에, 신은 대략 진술했습니다. 사신이 또 절강 이남의 강산과 지방을 얘기하기를 마치 그전에 지나본 지방을 이야기하듯 하고는 신에게 이르기를, '우리나라 사람으로서는 대강(양쯔강) 이남을 친히 본 이가 근고에 없었는데, 그대만이 두루 관람했으니 어찌 다행한 일이 아니겠소?' 하였습니다."(1488년 5월 16일)[4]

---

[4] 최부, 이재호 번역, 『표해록』, 『국역 연행록선집』 I , 민족문화추진회, 1976, p. 214.

물론 그 이전 중국에 표착했던 사람들도 왕왕 있었다. 그러나 생업 때문에 바다에 나간 사람들이 대부분이었던 터라 기록을 남기기 어려웠다. 그들과 달리 최부는 초시를 거쳐 25세(1478)에 성균관에 들어갔고, 당대의 거유(巨儒) 김종직의 문하였다. 과거 급제 후 홍문관, 예문관, 교서관, 세자시강원 등을 역임했으며 표류 몇 해 전 『동국통감』의 편찬과 『동국여지승람』 개찬 작업에까지 참여했다. 즉, 조선 문물이 완성되던 성종 당시 사림파 관료로 유교 경전은 물론 역사와 지리 등에 풍부한 학식을 지닌 지식인이었던 데다 문사로서의 역량 또한 뛰어난 인물이었던 것이다. 성종이 최부를 '글을 쓸 만한 사람'으로 여길 법하지 않은가?

그는 기나긴 여정 동안 거쳐온 중국의 자연 풍광과 역사 고적은 물론이고 수천 개의 지명과 인명, 역명 등을 사실적으로 그것도 8일 만에 써 내려갔다. 교통 제도, 시장, 사찰과 사묘, 심지어 관우묘의 풍경까지도 낱낱이 묘사했고, 군사제도인 위소(衛所)는 그 명칭까지 일일이 열거했다. 중국 남북을 가로지르는 대운하에 관한 기술도 생생하다. 일기체로 쓴 글마다 구체적인 시간과 장소, 관련 인물들의 실명이 함께였는데, 그들과 얽힌 인문지리학 지식까지 펼쳐진다. 회하(황허강)를 건널 때는 지리학의 고전인 『우공』까지도 자유자재로 인용한다. 『논어』나 『맹자』 등 사서오경뿐 아니라 중국의 역사와 문학을 인용함은 물론이다.

"그(절강) 안에 있는 항주가 제일이 되었으니 곧 오대 때의 오월국이고, 송나라 고종이 남쪽으로 양자강을 건너 도읍을 옮겼던 땅으로서 이른바 임안부입니다.……서호는 성 서쪽 2리에 있었는데 남북의 길이와 동서 의 직경이 10리나 되고, 산천이 수려하므로 노래와 음악 소리가 떨어지

항저우의 서호

지 않습니다. 죽각은 광화원에 있었으니 백낙천이 세운 것으로서, 백낙천의 시에 '밤에는 죽각 사이에 잤다'는 것이 곧 이것입니다. 악악왕의 무덤은 서하령 입구에 있고, 냉천정은 영은사 앞의 비채봉 아래에 있었으니, 고지(古誌)에, '허유가 일찍이 영은간에서 물을 마셨다'는 것이 이것입니다."(1488년 2월 12일)[5]

그는 사신으로 파견된 듯한 사명감을 가지고 정보들을 수집, 기록했는데, 이는 당시 '외국에 사행 간 사람은 그 나라와 백성들에 대한 여러 사정을 자세하게 서술해 바쳐야 한다'는 방침[6]에 따른 것이었다. 현지인

---

5) 최부, 앞의 책, pp. 117~118.
6) 무릇 본국 사람으로서 사신으로 나가는 사람은 국가와 군민의 사체(事體)에 관계되는 것을, 서장관(書狀官)이 보고 듣는 것을 기록하는 예에 의하여, 처음부터 끝까지 자세히 써서 본관에 바치게 하되, 항식(恒式)으로 삼고, 본관으로 하여금 검찰하게 하소서. 『세종실록』 권66, 16년 11월 무인.

의 질문뿐 아니라 관련된 공문서, 비문 등 현지 자료까지 필사, 수록한 덕분에 마치 명 관련 백과사전처럼 자세하다. 중국학자들마저 '중국에 관한 이웃 나라의 가장 친절한 묘사'로서 5만여 자의 '유창한 한문으로 쓰였다'며 높이 평가한 이유다.

우두 외양에서 의주까지 귀환 중 본 산천과 교량, 운하, 제방 및 풍속 등을 요약, 정리하고 중국인과 조선인과 다른 점으로 『표해록』을 마무리한 그는, 특히 강남과 강북 양 지역 비교를 통해 그간 사신의 기록들과 차별성을 보인다. 일반적으로 중국을 방문하는 사신단은 대부분 수도 북경을, 풍부한 물산과 화려한 저택 등에 대한 감탄과 명 황제의 은덕에 대한 감격으로 묘사하곤 했다. 낙후된 요동 지역을 경유해 방문한 그들에게서 나올 수 있는 당연한 반응이었다. 이에 비해 최부의 북경 묘사는 그리 인상적이지 않다. 경제가 가장 발달한 소주(쑤저우)와 항주같이 부유함과 화려함이 있는 곳, 게다가 성리학의 형성지였던 곳, 그렇기에 인심에 대한 평가도 훨씬 후할 수 있던 강남땅을 경험한 뒤였기 때문일 것이다.

"지금 명나라가 옛날의 더러운 풍속을 깨끗이 씻어버리고 오랑캐 의복이 유행하던 지구(地區)로 하여금 의관(衣冠·중화의 제도)의 습속이 되도록 했으니, 조정 문물의 성대함에는 볼 만한 점이 있었습니다. 그러나 그 여염(민가)의 사이에서는 도교와 불교를 숭상하고 유학은 숭상하지 않으며, 상고(商賈)만 직업으로 삼고 농사는 직업으로 삼지 않으며, 의복은 짧고 좁아 남녀 모두 제도가 같았으며, 음식은 누린내 나는 것을 먹고 존비(尊卑)가 그릇을 같이 하여, 오랑캐의 남은 풍습이 없어지지 않았으니, 이

것이 유감스러운 일이었읍니다. 본 바에 의하면, 그 산은 초목이 아주 없고, 그 냇물은 더럽고, 그 땅은 모래 섞인 흙이 날려 일어나서 먼지가 하늘까지 가득 차고, 오곡은 풍성하지도 않으며, 그 사이에 인물의 많음과 누대의 웅장함과 시사(市肆)의 많은 것은 아마도 소주와 항주에 미치지 못할 듯하였으며, 그 성안의 수용품은 모두 남경과 소주·항주로부터 왔읍니다."(1488년 4월 23일)[7]

한편 중국인들도 최부 일행을 향해 호기심 어린 시선을 보내는데, 조선인을 만날 기회가 거의 없던 절강성 같은 강남에서는 더했다. 요동에서 북경까지는 조선 사신이 해마다 몇 차례씩 오가지만, 강남인들이 보아온 외국인은 대개 10년에 한 번씩 영파항으로 입공하는 일본 사신이나 때때로 출몰하는 왜구뿐이었다. 그동안 듣기만 했던 조선인을 직접 접한 중국인은 관료에서부터 일반인에 이르기까지 호기심을 감추지 못했고 질문을 쏟아내기에 바빴다. 양국 간 교류가 자유롭지 못한 상황에서 우연히 이뤄진 만남을 조선 탐색의 기회로 삼은 셈이다. 이에 처한 최부의 대응은 사뭇 놀랍다.

"신이 또 말하기를 '우리나라는 본디 예의의 나라이니, 비록 표류하여 군박한 중에 있더라도, 또한 마땅히 위의(威儀)를 보여 이 땅의 사람들에게 우리나라의 예절이 이 같은 것임을 알도록 해야 한다. 무릇 도착하는 곳에 배리(하급관리)들은 나에게 엎드려 절하고 꿇어앉고, 군인들은 배리에

---

7) 최부, 앞의 책, p. 198.

게 엎드려 절하고 꿇어앉아, 틀리는 일이 없도록 하고, 또 혹은 마을 앞에서든지, 혹은 성안에서든지, 떼 지어 와서 구경하는 사람이 있더라도 반드시 읍하는 예의를 차리고 감히 함부로 쑥 나가는 일은 없어야 한다.' 하니, 모두 말하기를, '명령대로 하겠습니다.' 하였습니다."(1488년 윤1월 17일)8)

최부는 신분 확인 후 귀환 가능성을 안 순간부터 사절단의 자세로 임하면서, 일행에게도 조선의 대표로 행동하기를 요구하며 예의를 지키도록 한다. 가는 곳마다 구경꾼들이 몰려들어 소란이나 충돌이 있을 수 있었지만, 일행이 명령에 따라 예의 있게 읍하자 중국인 또한 소매를 모으고 몸을 구부려 답례한다. 유교 문화라는 양국의 공통점을 포착해 현명하게 대응함으로써 "귀국이 예의지국이라 들은 지 오랜데, 과연 들은 대로"라는 평판을 듣는다.

그뿐 아니다. 최부는 필담으로 이루어진 신분 확인이나 문화교류 과정에서 유학 정신으로 공감대를 형성하면서도 조선의 문화적 주체성을 강조하곤 했다. 해문위 도저소에 끌려갔을 때 조선말이 중국과 다르니 왜 그러냐 묻는 서생 노부용에게, 천 리가 떨어지면 풍습이 달라지고 백 리가 멀어지면 습속이 달라진다며, 그의 말이 노부용에게 괴상하게 들리지만 최부 또한 노부용의 말이 이상하게 들리니 풍습과 습속 때문이라 한 우문현답은 그 일례이다.

소흥부에서 세 명의 관리는 최부에게 조선의 연혁과 도읍, 산천, 인

---

8) 최부, 앞의 책. p. 64.

물, 풍속, 제사, 호구, 병제, 의관 등을 적으라 시킨 뒤 역사서와 대조해 살펴겠다며 조선인 증명을 요구한다. 이에 최부는 단군이 중국 요 임금과 나란히 즉위해 국호를 조선이라 한 뒤 평양에 도읍해 천여 년을 지냈다며 대답을 시작한다. 우리 국가 시조 단군을 중국에서 역사의 원조로 숭앙하는 요 임금과 대등하게 피력한 것이다. 유교의 교화를 가져온 기자 이후 위만과 삼한, 삼국, 통일 후 고려 그리고 조선까지 역사를 꿰뚫는다. 단군 조선에서 고려 말까지의 역사서 『동국통감』에서 382편 중 118편이나 되는 사론을 지었던 그다운 대답이었다.

이에 더해 백두산부터 지리산까지, 대동강부터 영산강까지 산과 강들, 김유신부터 정몽주까지 수많은 인물이 쉼 없이 흘러나온다. 심지어 감사를 표하는 글 속에 중국 지방 산천에 관한 지식까지 선보인 최부에게 명 관리들은 감탄을 금치 못하면서 해당 지역 중국인들이 말해준 것이 아니냐고 묻는다. 최부는 이전에 본 중국 지도를 기억할 뿐이라며 겸양을 보였지만, 기실 그는 표류를 당해 쿠로시오 해류의 영향을 받은 바다는 짙푸른 색이지만 창장강 영향권의 지역은 흰빛이기에 바다색만으로 중국에 가까워졌음을 짐작했을 정도로 지리적 소양도 뛰어났다.

위대한 인문지리서 『동국여지승람』를 개찬한 학식까지 펼치는 그의 모습을 그려 보노라면, 당시 조선이 육성하고 있던 인재상과 그런 사람들이 꿈꾸던 시대를 어렴풋이나마 가늠해볼 수 있을 듯하다. 고구려가 수와 당을 격퇴할 수 있었던 이유를 묻는 등 호기심 가득한 중국인 앞에서 조선인으로서 당당하고 품위 있게 대응한 최부를 키워낸 15세기 조선이었다.

사림의 이름으로

1491년 성종은 연이어 모친상까지 치르고 탈상한 최부를 정5품 사헌부 지평에 제수했고 『표해록』 저술을 치하하며 옷을 내리기도 했다. 하지만 관직에 복직한 그는 운신에 제약을 당했다. 제수받은 관직에 서경(署經·관원을 임명할 때 대간에게 동의를 구하던 일)이 떨어지지 않아 다른 관직으로 옮겨야 했고, 복직 이듬해에도 경연관에 합당하지 않다고 비난받았다. 그는 이후 사신이 되어 명에 다녀오면서도 결국 사행 기록을 남기지 않았다. 『표해록』 저술로 얼마나 마음고생이 심했는지 알 수 있는 대목이다.

이는 최부가 귀국 후 곧 '분상(奔喪·친상 소식을 듣고 집으로 돌아가는 일)'하지 않은 '죄' 때문에 일어난 결과였다. 당시 대신들은 그가 삼년상을 치르지 않은 채 기록한 것을 두고 유학자로서 지켜야 할 '효'의 본분을 다하지 못했다고 비난했다. 국왕 명령에 따른 것이라고 한 성종의 비

호도 별 소용이 없었다. 사실 이런 비난은 최부에게 굉장히 억울한 것이었는데, 그는 표류 중에도 필사적으로 '효'를 지키려고 했기 때문이다. 표류 초반에 왜구로 오인되어 겪은 고초도 이에서 비롯되었으니 더욱 그랬다.

당시 명이 해금 정책을 취한 주된 배경은 왜구의 침입이었다. 대체로 '13~16세기 한반도와 중국 연안에서 활동한 일본 해적 집단'을 지칭하는 왜구는 최부가 도착했던 즈음 중국 남동 지방 영파부에 자주 출몰했다. 명은 남동 연안 지역에 축성하고 위·소를 설치하는 등 왜구를 방비하는 해안 방어체제를 구축했다. 또 왜적을 살해하거나 포로로 잡을 경우 상을 내렸는데, 당시 병사의 대략 16년간 급여에 해당하는 엄청난 금액이었다. 그래서 연해 방비를 책임진 파총이나 지휘관들은 왜선이 백성을 약탈한다고 꾸며 군공을 세우려고도 했다.

최부 일행 역시 왜구로 오인되기 쉬운 상황이었고 무고를 당할 뻔하기도 했다. 그랬기에 일행은 최부에게 상복에서 관복으로 갈아입어 조

베이징의 자금성
1406년 명 영락제가 베이징으로 천도하면서 건설한 황궁으로,
명과 청대 24명의 황제가 거처했다.

선 관리임을 드러낼 것을 요청하곤 했다. 하지만 그는 상중이라며 갈아 입는 것을 거부한다. 살길을 도모하느라 거짓을 말하느니 차라리 죽을 지언정 효와 신의에 따라 올바르게 처신해 무슨 일이 생기든 순순히 받 아들이겠다며 꼿꼿하게 버틴다. 그래서 목숨을 잃을 뻔하기도 하지만 결국 탁월한 학식과 놀라운 인품으로 조선인임을 인정받아 고국으로의 귀환길에 오를 수 있었다. 심지어 북경에서 명 황제를 알현하는 순간까 지도 상복을 고집한 그였으니 성정을 짐작할 수 있지 않겠는가?

"신은 정보(최부의 수하 아전)를 시켜 문지기 1명과 같이 가서 이상(당시 예부의 낭중)의 집을 찾아 신의 의사를 알리기를, '친상은 진실로 자기의 정성을 다해야 하는 것인데, 만약 화려한 옷을 입는다면 효도에 어긋난 다고 할 수 있습니다. 나 또한 남의 자식인데 어찌 상복을 경솔히 벗어 버리고 효도에 어긋난 명분에 처신할 수 있겠습니까?' 하니, 이상은 말하 기를 '오늘 내가 예부상서 대인과 함께 이미 의논했는데, 이때를 당해서 는 친상은 가볍고 천은(황제의 은혜)은 무거우니, 배사(拜謝)하는 예절을 그만둘 수 없습니다. 밤 4경쯤에 동 장안문 밖에서 상을 하사할 것이니, 어김없이 길복(삼년상을 마친 뒤에 입는 보통 옷)을 입고 오십시오.'"(1488년 4월 19일)9)

시사(詩詞)와 관련되어서도 마찬가지였다. 시를 지었다면 조선 관인 신분이 더 일찍 밝혀질 수 있었지만, 그는 군자의 행보가 아니므로 할 수

---

9) 최부, 앞의 책, pp. 189~190.

없다고 단언한다. 이후 중국인들이 그의 박학다식함에 감명을 받아 요청하자 응해주지만 『표해록』에는 그와 관련된 시 일체를 기록으로 남기지 않았다. 즉, 최부는 시 짓는 것보다 경학에 더 집중했던 사림파 문인 관료라는 자신의 정체성을 명백히 드러내고 있다. 명에서 유교가 아닌 도교, 불교가 성행하는 것을 보고, 조선은 더는 불교 국가가 아니라고 당당히 응수하며 유학자로서의 면모를 보인 것과 마찬가지로 말이다.

최부가 활동했던 성종 치세는 조정에 진출한 사림들이 삼사(三司·사헌부 사간원 홍문관으로 탄핵과 간쟁 담당)를 중심으로 포진해 언관 활동을 활발히 벌이기 시작한 때였다. 사림의 거두 김종직의 제자였던 최부는 『표해록』 저술로 당시 훈구대신들의 견제를 받을 빌미를 제공했다. 그리고 결국 『표해록』을 저술한 지 십 년 되던 1498년 김종직의 사초와 관련된 무오사화에 연루되어 파직되고, 유배되었다가 갑자사화에 얽혀 1504년 10월 24일 참수되고 만다. 형 집행 이튿날 연산군은 승지에게 최부가 무슨 말을 했는지 물었지만, 돌아온 답은 "한마디 말도 없었다"였다.

그날을 『연산군일기』 「10년 10월 25일 조」에 기록한 사관은 최부에 대해 "공렴(公廉) 정직하고 경서와 역사에 능통하여 문사(文詞)가 풍부하였고, 간관(諫官)이 되어서는 아는 일을 말하지 아니함이 없어 (책임을) 회피하는 바가 없었다"라는 평가를 남겼다. 『표해록』에서 보이는 그의 모든 생각과 행동은 당시 이 같은 평가가 합당함을 증명해준다. 게다가 그때보다 가까워진 것 같아도 실제로는 더 멀어진 듯한 현재 한·중·일 국제 관계를 보노라면, 표류당한 낯선 땅에서도 한국인으로서의 주체성과 옳은 것에 대한 신념을 꺾지 않은 15세기 선비 최부의 당당함은 더욱 빛나 보인다.

『표해록』은 최부가 사화에 희생됨에 따라 오랜 기간 묻혔다가 80여 년이 지나서야 외손자에 의해 간행되는 우여곡절을 겪는다. 그러나 간행된 후에는 18세기 전반까지 다섯 번이나 발간될 정도로 두터운 독자층을 자랑했다. 장한철이 표류당했을 때 최부의 기록을 언급[10]하며 뱃사람들을 달랠 정도였다.

최부의 『표해록』 동활자본 표지

18세기 일본은 『당토행정기』라는 이름으로 『표해록』을 출간했고 이후 미국, 중국에서도 번역 출판되기에 이른다. 심지어 현재 중국인들도 알기 힘든 명나라 시대의 사실과 언어들이 포함되어 있다 하니 가히 '중국 3대 여행기'에 포함될 만하지 않겠는가? 『표해록』의 탄생 과정과 동아시아에서 그 평가의 굴곡짐은, 시간의 흐름과 그에 따른 사람의 마음이 함께 빚어내는 역사가 얼마나 오묘한 것인지 후손에게 소리 없이 말해주고 있는 것 같다.

---

10) 일찍 지도를 보니 유구는 남해 밖에 있으니, 곧 한라산의 정남에 있다. 옛날 교리 벼슬에 있던 최부란 이가 표류하여 백해(白海)를 지나가니 유구가 멀리 바라보였으나 때마침 동풍을 만나 그곳에 정박할 수가 없다고 했다. 내가 기축년(1769) 가을에 한라산에 올랐을 때에 마침 하늘은 맑게 개이고 구름은 걷혀서 눈이 닿는 데까지 멀리 내다볼 수가 있었는데, 그때 남녘을 바라보니 바다 저쪽에 선연한 줄기 띠 같은 백사정이 눈이 끝닿는 곳에 보였다. 그것은 백사가 아니라 바로 백해였지. 이로 보면, 유구는 멀다 해야 천 리 남짓할 거야. 이제 날도 이르고, 배도 쏜살처럼 달리고 있지 않나. 하루에 천 리를 갈 수 있을 테니 유구는 결코 먼 곳이 아니다. 張漢喆, 鄭炳昱 譯, 『漂海錄』, 汎友社, 1979, p. 31.

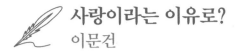

사랑이라는 이유로?
이문건

"두 손으로 다른 물건을 붙잡고/ 쪼그려 두 다리에 힘을 주네/ 이러길 한 달 남짓/ 점차 스스로 오금을 펴고 일어서네/ 동지에 양의 기운이 되살아 나니/ 네가 일어서는 것이 이날에 맞추었구나/ 걸음마 하기 시작한 걸 축하하니/ 잘못 디뎌 넘어지거나 미끄러지지 마라/ 차분히 예의를 지키고/ 오래도록 대길하길 바라노라/ (1551년 11월) 16일에 쓰다"[11]

돌을 한 달여 앞둔 손자가 생애 처음 일어선 순간이 기쁜 할아버지의 시다. "동지에 양의 기운이 되살아나는 것에 맞춰 일어섰다"라는, 마치 우주가 내 손자를 위해 움직이는 것 같다 느끼는 사랑 표현은 과장된 것일지라도 결코 우습게 보이지 않는다. 부모라면 누구나 공감할 수 있는 마음인 때문일까?

작자는 묵재(默齋) 이문건(李文楗·1494~1567). 경상북도 성주가 본관

---

11) 이문건, 이상주 역주, 『양아록』, 태학사, 1997, p. 42.

△ 표지　　　　△ 글머리　　　　△ 50면　　　　△ 마지막장

이문건의 『양아록』 ©문화재청

인 그는 조광조 문하에서 학업을 닦고 관직 생활을 한 16세기 인물이다. 그는 1551년 손자가 태어난 후부터 일종의 육아 일기를 쓰기 시작한다. 16년 동안 기록되어 당시 사대부가의 '양아' 즉 아동의 성장 과정과 질병, 교육을 생생하게 전하게 될 『양아록(養兒錄)』이었다.

'손자 바보'가 될 수밖에 없던 속사정

서문과 시편 37제, 산문 등으로 이루어진 『양아록』은 문집인 동시에 양아 과정을 시간에 따라 묘사한 기록이다. 손자 숙길의 탄생과 성장에 대한 기쁨과 기대, 그와 함께 질병과 사고에 대한 염려 걱정에 학습과 생활 태도를 둘러싼 충돌 및 안타까움 등이 시로 형상화되어 있다. 마치 현대 디지털 기록 속 사진이나 태그를 대신한 듯한 시적 표현은 생생할 뿐 아니라 상상의 나래까지 펴게 한다. 어떤 면에서는 더 흥미진진하고 감동적이니, 조선 사대부의 놀랍도록 기막힌 필력이다.

그런데 묵재는 이미 41세부터 17년 8개월 동안 『묵재일기』로 주목받을 일기를 써오고 있었다. 1535년 11월 1일부터 '거우(居憂·부모상 중)일기'로 시작되어 사망할 때까지 매일의 일상을 담은 대기록은 양반 생활 일기의 백미로 꼽힌다. 그럼에도 따로 양아에 관한 기록을 남긴 것은 서문에서 밝혔듯이, 손자가 장성해서 보고 문자로 표현된 할아버지의 마음을 알았으면 하는 바람에서다.

『양아록』은 육아 일기일 뿐 아니라 철저하게 손자가 읽을 것을 염두에 둔, 할아버지의 마음과 당부를 담은 특별한 기록인 셈이다. 이렇게까지 남기고 싶을 정도로 손자는 묵재에게 가슴 절절한 존재였는데, 여기에

이윤탁 한글 영비 전면과 한글 부분 탁본 ©문화재청
이문건이 아버지 이윤탁의 묘를 어머니 묘와 합장하면서 1536년 묘 앞에 세운 비석. 왼쪽 면에 우리나라 비문으로는 최초로 쓰인 한글 경고문이 있다. 묘를 훼손하는 사람은 화를 입을 것이니 글(한문)을 모르는 사람에게 알린다는 내용.

는 안타까운 속사정이 있다.

본래 이문건의 가계는 여말 선초의 명문가였다. 아버지, 작은아버지, 작은형과 사촌 형 모두 문과에 급제했고 후에 조카들도 그랬다. 3남 2녀 중 막내였던 묵재 또한 1513년 사마시(소과)에 합격했다. 그러나 16세기 조선을 상징하는 사건인 사화(士禍)의 격랑은 이들의 운명을 바꾼다.

조선 왕조는 15세기 전반 한국사 최고의 성군으로 꼽히는 세종(재위 1418~1450)의 화려한 치세 후 권력 투쟁을 통해 세조(재위 1455~1468)로 왕위 계승 라인이 옮겨지면서, 이를 지키려는 결속의 결과로 형성된 새로운 지배층이 성종 대까지 큰 교체 없이 이어져 왔다. 거듭된 공신 책봉과 요직 근무, 중첩된 혼인과 혈연관계를 통해 견고한 집단이 된, 삼정승을 중심으로 한 대신들. 일명 '훈구파'라 불린 이들의 정치 운영 방식이 도전받은 것은 성종 치세 중반부터였다.

성종의 치세는 건국한 지 백여 년이 된 조선 왕조 체제가 『경국대전』으로 완성되고, 『동국통감』 『동국여지승람』으로 대표될 문물도 집대성된 시기였다. 친정을 시작한 성종이 왕권을 확립하며 대신의 위상은 약화되었는데, 여기에서 '삼사'의 육성은 결정적 카드였다. 대신을 지목한 탄핵이 무려 2천여 회에 이르고 후기로 갈수록 그 빈도와 강도가 증가한 것은, 삼사와 대신 간 권력 관계의 변화를 의미했다. 탄핵과 간쟁을 고유 임무로 하는 언론기관인 사간원, 사헌부, 홍문관이 조선 정치제도에서 중요하고 독특한 위치로 자리매김 되기 시작한 것이다.

삼사들은 청요직[12]을 구성하면서 점차 권력의 중심부로 진입해 들어갔다. 도덕적 권위와 사(士) 의식을 강조한 이들은 훈구 세력에 대해 일명 '사림'으로 구분되었고, 왕명을 받드는 관료를 넘어서 도덕적인 정치

문화 구현자로서 책임 의식을 가지게 된다. 그러나 이 같은 정체성 수립에는 값비싼 대가가 요구되었다. 도덕 정치를 내세워 영향력을 키워 가던 청요직을 국왕 중심 권력 구조가 극단적인 폭력으로 억압한 사건, '사화'였다.

사림은, 최부가 희생된 연산군 대의 무오사화, 갑자사화(1504)로부터 시작해 중종 대의 기묘사화(1519), 그리고 명종 대의 을사사화(1545)까지 거듭 화를 당했다. 그 과정에서 왕과 권신들의 부당한 권력에 맞서 도덕을 지향하는 사로서의 정체성을 수립할 수 있었다. 그러나 역사 발전적 의의와는 별개로 사화 속에서 가문의 몰락을 겪고 좌초된 삶을 살게 된 수많은 사림은 깊은 좌절을 느낄 수밖에 없었다. 묵재도 그중 한 사람이었다.

이문건은 둘째 형 충건과 함께 조광조의 문하에서 수학했다. 기묘사화로 조광조가 죽은 뒤 많은 문인은 화를 염려해 조상(弔喪)하지 않았지만 묵재 형제들은 상례를 다한다. 이 때문에 남곤, 심정 등의 미움을 받은 이들은 안처겸의 옥사(신사무옥·1521)에 연루되어, 이충건은 문초를 받고 유배 가다 청파역에서 사약을 받았으며 같은 해에 큰형도 죽었다. 묵재에게도 9년 동안 과거 응시 기회를 박탈하는 정거(停擧) 처분이 내려졌다.

1527년 사면된 묵재는 이듬해 별시 문과에 급제, 승정원 주서(注書·『승정원일기』 등 시정 기록을 담당한 관리)에 발탁되었고 이조 좌랑에 이르며 순탄한 관로를 걷는 듯했다. 그러나 명종 즉위 후 큰형의 아들 휘가 다시금 을사사화에 연루되어 능지처참을 당한다. 묵재 모친의 상중에

---

12) '깨끗하고 중요한 직책'이라는 뜻으로 감찰과 언론을 담당함. 삼사에 이조 정랑, 병조 좌랑, 예문관 한림 등이 포함됨.

여막(부모 묘소 옆에 조성한 초막)을 같이 지키곤 했던 그 조카였다. 둘째 형의 아들 염도 유배지에서 죽는다. 이에 연좌된 이문건도 성주에 유배되고 만다. 부모 형제를 잃고 홀로 살아남은 그에게 주어진 사명은 큰형 대신 가문을 계승하고 억울하게 죽임을 당한 스승과 둘째 형의 한을 풀어주는 것이었다.

그러나 묵재 자신의 가정사 역시 그 같은 사명을 감당하기 버거울 만큼 비극적이었다. 아들 셋과 딸 둘을 두었지만 모두 잃고 차남 온만 남은 처지였기 때문이다. 장남은 8개월 만에 유산, 장녀는 천연두로 죽었고, 셋째 아들은 9개월 만에 낳았는데 하루 만에 죽는다. 막내딸 역시 풍으로 왼손에 장애를 입었는데, 스무 살에 간질로 죽고 말았다. 유일하게 장성한 온 역시 6~7세에 열병을 앓아 정상적인 지적 발달을 기대할 수 없는 상태가 된 뒤였다. 귀양살이에 아들의 입신조차 바랄 수 없게 되면서 가문을 세우려는 희망도 품을 수 없게 된 것이다. 간신히 마흔을 채운 온 역시 1557년 아버지보다 먼저 사망했다.

이 같은 상황에서 온이 두 번의 결혼 끝에 얻은 1남 2녀 중 아들인 숙길은 58세의 묵재에게 찾아온 기적이자 미래에 대한 희망 그 자체였다. 하여 조선 사대부 양반 남성에게 소소하게 여겨질 수도 있었을 '양아'는 가문을 잇고 일으키는 중차대한 일이 되었고, 묵재는 이에 온갖 정성을 쏟으며 기록을 남긴 것이다. 개인에게 '가문'의 위치가 절대적이던 전근대의 시대적 특성을 고려할 때, 가문의 희망으로 혜성같이 등장한 손자에 대한 할아버지의 사랑은 그야말로 '무조건 무조건일' 수밖에 없었을 듯하다. 손자 바보가 안 되려야 안 될 수 없던 그의 사정이 짠하기까지 한 것은 나만의 마음일까?

열혈 할아버지의 양육, 그 끝은 어디?

1551년 1월 5일 진시(오전 7시~9시) 말 묵재의 손자는 세상에 나왔다.

"오늘 저 어린 손자 기쁜 마음으로 바라보며/ 노년에 성인으로 성장해가는 모습 지켜보리라/ 귀양살이 쓸쓸하던 차에 마음 흐뭇한 일이 생겨/ 내 스스로 술 따라 마시며 자축하네/ 초6일에 짓다"[13]

묵재는 손자의 출생을 기뻐하는 시를 짓고, 용모가 단아하고 관상이 평범하지 않다면서 손자에 대한 비범한 사랑의 시작을 알린다. 서문에서 이미, 아이 기르는 일을 반드시 기록할 것은

『묵재일기』 권5 1551년 1월 3~6일 기사

아니지만 노년에 귀양살이하는 외로운 상황에서 오직 손자의 재롱을 보며 날을 보낸다 했으니 『양아록』에 할아버지의 사랑이 얼마나 절절하게 담길지 예상케 한 터였다. 심지어 친모가 아닌 유모의 손에 자라는 것이 좋다 하여 여러 유모를 들이기도 한다. 개중 '춘비'라는 유모는 부지런히 돌보지 않을 뿐 아니라 밤에 자느라 아이 얼굴을 누르고 코 고는 소리가 요란해 아이가 놀라 울면서 잠을 자지 못한다는 이유로 쫓겨나기도 했다.

하루에 적어도 한 번 이상 손자를 보곤 했던 묵재의 기록에 따르면 숙

---

13) 이문건, 앞의 책, p. 18.

길은 2월 16일 처음으로 웃는다. 이와 벼룩에 물려 고생하기도 하지만 첫 치아가 나고 기어 다니기 시작한다. 윗니 두 개가 나고 이질 때문에 설사했으며 혼자 일어서고 걸음마를 하는 등 폭풍 성장한다. 그 모든 과정과 함께하는 할아버지의 안타까움과 감격, 당부 등은 시가 된다.

다음 해 '돌 잡히기(돌잡이)'는 영유아기의 하이라이트다. 이문건은 숙길의 돌잡이에 대한 시 여러 수를 지었는데, 붓과 먹을 잡을 때 문장가 되기를 바라는 데서 시작해 이것저것 두루 고르다 마침내 인장(印章)을 고르자 관직에 오를 징조로 풀이하며 기쁨을 감추지 못한다. 손자가 국왕을 보필할 것이라는 기대가 담뿍 담긴 묵재의 시선은 책을 갖고 노는 숙길의 모습이 여자아이들과 달리 보이게 했고, 이를 문장으로 대성할 징조라 여기게도 한다.

말을 배우고 학질을 앓은 3세, 안질에 걸리기도 했던 4세를 지난 숙길은 더위를 먹고 손톱과 이마를 다치고 경기를 일으키며 5세를 지난다. 6세의 숙길은 90여 일이나 천연두를 앓고 밥 먹기를 싫어하기도 했지만, 할아버지를 잘 따르고 글자도 배우며 젖니를 갈았다. 당시 수많은 어린이가 그러했듯이 귓병, 종기, 홍역 등 질병들을 잇달아 앓았으나 다행히 회복되면서 성장하는데, 그때마다 할아버지는 한결같이 애끊는 마음으로 온갖 수단과 방법을 구해 치유를 돕곤 했다.

1555년 12월 경기를 일으키는 손자가 안타까워 지은 시는 할아버지의 애끊는 마음 그 자체다.

"손자가 일 푼 놀라면/ 할애빈 십 푼 이상 놀래라/ 애 보는 자에게 조심 시키라고 매번 훈계하지만/ 어찌 내 맘과 일치하겠는가?⋯⋯나의 운명이 험액하여 / 자녀가 모두 병치레하고 반편이 되었네 / 이로써 다시 다급하게 경계심을 가졌는데 / 잠잘 적에도 위험한 꿈을 꿀까 두렵도다 / 10여 세까지 잘 보살펴주어 / 혈기가 거의 안정되고……쇠퇴해가는 가문 네가 지탱하여 / 수천 년까지 이어가게 해야 하리"[14]

그러나 타고난 체질이 허약했던 손자의 건강에 대한 이 같은 염려와는 별개로 1556년 즈음부터는 전에 보이지 않던 내용이 일기에 등장한다. 숙길이 학습과 훈육이 시작될 나이에 이르자, 손자의 재능이 기대에 미치지 못함을 깨달으며 일어나는 갈등이다. 가문을 지탱해 수천 년까지 잇고 일으켜야 할 손자였기에 큰 기대를 걸었건만, 묵재의 표현대로 그의 천품은 중간 수준이었다. 사랑과 기대가 극진했던 만큼 실망도 컸던 걸까? 할아버지는 유아 때 그토록 애지중지 키운 손자에게 화를 내며 책망하고 회초리로 때리는 일이 잦아진다. 실망과 한탄은 손자의 성품과 생활 태도에까지 향한다.

묵재는 숙길이 독서를 싫어하고 놀기만 좋아한다고, 조급해 남을 용인하지 못하고 저지른 일을 숨길 뿐 아니라 말씨가 험악하며 게으르다고, 고집도 센 데다 할아버지에게 대들기까지 한다고 한탄했다. 그리고 자신의 기대에 어긋난 이러한 현상들을 손자가 비뚤어지려는 조짐으로 간주하면서 심각하게 받아들인다. 그 때문에 묵묵히 지켜보며 기다리는 대신 엄격한 훈육을 택한다. 손자는 그런 할아버지의 뜻을 거역하고 반항한다.

열 살의 숙길이 십여 차례 종아리를 맞은 것은 독서나 글짓기 연습 대

---

14) 이문건, 앞의 책, pp. 72~73.

김준근의 「단오에 산에 올라 그네 타고」 『기산 풍속도첩』
19세기 풍속화가 김준근의 작품. '그네뛰기'는 '씨름', '창포 삶은 물에 머리 감기'와 함께 음력 5월 5일 단오의 대표적인 풍습.

신 그네 타는 데 몰두하고 이를 자제시키는 할아버지 말에 따르지 않아서였다.

"전혀 책을 돌아보지 않기에/ 아울러 책도 읽으라 말을 전했다/ 연구(聯句)로 글을 지으라 했으며/ 그러지 않으면 그네를 끊겠다 했네……단칼에 그네를 끊어버렸으나/ 남은 분이 풀리지 않는구나/ 손자를 불러 혹독하게 꾸짖고/ 손들고 있으라 준엄하게 벌주었네/ 회초리로 종아리를 세차게 때리니/ 외마디 비명 소리가 터져 나오네……그만 때리자 한참을 엎드려 우는데/ 늙은이 마음 또한 울고 싶을 뿐이라……(1560년 5월) 초6일 쓰다."15)

열세 살 때 혹독하게 회초리를 맞은 것은 술에 취했기 때문이었다. 사실 십 대의 건강한 아이가 공부보다 노는 것을 좋아하는 것은 당연하다. 참는 게 힘들고 잘못을 숨기려거나 고집과 억지 부리는 것 또한 그 또래

아이의 지극히 정상적인 모습이기도 하다. 물론 숙길에게 음주벽이 생긴 것은 문제가 있다. 하지만 이 역시 술에 관대한 시골 인심 속에서 자란 상황과 13세라는, 요즘 말로 한참 '중2병'을 겪는 그에게 조심성을 기대하기는 어렵다는 것을 묵재가 고려했다면, 회초리 수십 대를 때리기까지 가지는 않았을 수도 있겠다 싶어 안타까운 마음이 든다.

숙길은 결국 16세에 할아버지와 공부하던 중 문장 해석을 두고 크게 부딪혔고 이틀 뒤 해인사로 떠난다. 주안점을 독해 순서에 두느냐, 핵심 내용 이해에 두느냐의 차이였을 뿐 근본적 차이는 없어 충돌할 정도는 아니었다. 그러나 묵재는 화를 내며 책을 밀어 놓고 수업을 멈췄고, 다음 날 회초리로 손자의 엉덩이를 30대나 때려 까무러치게 했다. 당시 73세였던 할아버지의 이 같은 반응은 의아할 수 있지만, 그의 인생사를 생각해보면 일견 수긍이 가기도 한다.

묵재의 조카 휘가 을사사화에 휘말린 것은 동료에게 '택현설'을 전했다는 모함을 받았기 때문이었다. 중종(재위 1506~1544) 말년, 세자인 인종에게 후사가 없으면 경원대군(명종)이 당연히 즉위한다 여겨지던 가운데 그가 아닌 다른 왕자들 가운데 가장 현명한 자, 예컨대 봉성군과 계림군 같은 자 중에서 선택해 왕위를 계승하도록 해야 한다는 주장이 있었다. 이것이 '택현설'인데, 명종(재위 1545~1567) 대에 소윤(小尹·명종의 모후인 문정왕후의 일족)과 훈척 세력은 이를 이용해 정적을 제거함으로써 권력을 다진 것이다. 묵재 또한 관련되어 유배를 당했다.

이처럼 말 한마디로 죽음에 이를 수 있던 시대를 보고 경험했던 할아

---

15) 이문건, 앞의 책, pp. 112~113.

버지는 자기주장만을 완강히 고집하는 손자를 보며 절박함을 느끼지 않았을까. 이를 거부하고 뜻을 꺾지 않는 손자를 향한 분노 역시 마찬가지 이유에서였을 것이다. 마지막에 모든 것을 체념한 묵재는 『양아록』을 접는다.

물론 손자를 그 자체로 바라보지 못하고 자신의 꿈을 대신 살아줄 대상으로 간주한 그를 오롯이 옹호할 수만은 없다. 보통 자녀 교육은 동시대의 현실 속 구체적 행위들로 이루어지지만, 궁극적으로는 교육하는 자의 이상적 삶을 향한 추구가 투영되기 십상이다. 그것이 유지되는 한 부모와 자녀 간 긴장과 충돌이 격렬하게 일어날 가능성은 언제나 존재한다. 묵재와 숙길이 결국 그러했듯 말이다.

손자의 건강을 지켜 대를 잇고 교육을 통한 인재로 양성해 가문을 일으키고 싶던 할아버지의 기대에 숙길은 계속 어긋나는 모습을 보였고, 이를 바로잡고 말겠다는 할아버지의 의지는 가혹한 체벌로 표현되었다. 손자는 떠나버렸고 할아버지는 그 이듬해 23년 귀양살이에서 풀려나지 못한 채 74세로 생을 마감한다. 손자에 대한 할아버지의 기대는 성장 과정의 청소년을 이해하기에 과하게 크고 조급했으며, 할아버지 뜻을 헤아리기에 손자는 너무 어렸다. 사랑하는 두 사람이 사랑하는 만큼 서로를 충분히 이해하기까지 함께한 시간이 부족했던 거다.

이런 두 사람의 모습은 단지 16세기만의 일일까? 그 위에 현재 대한민국 부모와 자녀 모습이 겹쳐 보이는 것은 너무 과하게 나간 것일지. 사화라는 정치적 격랑이 조손 관계에 만들어낸 괴리, 그리고 와중에 남겨진 기록으로 당시가 현재 우리네와 별반 다름없음을 보며 훈육과 교육에서 진정 가치를 두어야 하는 것이 무엇인지 다시금 묻게 된다.

묵재가 그토록 기대를 걸었던 숙길은 1594년 44세로 크게 이름을 떨치지도, 장수하지도 못한 채 세상을 떠난다. 하지만 그는 할아버지 묘비에 새길 글을 썼고, 임진왜란이 일어나자 의병 활동을 했을 뿐 아니라 그에 대한 치하를 사양할 정도의 모습을 갖추었다. 게다가 대를 이을 아들을 둘이나 낳았으니 그만하면 할아버지의 바람을 최선으로 이룬 장한 손자가 아닐는지.

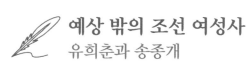

예상 밖의 조선 여성사
유희춘과 송종개

'삶'은 사람이 살아가는 것이다. 사람을 살리는 것은 '살림'이다. '죽임'의 반대다. 나라 살림이 나라를 살리기 위한 일들이니, 집안 살림은 내집 내 가족을 살리는 일, 살게 하는 일이다. 뜻을 보자. 세상 이렇게 귀한 일이 또 있겠나.

주관적 · 개인적인 '가정'을 공적 · 정치적인 '사회'와 비교해 가정 살림을 열등하다 간주하고 남녀 차별로 고착화한 것을 두고 많은 이들은 조선 탓으로 돌린다. 하지만 사실 조선은 좀 억울하다. 적어도 15~16세기의 조선은 그렇다. 당시 모습은 17세기 후반 이후의 조선, 즉 우리에게 이미지 메이킹 되어 있는 조선의 그것과 판이한 부분이 많았고, 여성의 삶 또한 마찬가지였다. 『미암일기(眉巖日記)』 속 덕봉(德峰) 송종개(宋種介 · 1521~1578)가 살던 16세기 후반, 의외의 조선이다.

유희춘의 『미암일기』

부부 이상의 평생 지우(知友), 미암과 덕봉

『미암일기』는 덕봉의 남편 미암 유희춘(柳希春 · 1513~1577)이 총 83개월, 근 11년 동안 거의 매일 기록한 개인 일기다. 26세에 과거급제한 미암은 을사사화로 파직당하고, '양재역 벽서 사건'으로 제주와 함경도 종성, 충청도 은진에서 근 20년 동안 유배 생활을 한다.

1547년 서울 양재역에서 익명의 벽서가 발견되었는데, 명종 치세 당시 문정왕후의 수렴청정과 이기 등의 정권 농단을 비방하는 내용이었다. 소윤 및 훈척 세력 등은 을사사화 때 연루자들의 처벌이 미흡해 벌어진 일이라 주장하며 관련자를 처벌했고, 이에 이언적, 노수신 등 20여 명이 유배당한다. 을사사화 이래 관직에서 쫓겨나거나 죽임을 당한 인물이 무려 백여 명에 달했는데, 여기에 묵재 이문건과 미암 유희춘도 포함되어 있었다.

묵재가 성주 유배 중 세상을 떠난 데 비해 미암은 선조 즉위(1567)와 함께 해배(解配 · 귀양을 풀어줌)되어 홍문관 교리(校理 · 왕의 자문과 교육, 문장 짓기를 담당하던 관리)로 다시 중앙 관직에 나아갈 수 있었다. 이때부터 미암은 사망 직전인 1577년 5월까지 10책에 걸친 『미암일기』를 기록해 16세기 중반 사대부의 다채로운 생활을 남겨 놓았다. 여기에 자신과 부인의 시문을 모은 부록 1책을 더했을 뿐 아니라, 무오 · 갑자사화에 얽혀 참형을 당했던 외할아버지 최부의『표해록』을 발간하는 데에도 정성을 다했다. 『표해록』은 결국 기록된 81년 후에야 외손자의 각고의 노력 끝에 1569년 간행되어 현재까지 전해질 수 있게 된다.

호남 사림으로 기대승, 송순, 이황 등과 교분이 깊었고, 이이, 허준 및 정철 등과도 교유했던 그는 당대 제일의 경연관으로 대부분의 경연에 참여했으며 탁월한 식견과 해박한 지식을 보였다. 그렇기에 『미암일기』에는 당시 경연청에 출근해 경전을 강독하고 논한 일, 국사 논의 과정과 시사에 대한 상언(上言) 등이 자세히 기록된다. 사림이 정권을 장악한 뒤 동서 붕당이 형성되기 직전의 정치적 형세 역시 보인다. 관직 발탁 상황과 사망한 관리에 대한 애석함에 대한 기록, 국왕의 명령에 대한 자신의 의견 개진도 마찬가지다. 사망한 퇴계(退溪) 이황(李滉 · 1502~1571)의 글에 관한 1573년 기사는 특히 기록 보존 측면에서 의미심장하다.

> "주상께서 전교하기를 '이황의 저서는 한두 마디의 짧은 말과 글일지라도 모두 후세에 전할 만한 것이다. 혹여 흩어져 없어지기라도 하면 반드시 후회가 있을 것이니, 교서관을 시켜 인쇄하여 사람들이 쉽게 얻어 볼 수 있도록 예조 등에 전하라' 하고……"(1573년 9월 24일)[16]

유희춘은 퇴계의 문자는 그 자제와 문도들이 모두 수습해서 교정하기를 기다린 뒤에 인쇄하는 것이 좋겠다는 자기 생각도 함께 기록해놓는다. 임진왜란으로 사초 및 『승정원일기』 등을 잃어 사료가 없어진 상황에서, 선조 즉위부터 10년 동안 쓴 그의 일기는 동시대 율곡의 기록과 함께 『선조실록』 편찬에 필요한 기초 사료로서 역할을 하기에 충분할 정도로 상세했다.

이에 더해 당시 양반의 새벽 기상부터 취침 직전까지 일상생활도 세

---

16) 유희춘, 안동교 외 옮김, 『미암집』 3, 경인문화사, 2013, p. 164.

퇴계 종택의 한수정과 도산서원 ⓒ문화재청
안동 도산면 토계리의 퇴계 이황 종손이 사는 종가 내 한수정(상)과 이황의 학덕을 기리기 위해 설립된 도산서원. 이언적을 배향한 경주 옥산서원과 함께 한국의 양대 서원으로 꼽힌다.

세 그 자체다. 날씨에서부터 꿈, 조정 일과 공적·사적으로 교류한 사람들, 집에 드나든 지인과 친족들, 주고받은 물품들, 기제사와 시제·혼례 같은 가정 대소사, 단오 등의 세시 풍속, 자손 교육 및 집수리와 건축, 조상 묘 관리에 고향과 조정을 오가는 여정, 노비와 첩, 서얼 관련 사항 등 16세기 사림의 살아가는 모습이다. 음식과 의복, 가계 수입과 지출, 독서·저술 경위의 기록, 심지어 배변과 임질 같은 병세에, 몸에 들끓던 이가 없어질 때는 죽을 날이 가까이 왔나 걱정하다 다시 생기면 안심하는 등 지극히 개인적인 일까지도 진술하다.

"내가 이 집으로 이사 온 뒤로 밥 지을 솥이 없어 사람에게 빌렸다. 저번 날에 우리 집 여종이 빨래를 하러 우물에 가니 마을의 여인들이 모두 말하기를 '이 사람이 밥 지을 솥이 없어 남에게 빌렸다는 재상집의 여종인가' 하였다 하니 웃을 만한 일이다."(1574년 7월 2일)[17]

무엇보다 아내가 살림을 점검해 마련하는 과정이나 음식·옷 수발을 드는 내용, 찾아온 빈객(손님)에게 술을 내고 그 종들에게까지 음식을 주며, 재난을 당한 일가친척에 물품을 보내 돕는 등 일화들을 낱낱이 기록해 놓아 당시 양반 여성의 삶을 상당히 구체적으로 그릴 수 있게 한다.

1536년 24세로 16세의 덕봉과 혼례를 올린 미암은 슬하에 1남 1녀를 두었고, 말년에 이르도록 부부간 깊은 정을 나누었다. 그는 다방면에 재능을 보였던 덕봉을 학문적 동료이자 정신적 지주로 인정하고 의지했는

---

17) 유희춘, 앞의 책, p. 236.

데, 시는 글을 쓰는 것처럼 직설하며 지어서는 안 된다는 그녀의 조언에 시를 다시 짓기도 했고, 『유합(類合)』을 번역하거나 『신증유합』[18]을 편찬할 때에도 자문을 얻었다. 손자의 교육에서도 학습 반응까지 점검한 덕봉이 교재 선정에 관해 한 조언을 따르니 손자도 매우 좋아했다고 한다.

> "부인이 어젯밤에 나에게 말하기를, '광연의 성격이 총명하고 글재주가 있어 『취구』나 『양몽대훈』 『소학』 등의 글을 읽어야 하는데, 지금 『신증유합』 같이 어려운 문자를 읽고 있으니 마치 견고한 성 아래서 군사만 모아 두는 격입니다. 우선 늦춰 주어 글이 이루어진 책을 읽히는 것이 낫겠습니다' 하니 나는 이 말을 듣고 깨달았다."(1576년 1월 11일)[19]

새 집에서 '만권의 책이 보배'라고 할 정도로 엄청난 양의 독서를 즐겼던 부부인지라 서책 관리가 매우 중요했는데, 덕봉이 서책을 정리해 놓은 덕분에 가로로 쓰인 제목으로 살펴 열람하고 싶은 책을 쉽게 뽑아 기뻐하기도 한다.

덕봉이 이처럼 남편과 지우로서 동등할 수 있었던 것은 학문적인 소통이 가능할 정도로 뛰어난 개인적 자질에서 비롯되었다. 미암의 표현에 따르면 부인 덕봉은 "천성이 명민하고, 성장하면서 경사(經史)와 사서(四書)에 능했던" 여성 시인으로 시문에 뛰어나 『덕봉집』이라는 개인 문집을 남길 정도였기 때문이다. 게다가 미암의 오랜 유배 생활과 그로

---

18) 유희춘이 『유합』을 증보한 2권 1책의 한자 학습 입문서. 『유합』은 한자를 수량, 방위 등으로 나누어 새김과 독음을 붙여 만든 한자 입문서로 작자 미상이나 조선 전기 서거정의 저작설이 있음.
19) 유희춘, 앞의 책, pp. 338~339.

인한 경제적·심리적·육체적 아픔 등은 부부의 유대를 강화했을 것이고 둘 사이를 더욱 애틋하게 했을 것이다.

조선인 듯 조선 아닌 조선 같은

당시의 풍습과 제도는 이들 부부관계 형성에 큰 영향을 미쳤다. 전라도 해남에서 출생한 미암은 담양으로 장가들어 생활했고 본가에 근친(覲親)을 다녔다. 반면 부인 덕봉은 담양에서 태어나 성장했고, 혼인한 뒤에도 자신의 부모를 모시고 살았으며, 부모의 집과 토지를 상속받아 그곳에서 부모의 제사를 지내며 살았다. 그들의 아들인 경렴도 장성으

담양 모현관 ⓒ문화재청
『미암일기』 및 『미암집』 목판을 비롯한 미암 관련 고적을 보관했던 시설. 1957년 미암의 후손들이 한국전쟁 이후 유물 보호를 위해 설립했다. 유물 보존·관리상 취약했던 화재와 도난을 우려해 연지 한복판에 세운 점이 특징.

로 장가가 살았는데, 며느리 김씨는 가끔 시댁에 인사하러 오긴 했지만, 친정어머니가 부르면 곧 돌아갔다. 친손주들이 외가에서 태어나 자라는 것은 당연했다. 덕봉의 딸도 마찬가지였는데 혼인 후 딸 은우를 낳고 키우며 계속 덕봉과 함께 산다. 당연히 모녀의 정도 각별해 외출이나 모임, 이사 등 활동은 항상 딸과 함께였다. 해남 윤씨 가의 외아들이었던 사위 윤관중도 담양으로 장가왔고 본가와 처가를 오가며 생활했다.

이렇다 보니 미암에게 중요하면서 빈번한 교류가 있었던 친족들도 해남 유씨 부계만이 아니다. 처가 식구와 미암은 수시로 왕래하면서 가정의 대소사를 의논했는데, 심지어 양가 제사에 서로 참례할 정도였다. 『주자가례』에 따르면 제사는 가묘를 소유한 '종자(宗子·종가의 맏아들)'가 독점한다. 하지만 조선 초기 유교식 제사는 실제 보급과정에서 전통 방식과 조화를 이루는 형태로 정착해갔다. '기제사' 중시와 '삼대 봉사'는 자녀들이 번갈아 제사를 지내는 '윤회 봉사', '외손 봉사' 등의 제사 형식과 함께 시행되었다.

당시 미암도 형이 일찍 사망해 종자가 아닌 중자(仲子)로 제사를 지내고 있었고, 외할머니 외할아버지의 기제, 부모의 기제뿐 아니라 장인 장모의 기제도 지냈으며 제사 때 자신의 사위에게 축문을 읽히기도 한다. 고향에서는 절에서 불교식 제사를 지내기도 했고, 몸이 아프거나 제사가 가깝게 겹치면 지내지 않거나 연기하기도 했다. 이런 모든 현상은 17세기 후반 이후 종법적 제사 승계와는 사뭇 다른 결이다.

"장인과 장모 두 분의 신위에서 기일 제사를 지냈다. 오늘은 곧 장모의 기일인데 새벽에 세속의 풍습대로 장인의 제사를 함께 모셨으니, 아내

집안의 법도를 따른 것이다."(1568년 10월 14일)[20]

이 같은 제사 풍습과 남귀여가혼(신랑이 신부 집에 가 혼례를 치르고 그곳에서 혼인생활을 시작하는 풍속)의 시행은 자녀 균분상속으로 인한 여성의 재산권 행사와 함께, 덕봉과 같은 양반 여성이 당당한 목소리를 낼 수 있는 사회적·구조적 힘이 되었을 것이다. 친족과 처족, 외족 등이 구별 없이 일상에 동등한 영향력을 행사하는 사회에서 아들과 딸의 서열은 따질 것이 못 되었고 친손과 외손의 구별도 불필요한 문제였다.

아울러 미암이 오랜 기간 집을 떠나 생활했기 때문에 부인이 실질적인 집안의 가장으로 가정 살림을 책임지고 있던 것도 덕봉의 위치에 영향을 미쳤다. 당시 '일가'는 '구족(九族)'으로 부·모·처의 형제자매 등 넓은 개념이었고, 가능하다면 팔촌의 권속과 딸린 수십, 수백 명의 집안 노비까지도 거느렸다. 덕봉 또한 부부를 비롯해 딸과 아들 내외 및 손주들, 드나드는 친척과 백여 명의 노비 등으로 이루어진 엄청난 규모의 가정 살림을 맡고 있었다.

음식 장만과 청소, 빨래, 방아 찧기, 잠자리 돌보기 등과 같이 가족의 생활을 책임지는 것은 덕봉의 주요한 일상이었다. 화공을 시켜 병풍도 만들고, 공인을 불러 가마를 수리하며 집안 살림을 직접 장만하기도 했다. 물론 대부분의 노동은 노비들 담당이었고 안주인은 모두를 관리·감독하는 것이었지만, 덕봉은 서빙고에서 얼음을 가져다 옷감에 쪽물을 들이고 관복을 직접 만드는 등 실제 의복 수발을 하기도 했다.

---

20) 송덕봉, 문희순 외 번역, 『국역 덕봉집』, 심미안, 2012. p. 100. 『미암일기초』 권1, 무진 10월 14일 기사.

"아내가 무명베로 갑방의(겹옷), 갑봉지(겹바지), 단천익(홑철릭)을 만들어 보내왔다. 아내가 밖으로는 집 짓는 일에 시달리고 안으로는 옷 짓는 일에 수고로우니, 그 고생이 심하다."(1568년 4월 22일)[21]

집안의 수입 및 지출 계산과 재산증식 등 경제적 책임도 덕봉이 주로 감당하곤 했다. 당시 양반은 필요한 물건들을 선물로 주고받음으로써 물질적 필요를 충족하던 '선물경제'를 영위하고 있었다. 이 때문에 생존이 걸린 중대한 문제였던 집안 사이에 오가는 물건 관리에 덕봉은 심혈을 기울였다. 서울에서 쌀을 빌려준 대가로 이자를 받고 고향에서 지방관의 도움으로 토지를 매입하기도 하면서 재산증식에 능력을 발휘하기도 한다. 시제나 기제사 준비, 혼인 등 가내 대소사 주관과 매일 적어도 열 명 이상씩 찾아오는 빈객 접대도 덕봉의 몫이었다.

이렇듯 당시 집안 살림은 많은 노동을 필요로 했고 여성에게 부담을 주었던 매우 중요한 일이었다. 그런 만큼 여성의 능력을 발휘하게 했으며 가정이나 사회에서 존경과 대우를 받는 이유가 되었다. 부부가 잠자리나 식사 자리를 함께하고, 외부 술자리나 모임에도 동반 참석하는 것이 자연스러웠으며, 국가 행사를 구경하거나 담소를 즐기기 위해 부인들이 자유롭게 나들이 가던 시대였다. 이런 상황에서 자녀에게 아들 출산을 위한 압력을 가할 필요는 없었다. 굳이 아들을 통하지 않아도 여성들의 목소리가 힘을 발휘하던 시대, 그때 그 시절이었다.

---

21) 송덕봉, 앞의 책, p. 99. 『미암일기초』 권1, 무진 4월 22일 기사.

도리는 다하고, 할 말은 하고

1577년 미암이 세상을 뜨자 8개월 뒤 덕봉도 사망한다. 사람들은 생전 지우였던 둘 중 하나가 먼저 떠난 뒤여서 금방 뒤따랐다며 부러워했다. 하지만 미암이 수학(修學)과 관직 생활, 긴 유배 생활을 했기 때문에 40년 결혼생활 중 이들이 함께 보내며 살뜰한 정을 나눈 시간은 기실 20년이 채 되지 못했다. 떨어져 있던 시간이 많았던 부부는 서로 간 애정 표현이나 이견 조율을 위해 편지나 시를 주고받았고 미암은 그것들을 일기에 담아 놓았다.

그 가운데 1570년 6월 12일 기사는 유명하다. 미암은 홍문관 관리로 한양에서 4개월 홀로 사는 동안 음악과 여색을 가까이하지 않은 뒤 이를 편지로써 보답하기 어려운 은혜를 베풀었다고 자랑한다. 덕봉은 답장했다. 그는 그

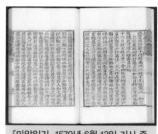

『미암일기』 1570년 6월 12일 기사 중

게 자랑할 일이냐 반문하면서, 곁에 친한 벗이 있고 아래로 가족과 종들이 있어 뭇사람이 보아 저절로 공론이 퍼질 텐데, 애써 편지를 보낸 것은 미암에게 겉으로 인의를 베푸는 척하는 폐단과 남이 알아주기를 서두르는 병폐가 있는 듯하다고 답한다. 예순 가까운 나이에 혼자 잔다면 기운 보양에 이로워 미암 자신에게 좋은 것이지 덕봉에게 은혜를 베푼 것이 아니라며 영원히 잡념을 끊고 기운을 보양해 수명을 늘리라고 면려했다. 미암은 덕봉의 말과 뜻이 다 좋아 탄복했다면서 받아들인다.

사이가 유별났던 그들 사이에도 이런 편지가 오갔던 것은 당시 양반

남성들이 기생 등 여색을 가까이하기 쉬운 사회구조 때문이다. 첩을 따로 두는 관행이 보편화 되었던 당시, 미암의 일가족만 보더라도 그를 포함해 장인, 아들, 사위 모두 첩을 두고 있었다. 첩을 들인 이유는 사위 윤관중 경우처럼 욕망 추구도 있지만, 미암처럼 유배 생활 같은 거주상 문제나 아들 경렴처럼 처의 좋지 못한 건강 때문에 부인 일을 대신할 자를 찾은 이유도 있었다.

미암의 첩 방굿덕은 미암이 함경도 종성에서 유배 중일 때 들어와 네 명의 딸을 낳았다. 덕봉은 친정 부모와 시모를 봉양하며 가솔을 이끄느라 남편과 떨어져 있기에 첩을 허락해야 했다. 시모 삼년상을 마치자 전라도 담양에서 함경도 종성까지 먼길을 찬바람에 병까지 얻어가며 미암을 찾아간 것을 보면 그녀의 심정이 그동안 어떠했는지 추측할 수 있다. '삼종(三從)의 의는 무겁고 한 몸은 가볍다'라는 시구로 남은 험한 마천령 고갯길은, 27세 이후 근 20년 세월이 지나는 동안 그녀의 마음이 수천 번도 더 향했던 길이었을 것이다.

이후 덕봉이 은진의 유배까지 미암과 함께하자 첩 방굿덕은 딸들을 데리고 해남으로 내려가 어머니, 남동생과 함께 살았다. 그리고 미암이 혼자 해남에 올 때면 딸들과 함께 찾아가 음식과 의복 수발 및 청소, 잠자리 돌보기 등 시중을 든다. 덕봉과 미암의 묘 아래에 자신의 묘를 써 달라 할 정도로 방굿덕도 미암을 향한 마음이 깊었다. 그렇기에 첩의 처지였던 그녀도 아픈 것은 덕봉과 매한가지 아니었을까? 당시 첩은 처가 오면 '퇴피(退避)'라 하여 물러나 피해야 했고 가능한 한 서로 마주치지 않았다. 부인의 시집살이가 아닌 남편의 처가살이가 보편적이었던 시대라 남편이 첩을 둘 수는 있어도 직접 집에 들이기는 어려웠던 때문이다.

미암도 해배 후에는 방굿덕과 거의 생활하지 않지만, 물품과 편지 등을 보내며 그녀의 생활을 도왔고 서녀들의 속량과 혼인에도 힘을 다한다.

한편 덕봉이 집안의 중심 역할을 하며 남편에게 본인의 요구와 주장을 스스럼없이 할 수 있었던 이면에는 며느리로서 시어머니의 삼년상을 친자식 못지않게 치렀다는 당당함도 있다. 1558년 2월 미암은 모친상을 당했음에도 유배의 몸이었기에 장례를 치를 수가 없었다. 그런 남편 대신 덕봉은 홀로 삼년상을 치른 뒤 종성에 있는 미암을 찾아간 것이었고, 그로 인해 병을 얻어 남은 생애 내내 병치레가 잦았다. 그녀는 자신이 다한 만큼 미암에게도 사위로서 도리를 다하라고 요구하곤 했다.

덕봉은 1571년 미암이 전라감사로 부임하자 친정아버지 묘 앞에 석물(石物·무덤 앞에 돌로 만들어 놓은 물건)을 세우는 마지막 작업을 하려고 했다. 남편이 경제적 지원을 해주길 바랐지만, 미암은 사비로 하라며 돕기를 저어한다. 그런 그에게 덕봉은 사가에 준비할 만한 힘이 있었다면 구차하게 청하지 않고 자신의 정성으로 진작 이루었을 것이라며 「착석문」을 지어 보낸다. 비석을 세우도록 도와달라는 간곡하지만 당당한 글이었다.

"친정아버지께서 당신이 장가들어 3일째 되던 날 '금슬 백 년'이라는 구절을 보고 어진 사위를 얻었다고 미칠 듯이 기뻐하셨는데, 당신은 반드시 기억하고 있을 것입니다.……더구나 당신은 나의 지음(知音)으로서 스스로 거공(蚯蛩·노래기와 메뚜기)에 견주며 함께 늙자고 했으면서, 겨우 4, 50말의 쌀이면 공역을 끝낼 수 있는데도, 이처럼 귀찮게 여기니 분통이 터져 죽을 지경입니다.……나 또한 박하게 베풀고 그대에게 두텁게 바라는 것이 아닙니다. 시어머니의 상에 마음을 쏟고 힘을 다하여 예법으로 장사와 제사를 지냈으니, 나는 남의 며느리가 되는 도리에 부끄러움이 없습니다. 당신은 이러한 뜻을 생각하려 하지 않습니까? 당신이 만일 나의 이런 평생의 소원을 이뤄주지 않는다면, 나는 죽더라도 반드시 지하에서 눈을 감지 못할 것입니다. 이는 모두 지극한 정성에서 느껴 나온 것이니 글자마다 상세히 살펴주시기를 간절히 바랍니다."[22]

거절하는 남편의 주장을 반박하면서 자신의 요구가 정당함을 피력한 덕봉의 글에 미암은 곧 사람을 보내 일을 시작하게 한다. 근 한 달여 만에 미암의 처부모 무덤 앞 석물은 완성되었다.

덕봉에게는 남편과 집안일 대부분을 함께 결정하고 자신의 요구와 권리를 주장하는 힘이 있었다. 학문적으로 뛰어난 개인적 자질에 당시 혼인과 제사 형태, 재산 상속권과 집안 살림의 중요성이 그런 모든 힘의 원천이었다. 그러나 여기에는 남편의 혼외관계 묵인과 시부모 봉양을 포함해, 유교적 도리를 다하는 아내와 며느리로서 역할 수행이라는 암묵적 조건이 있었다. 그리고 15~16세기 조선의 현실에서 크게 드러나지 않던 이 같은 여성에 대한 성리학적 규범의 제약들은 점차 강화되며 조선 사회 전체를 바꾸게 될 것이었다. 『미암일기』 속 미암의 어린 외손녀 은우에 대한 기록은 이런 변화를 예상하게 한다.

은우가 '효성', '상하존비', '일부종사' 규범에 관해 이야기하는 것을 미암은 늠름하게 여기며 참으로 기특한 여자요 가문을 빛낼 아이라고 치

---

22) 송덕봉, 앞의 책, p. 83 · 85.

미암 사당(상)과 사당 벽화 중 「등용도」
미암을 기리기 위해 17세기 초 세운 사당. 유교식 사당에는 희귀한 벽화 3점이 보존되어 있다.

하한다. 미암의 딸 또한 아버지에게서 『내훈(內訓)』[23]을 받고 은우에게 잘 전하겠다며 유교식으로 교육하려는 뜻을 보인다. 외할머니를 닮았다고 미암이 자랑스러워했던 은우는 분명 그 모습과는 상당히 다르게 자라났을 것이며, 이를 더욱 강화한 형태로 자신의 딸과 며느리에게 대물림했을 것이다.

은우 외조부모의 16세기 모습은 여성과 남성의 문제가 상하 관계가 아닌 상생과 보완의 관계임을 보인다. 미암은 조정에서 벼슬을 하면서도 고향에 내려가 학문하고 싶은 마음 사이에서 갈등했고, 덕봉도 미암이 혼자 벼슬하며 승진하는 것을 걱정하면서 고향에 내려와 자연에서 함께하기를 바라는 마음을 시로 표출하곤 했다. 나이가 들수록 더욱 의지하며 서로 고마운 마음을 시, 편지와 선물 등을 주고받으면서 나누고, 함께 장기를 두고 생일잔칫상도 받았던 덕봉과 미암은 현대 어느 부부보다 애정 표현이 살뜰하고 따뜻했던 이들이었다. 제도가 만든 부당함에 처하기도 했고, 그것에 어쩔 수 없이 적응하거나 반발하면서 갈등을 겪기도 하지만 그 바탕에는 서로 존경하고 사랑하는 마음이 존재했다.

인류의 반이 불행하다면 무언가 잘못되었다는 뜻이다. 덕봉과 딸, 그리고 방굿덕의 한숨도 현재는 여성에게만이 아닌 남성에게도 적용이 될 것이다. 집안 살림이든, 그것을 조력하는 바깥 일이든 각 영역에 대한 상대의 존중과 배려, 협조가 없다면, 함께 가는 길은 그 자체로 모두에게 고통이 되지 않겠는가.

덕봉과 미암 부부의 서로를 배려하고 권면하는 모습, 아쉬운 소리도 해야 하지만 사랑하기에 상대방의 가족에게도 최선을 다하는 모습에서 현재 실타래처럼 얽혀있는 대한민국의 부부와 가족 문제, 그리고 가정 살림과 사회의 문제들을 풀 실마리를 찾을 수 있길 희망한다.

---

23) 1475년 성종 어머니 소혜왕후(인수대비)가 중국의 『열녀전』과 『소학』, 『여교』, 『명감』에서 부녀자들의 훈육에 요긴한 대목을 뽑아 만든 여성 교육서. 부녀자의 말과 행실, 어버이에 대한 효도, 혼례 예절, 어머니로서의 예의범절, 동서나 친척과 화목하게 지내는 방법, 손님 대접과 관직에 있는 남편 보필 방법 등이 그 내용.

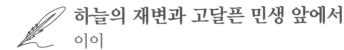

하늘의 재변과 고달픈 민생 앞에서
이이

『경연일기(經筵日記)』는 경연의 역사다. 본래 '국왕과 신하가 경전과 역사책을 읽으며 논의하는 공간'인 경연은 시정의 득실을 논하고 국가의 중요 정책을 토의하는 자리이기도 했다. 그래서 『경연일기』는 사관을 겸하던 경연관에 의해 실록에 쓰일 사초로 간주 되며 조정 안팎의 일들을 담게 되었다. 율곡(栗谷) 이이(李珥·1536~1584)의 『경연일기』도 마찬가지다. 거의 모든 관력을 사관과 겸임했던 그는 관직 시작 해부터 호조판서를 맡은 1581년까지 약 17년간 국정 전반과 인물평들을 기록했는데, '근안(謹按)'이라는 자신의 의견도 함께였다.

일기의 주된 배경인 선조 치세(1567~1608)는 150여 년을 지나온 조선의 한계를 뛰어넘을 길을 그 어느 때보다 치열하게 묻던 때였다. 임진왜란(1592~1599)이 워낙 압도적이어서 간과하기 쉽지만, 왕조의 근원적 동력인 성리학을 탐구해 열띤 논쟁으로 이론을 세워 현실 정치에 적용하고자 했고 이 과정에서 퇴계 이황과 율곡 이이라는 엄청난 별들이 탄생했다. 기대승, 이언적, 성혼, 조식, 류성룡, 정철, 이항복, 이순신, 권율,

목릉
경기도 구리시 동구동의 동구릉(東九陵) 내 선조의 목릉과 정자각.

허준 등 지식인과 명재상, 명장 등 각 분야 최고의 인물들도 배출해 '목릉성세(穆陵盛世·목릉은 선조의 능)'라 불릴 정도였다. 사림이 본격적으로 정계를 장악한 뒤 동서로 분당 되기 시작한 때였으며, 꽤 오랜 뒤 대동법이나 균역법으로 이어질 개혁에 대한 논의가 시작된 때이기도 하다.

그 모든 과정 한가운데에서 조선 변화의 흐름을 꿰뚫으며 나아갈 방향을 찾고자 했던 천재 성리학자, 이율곡의 날카로운 뜻과 깊은 고뇌는 16세기 후반 조선의 시대상에만 국한된 것이 아닐 것이다.

능력자 신하, 반항아 국왕

『조선왕조실록』 속에 기록된 천재지변 즉 유성의 출현과 지진, 서리, 이상 기온 등과 같은 현상 중 83%가 1490~1760년에 포진되어 있다. 당시 재난은 조선만의 현상이 아니었는데, 특히 16세기 발생한 기근과 흉년 등으로 이웃을 침략하려는 경향은 동아시아에서 뚜렷하게 나타났다. 센고쿠(전국) 시대의 혼란을 끝낸 일본, 왜구와 북방 몽골족 등에 시달린 (북로남왜) 명, 그리고 자연재해와 여진족의 출몰로 고통받던 조선은 결국 임진왜란이라는 7년간의 국제 전쟁으로 16세기의 막을 내린다.

수십 년 뒤의 동아시아 전쟁을 정확하게 예측했던 것은 아니지만, 율곡은 조선에 닥칠 위험에 대해서 계속 경고하고 있었다. 당시 심상치 않던 재변과 백성의 곤궁함을, 왕조를 긴장시키는 것 이상의 현상으로 인식했기 때문이다.

이이는 1564년 식년 문과 장원급제로 6품직인 호조 좌랑에서 관직 생활을 시작했다. 열세 살 진사 초시 이후 이십 구세까지 아홉 번 과거에서 장원급제해 '구도장원공(九度壯元公)'이라는 별칭을 가졌던 그는 그야말로 신동이었다. 동시대 경연관이었던 유희춘은 『미암일기』 속에 율곡의 글이 자주 상소로 채택되어 올려졌음을 기록했다. 그의 상소가 반드시 뛰어나고 시원하니 시국을 구제할 인재이며, 옥당(홍문관) 관리들이 모두 탄복했다는 내용도 함께였다.

그러나 정신적 지주였던 어머니 신사임당의 사망 후 방황하면서 불교에 발을 디뎠다 돌아온 이력이 있는 데다, 퇴계의 학설과는 다른 독창적인 주장을 펼쳐 학자들의 공격 대상도 되곤 했다. 특히 개방적이고 정직한 율곡의 성품을 그대로 드러내는, 인물과 현실에 대한 가차 없는 직언 때문에 더욱 그랬다. 심지어 평생 절친이었던 우계(牛溪) 성혼(成渾·1535~1598)조차도 그 대상에서 예외가 아니었다.

1574년 우계가 어떤 사람인지 묻는 선조에게 이이는 그를 잘 안다며 운을 뗀다. 일찍부터 아버지 성수침의 교훈을 받아 훌륭한 일을 할 만하니 학문에 힘쓰고 있다고 하면 옳지만, 학문이 성취되고 덕이 정립되었다고는 할 수 없다는 답이었다. 이황과 그보다 스물여섯 살 연하인 기대승의 장장 팔 년간에 걸친 세기적인 '사단칠정(四端七情) 논쟁'을 이어받아, 1572년부터 이이와 아홉 차례 서신 교환으로 '인심(人心) · 도심(道心) 논쟁'을 벌였던 그 대학자 성혼에 대한 평가였다.

그런 이이였으니 국왕이라고 예외를 두었을 리는 만무했다. 선조가 열여섯 살로 보위에 올랐을 때 삼십이 넘었던 그는 선조에게 많은 기대를 걸었다. 왕위 계승일의 일기에서, 어려서부터 자질이 아름답고 생김새가 맑고 빼어났다고 선조를 평가하며 그 마음을 내비친다. 그래서 그는 경연이라는 공간을 활용해 국왕과 끊임없이 소통하고 가르치고자 했다.

어떤 의미에서 경연은 전근대 조선의 한계를 극복하려던 노력의 일환이었다. 문과 급제자로 '능력자'였던 신하들에 비해 혈통으로 이어져, 연산군과 같은 일종의 '자격 미달' 국왕이 나올 수 있는 세습 군주제의 한계 말이다. 대체로 신하가 국왕을 가르쳐 '성학', 곧 성리학의 세계로 이끌어 문제가 발생할 조건을 최소화하고자 했던 것인데, 천재 만재 능력자 이이였으니 그 기대가 오죽했을까. 게다가 상(국왕)은 안락함이 아닌 2백 년 종묘사직이라는 근심거리를 물려받은 것이라고 선조에게 진언한 데서 보듯이, 율곡은 당시 조선의 상황을 '좋은' 정치가 절실히 필요한 때로 판단하고 있었다.

1565년 문정왕후 사망으로 정국을 전환 시킬 계기를 맞은 사림은 선조 즉위를 통해 국왕의 지지를 얻는 데 성공한다. 훈척 세력과 달리 도덕적 정당성을 확보하고 있던 이들은 중앙정계를 빠르게 장악했고, 결국 사림 중심의 정치 질서를 수립하며 조선 역사의 일대 전환점을 이루었다. 연산군에서 명종까지 16세기 초·중반기를 '중간 쇠퇴기'로 간주한 이들은 자신들의 출현을 이러한 흐름에서 조선을 구제할 기회로 여겼다. 그래서 이전과는 새로운 국정 운영 방식을 모색했는데 그중 하나가 제왕학을 만들어 국왕에게 제시한 것이었다.

> "비바람이 불고 낮이 어둡더니 뇌성과 번개가 여름철보다도 심하였다.……여러 신하들이 좌정하자 상은 좌우를 돌아보면서 이르기를, '천변이 비상하니 어떻게 대처해야 되겠는가?'하니,……이이의 말에 '……아조(我朝)는 나라를 세운 지 거의 2백 년이라, 이는 중쇠의 시기입니다. 권간의 탁란하는 화를 많이 겪었고, 오늘에 이르러서는 노인이 원기가 다 떨어져 다시 떨치지 못하는 것과 같습니다. 다행히 성상께서 나으셨으니, 이는 치세도 난세도 올 수 있는 기미입니다. 만일 이때에 분발, 진작하시면 동방 억만 년의 무한한 복이 될 것이며, 그렇지 못하오면 장차 무너지고 잦아들어 구하지 못할 것입니다.'"(1581년 10월 신축일)[24]

이황의 『성학십도』, 이이의 『성학집요』 등 성학 이론서들은 특히 선조에게 구체적으로 적용될 것을 염두에 두고 작성되었다. 성리학적 원칙을 기반으로 하되 국왕과 사림의 적극적인 정치 참여, 즉 임금과 신하가 함께 다스리는 '군신공치(君臣共治)'까지 고려된 저술들이었다. 경연을 통해 이를 가르친 것은 결국 신하들이 제시한 제왕의 기준점을 국왕

---

24) 李珥, 成樂薰 外 原譯, 「經筵日記」, 『國譯 栗谷全書』 Ⅳ, 韓國精神文化硏究院, 1988, pp. 311~312.

이 따르도록 유도한다는 의미였다. 국왕조차 사대부의 논리에 따라야 하는 존재로 보았다는 점에서, 그리하여 대신만이 아닌 국왕도 견제의 대상이 되었다는 점에서 상당히 의미심장한 부분이다.

이이의 「성학집요」

국왕과 대신, 언관 세 권력이 자리를 잡아 어느 한 권력도 독재하지 못하도록 견제를 해나가는 시대. 그 어느 때보다 성리학에서의 '왕도정치', 즉 중국 요순 시대와 같이 백성들이 통치하는 자를 알지 못할 정도의, 통치하되 통치하지 않는 정치를 이상으로 내세우며 공부하지 않는 왕에게는 복종할 수 없다는 말이 나오는 시대. 수많은 걸출한 사상가들이 전개한 사상과 그 결과물인 정치의 중심에서, 흔들려온 조선을 든든히 세울 정책 결정을 내리고 추진할 국왕의 역량이 발휘될 시대. 선조를 통해 이런 시대를 꿈꾸고 나아가고자 했던 율곡이었기에, 이에 합당치 못한 부분에 대해서는 대상이 국왕이라 할지라도 가차 없이 비판의 목소리를 내고 붓을 들었다.

문소전(태조와 4대조 사당) 부묘(祔廟·삼년상 후 신주를 종묘에 모시는 일)에 관련해 퇴계의 의견을 취하지 않은 선조에 대한 언급이 날카롭게 벼려진 평가의 서곡이었다. 즉위 초에는 매우 영명해 온 나라가 성덕의 성취를 바랐는데 속된 견해에 젖었고, 이황이 경연에서 아뢰거나 상소를 올리며 성현의 학문을 권했음에도 끝내 실천이 없었다는 내용이다.

1573년 이이는 자신이 모신 지 여러 날이 되어도 선조가 치국의 도리를 한 번도 묻지 않으니 감히 성상께서 정치를 잘하시려는 뜻이 있는지를 알 수 없다고 하면서 군신 사이의 소통을 진언했다. 이에 자신이 재주와 덕이 없는 데다 마침 다스리기 어려운 시대를 만난 것이 큰일을 하기 어려운 이유라며 변명하는 선조에게 서슴없이 답한다. 임금의 덕이 요·순·탕·무 같은 뒤에야 정치를 잘할 수 있다면 어려운 것이나 선조는 덕을 잃은 적이 없으니 이에 근거해 덕을 증진 시킬 수 있고 덕이 증진되면 재주 또한 생기는 것이며, 만일 부족하다고 스스로 생각한다면 자신보다 어진 이를 얻어서 맡기면 될 것이라며 말이다.

향약 시행 논란 중에 자신의 자질을 묻는 선조에 대해서도 어떤 왕보다 뛰어났다는 말은 과하다며 직언을 날린다. 다만 영명하고 욕심이 적으니 일을 할 만한 자질이 있는데 정치를 하지 '못하는' 것은 자질 때문이 아닌 정치를 하지 '않는' 탓이라며 말을 잇는다. 하나부터 열까지 조목조목 뼈를 때린다. 사림을 대할 때나 빈발하는 재해에 대응하고 일을 도모해야 할 때 모두 겉으로만 하는 선조의 자세를 비판하며 율곡은 학문의 근본을 쌓으라고 진언하곤 했다. 국왕이 경연관을 자주 접해 군신 위아래가 서로 믿을 수 있게 됨으로써 인재가 등용되고 개혁이 이루어지길 원했던 것이다.

그러나 선조는 안타깝게도 구습을 고칠 의욕도, 리더십을 갖출 노력도, 개혁하고자 하는 의지도 이이가 원했던 만큼 보여주지 못한다. 선조의 아버지 덕흥군은 중종의 후궁인 창빈 안씨 소생이었다. 서자인 셈이다. 덕흥군의 셋째 아들로 서자 출신 국왕이 된 선조는 왕위 계승에 부족한 정통성을 사림의 지지로 확보하고자 했다. 그래서 집권 초반에는 경연에 열심을 보이기도 했다. 허나 그뿐, 선조는 부족한 정통성을 지지

해줄 역할을 넘어서는 사림의 요구는 실행에 옮길 의지를 끝까지 보이지 않았다. 외려 동서분당과 같은 사림의 정치적 역학 관계를 자신의 권력 안정에 이용하고자 했다. 이이의 「만언소」와 같은 개혁안에 대해서도 감격스럽다는 듯 치하는 했지만 결국 시행하지는 않았다.

받아들여지지 못한 진심

"이이가 어떤 이에게 말하기를, '재변이 혹심하여 주상이 마음으로 두려워하면서도 재변을 풀 계책은 알지 못하시고 한갓 의혹만을 조장하므로 의혹하지 않는 사람이 없고, 의혹하지 않을 일이 없으니, 내가 상소하여 시폐를 극진히 말씀드리고 따라서 폐단을 구제할 계책을 드리려 한다' 하니 박순이 듣고 만류하며 말하기를 '상의 위엄을 범하여 더욱 불안하게 될까 우려되오' 하였다."(1574년 1월)[25]

1574년 선조 7년 1월. 율곡은 일명 「갑술 만언봉사」를 올리기 전에 그 뜻을 『경연일기』에 기록했다. 재상 박순의 반응에 이이는 인망이 걸려 있는 존재인 대신이 자기도 말을 못 하면서 다른 사람까지 못 하게 한다며 탄식했다. '내용이 자세하고 구체적이어서 매우 길다'라는 뜻의 '만언(萬言)'답게, 임금의 수신과 백성을 위한 정책이 장장 1만 1천 6백 자에 걸쳐 담긴 「만언소」. 비록 선조의 구언(求言)에 따른 것이었을지라도 개

25) 李珥, 앞의 책, p. 130.

혁안 제출은 결코 녹록한 일이
아니었음을 보여준다.

율곡의 「만언소」에서 특히 주
목할 만한 것은 '공안(貢案·군현
별로 공물을 배정한 장부)'의 개정
이었다. 공물은 각 읍의 산물 즉
현물로 바치는 세금인데, 이이는
공물 대부분이 그곳 산물이 아니
기에 다른 고을에서 사들이거나

이이의 「만언봉사」
「율곡전서」 총 44권 중 권5에 수록.

서울에 와 사다 바친다고 지적했다. 건국 초기 공물 배정 후 1501년에
더 배정한 뒤 무려 74년 동안 수정되지 않았기 때문이다.

'간사한 무리'가 나랏일을 도맡았기 때문이라 분석한 이이는, 연산군
때 분량을 모두 없애 조종의 옛 법을 회복하고 각 읍의 물산 유무, 민호
(民戶)의 형편을 조사해 공물을 고르게 배정해야 한다고 주장했다. 「만
언소」를 제출한 익월에 선조가 전교(국왕의 명령)의 실효 방법을 묻자 이
이는 개혁하지 않으면 나라 꼴이 되지 않을 것이라고 답한다. 그는 민의
공물 부담이 가중되는 이유를 방납뿐 아닌 공물의 과중으로도 보면서
심지어 공물의 70~80%까지라도 감축하자고 요청한다.

"조종의 법을 모조리 변경하자는 것이 아닙니다. 공안 같은 것은 연산군
이 첨가하여 제정한 것이오 조종 조의 법이 아닙니다. 신이 개혁하기를
좋아하는 것이 아니라 민폐를 구제하자는 것입니다. 만일 지금의 정사를
고치시려면 반드시 일을 할 만한 인재를 구하여야 할 것이오나, 만일 고

치려 하지 않으신다면 어진 사람은 구해서 무엇에 쓰겠습니까. 근일 주상께서 노수신을 우대하시나, 노수신이 병이 있다고 나오지 않는 것도 뜻이 있는 것이라 합니다.……노수신으로선 건의하고 싶었지만 주상의 뜻이 변통을 원하지 않으시니 진퇴가 극히 어려운 처지라 부득이 물러가기를 청한 것입니다."(1574년 2월)[26]

이와 함께 방납의 폐단을 없애고자 현물이 아닌 쌀로 공물을 받자는 논의를 제기하기도 한다. 현물 공물을 사는 데 들어가는 비용을 종합해 쌀로 환산하고 이를 토지 결수로 나누면 1결당 부담해야 할 쌀의 액수가 나온다. 이를 거둬 필요한 물품을 구입하자는 내용. 이런 방식을 '공물작미(貢物作米)'라 했는데, '작미'는 쌀로 환산한다는 뜻이다. 공안 개정 제안 이전인 1569년 이이는 해주에서 공물가로 1결당 1두씩 걷은 후 관에서 일괄적으로 공물을 준비해 납부하는 사례를 보고하기도 했다. '대변통'의 시작으로, 단순히 공물을 줄이는 문제에서 나아가 세제 전반에 대한 개정이 율곡의 착상이었다.

1581년 7월 홍문관과 사간원에서 '공안의 개정', '주현의 병합', '감사의 직임을 오래 맡기는 것' 등 세 가지 시행을 건의했을 때 선조는 조종의 법을 경솔히 고칠 수 없으니 우선 그냥 두고 거론하지 말라며 시행을 거부했다. 그러나 임진왜란의 격랑은 기어코 변화를 수용하게 했고, 공물작미 방식은 결국 시행되기에 이른다. 그 유명한 '대동법'의 기틀이 마련된 셈이니, 이이가 시대를 앞선 탁월한 인물이었음을 보여주는 것이다.

---

26) 李珥, 앞의 책, pp. 135~136.

이 시기의 정치적 특징으로 자리매김된 '동서분당'에 대해서도 마찬가지다. 이이를 보통 서인에게 정체성을 부여한 인물로 평가하며 마치 붕당 고착화에 기여한 듯 묘사하기도 한다. 하지만 그의 선택은 왕정 체제속에 신하의 참여를 극대화하려는 방편으로 추구된 사림 정치에서 균형을 이루기 위한 것이었음 또한 고려해야 한다.

사림은 1572~1573년을 기점으로 삼사의 언론권에 삼정승까지 차지하며 새 시대의 개막을 알린다. 그러나 이는 다른 갈등과 분열의 시작이기도 했다. 훈척 세력의 청산을 두고 발생한 의견 차이에서 문제가 비롯되었는데, 구체적으로는 '심의겸을 어떻게 처리할 것인가'에 대한 것이었다. 심의겸은 명종 비 심씨의 동생으로 일종의 외척이지만 대체로 사림과 좋은 관계를 유지해온 인물이다. 권신 이량이 사림을 제거하려 할 때그는 누이를 통해 명종이 이량을 귀향 보내게 해 사림을 보호한 공도 있었다. 때문에 명종 때부터 활동한 선배 사림은 심의겸을 받아들였고 정치적 난관 타개에 힘을 빌리려 하기도 했다. 그러나 선조 대 진출한 후배 사림은 이런 선배들의 태도에 매우 비판적이었다.

이 와중에 결정적인 사건이 터진다. 1575년 황해도 재령에서 종이 주인을 죽였다고 추정되는 사건이 벌어졌는데, 심의겸과 친분이 있던 좌의정 박순이 사건을 담당한다. 그는 시신을 검시했지만 분명한 원인을밝히지 못했다. 영의정 홍담은 죄 없는 종을 풀어주어야 한다고 주장했고, 죽은 주인과 인척이던 허엽은 그래도 종을 처벌해야 한다고 했다. 선조는 증거 부족을 들어 종을 석방한다. 이를 분하게 여긴 허엽이 박순의 추고(推考·벼슬아치의 죄과를 추문하여 고찰함)를 요청하자 당시 사간이던 김효원도 그 요청에 동참한다. 이에 대해 정철, 김계휘, 윤두수 등 선배 사림은 박순을 퇴진시켜 심의겸 세력을 고사시키려는 후배 사림의 의도로 간주했다. 율곡은 허엽의 비판이 지나치긴 했지만, 김효원이 은밀하게 계획한 것도 아니라고 보아 양측의 가운데에 섰다.

조정이 심의겸과 김효원을 중심으로 갈리자 분란을 잠재우기 위해 둘 다 지방관으로 내보내며 사건은 일단락되는 듯 보였다. 하지만 인사 조처의 불공정성에 불만을 품은 후배 사림과 이를 통해 후배의 기세를 꺾으려 했던 선배 사림 간 분당은 막을 수 없는 일이 되었다. 김효원이 서울 동쪽인 낙산에 살고 심의겸이 서쪽인 정동에 산다 해서 후배 사림은 동인, 선배들은 서인으로 불리게 되었는데, 1578년 10월 홍문관 수찬(修撰·문장을 짓고 경연에서 검토관 역할을 담당한 관리) 강서가 경연에서 "사류가 동과 서 두 편으로 나누어졌으나 모두 등용할 만한 사람들이니, 한쪽만 쓰고 한쪽은 버려두어서는 안 됩니다"라고 해 선조가 '동·서'라는 용어를 알게 된다.

율곡은 동인과 서인의 중간에서 조정하고자 노력했다. 후일 홍문관 부제학에서 물러나면서도 사류에게 화해하라고 조언하기도 하는데, 양쪽을 화해하게 해 합하려는 일명 '조제보합론(調劑保合論)'에 따른 것이었다.

"사간원 대사간의 벼슬로 이이를 불렀으나, 이이는 병으로 사직하여 나오지 않고 상소하여 동서분당을 논하였다. 그는 동인이 서인을 공격하는 것이 너무 심하고 억지로 시비를 정하려는 것을 보고서 동·서를 타파하고 사류들을 보합하여 한 마음으로 나라 일에 힘쓰게 하도록 청하였는데, 말이 몹시 격절하였다. 상은 상소의 말이 적당하지 않다 하여 이이의

관직을 체직(관직이 바뀌는 것)하게 하니, 양사와 옥당이 어지러이 논박하였다."(1579년 5월)[27]

동인의 권력이 점차 비대화 되며 정국의 균형이 깨어지자 율곡은 결국 이러한 문제점을 해결하는 방편으로 정치적 입장을 서인으로 정한다. 이는 그의 지지 세력과 문인 역시 서인에 가담하는 것을 의미했다. 동인 계열이 주로 이황과 조식을 따르던 문인으로 구성된 것과 비교할 때 그동안 학문적 입장이 분명치 않았던 서인 계열이 학파적 정체성을 부여받게 된 것이다. 이이, 성혼의 학연과 연결된 서인은 경기, 황해, 충청, 전라도 지역 일부까지 참여하는 거대한 기반을 가지게 된다. 동인은 경상도를 기반으로 하여, 이이가 사망할 즈음 결국 조정에는 두 붕당이 자리 잡는다.

조선의 16세기는 19세기와 함께 일종의 '아픈' 시대로 간주되곤 한다. 사화를 지나 정권을 잡은 사림이 경세에 대한 비전을 제대로 제시하지 못한 채 분당으로 치달았으며, 7년간의 동북아시아 전쟁으로 막을 내리는 일명 '쇠퇴'한 시대라는 이미지가 짙기 때문이다. 중앙집권과 국방력 강화, 민족문화 발달 등 현재 강력한 국가 기준에 훨씬 매력적인 듯 보이는 15세기와 완전 다른 결이다.

그러나 임진왜란 이후 중국이나 일본에서 일어난 지배층의 교체가 정작 국토가 쑥대밭이 되었던 조선에서는 벌어지지 않았다. 오히려 왕조 권력은 강화되었는데, 이를 '쇠퇴'라는 흐름으로만 설명하기는 곤란해

---

27) 李珥, 앞의 책, p. 242.

자운서원과 신사임당·이원수의 묘 ⓒ문화재청
율곡 이이를 배향한 자운서원(상)과 이이·신사임당의 묘소를 포함한 가족묘역이 한 공간에 모여 있
는 '파주 이이 유적'. 경기도 파주시 법원읍 동문리에 있는, 이이 관련 대표적인 유적지이다.

보인다. 16세기 명종에서 선조 중기까지 이르는 시기의 학문적·정치적 논쟁과 대립·조정 과정은 앞으로의 조선이 나아가야 할 길을 찾는다는 의미에서 임진왜란에 버금가는 '사건'이었다. 그 와중에 당시에는 받아들여지지 않았을지라도, 조선이 임란 이후에도 굳건하게 버틸 방향을 제시한 이이의 혜안에 찬탄을 금치 못하는 이유다.

흔들리는 16세기 조선을 걱정하며 개혁하고자 했던 율곡의 절절한 마음. 그리하여 당시 상황과 사람들을 누구보다 정확하고 비판적으로 바라보며 균형을 지키려 애쓴 그의 태도. 그리고 심지어 국왕에게까지도 직언을 서슴지 않던 『경연일기』 속 그의 모습에서, 국가를 운영하는 사람들에 대한 견제에는 국왕도 예외가 없었던, '왕조국가 아닌 왕조국가'의 모습을 본다. 국가에 대한 국민의 견제 목소리가 살아 기능하는 민주주의 국가 현 대한민국의 모습 역시 그렇다. 율곡의 지혜뿐 아니라 그 자세는, 정치가만이 아니라 우리 모두 가져야 하는 마음과 태도이지 않을까?

율곡 사망 후 7년 뒤인 1591년. 광해군 왕세자 책봉을 건의한 서인 정철의 '건저의(建儲議·왕의 자리를 계승할 왕세자를 정하던 일을 의논함)'에 대해 선조가 노하면서 서인의 처리를 두고, 동인은 둘로 나뉜다. 정철을 죽이자는 주장까지 포함해 강경 보복하자는 북인과 그에 반대하는 온건파 남인이다. 서인과 남인, 북인 그리고 이들 가운데에서 자신의 권력 안정을 최우선으로 했던 선조. 이들이 이끌어가는 조선은 그 이듬해 조선 역사상 최악의 전란에 휩싸인다. 임진왜란. 이이가 그렇게도 우려했던 일이었다.

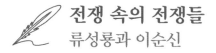

전쟁 속의 전쟁들
류성룡과 이순신

1598년 11월 19일 노량해전에서 통제사 이순신(李舜臣 · 1545~1598)이 전사하며 임진왜란은 종결되었다. 같은 날 그의 오랜 벗이자 지지자인 서애(西厓) 류성룡(柳成龍 · 1542~1607)이 파직을 당한다. 한날 함께 전장에서 물러난 이 둘을 볼라치면, 마치 누군가 두 사람을 전란 극복에 딱 맞춰 준비했다 막이 내리자 쉬게 한 듯 보인다.

이순신과 류성룡은 서울 건천동에서 어린 시절을 함께 했는데, 서애가 세 살 많았음에도 죽마고우처럼 지냈다고 한다. 신동으로 평가받던 류성룡은 퇴계 문하에서 수학했고 1566년 별시 문과에 급제하며 승승장구했다. 반면 32세의 비교적 늦은 나이로 무과에 급제한 뒤 시작된 이순신의 공직생활은 평탄치 못한 편이었다. 그러다 1591년 당시 정읍 현감이던 이순신은 전라좌도 수군절도사에 오르는 일종의 파격 승진을 한다. 일본에 파견되었던 황윤길과 김성일 일행이 "군사를 거느리고 명을 치고자 한다"라는 답신을 받아오며 일본에 대한 경계심이 높아졌는데, 선조는 비변사에 명해 뛰어난 장수를 찾았고 이에 류성룡이 그를 천거한 것이다.

조선은 1592년 4월 전쟁이 발발하자 단 두 달 만에 평양까지 빼앗기는 위태로운 상황에 직면했다. 서애는 좌의정, 병조판서, 도체찰사 및 영의정을 번갈아 맡으며 어가를 수행하면서 명군 접대나 군량미 확보 및 민생 구휼 등 전란 극복의 일선에 서게 된다. 이순신은 남해를 지켜 왜의 수륙병진 작전을 저지시킴으로써 파죽지세로 북상하던 왜군의 기세를 꺾는 데 성공한다. 그리고 그 둘은 약속이나 한 듯 각각 『난중일기(亂中日記)』와 『징비록(懲毖錄)』이라는 전쟁 기록을 남긴다. 전쟁 발발 전부터 종전 후까지 이들은 마치 임진왜란을 위해, 그리고 그 7년의 전쟁을 기억해야 할 후손들을 위해 살았던 사람들 같았다.

『징비록』으로 남은 류성룡의 전쟁들

서애는 '정응태 무고 사건'을 명과 외교적으로 풀기 위해 파견할 진주사로 자원하지 않은 것이 빌미가 되어 1598년 파직되었다. 정적 북인이 그의 관작 삭탈을 계속 요구했고 선조가 변심하면서 그는 고향인 안동 하회로 물러간다. 이 당시 저술 활동에 몰두한 그가 기록한 것이 바로 『징비록』이다. 이후 관작은 회복되지만 출사하지 않고 여생을 마친다.

『징비록』이라는 제목은 『시경』의 '지난 일의 잘못을 징계해서 후에 환란이 없도록 조심한다'라는 구절에서 가져왔다. 임란을 기록해 반성함으로써 후대는 그런 일을 겪지 않도록 경계시키려는 그의 애절한 마음이 묻어난다. 책에는 전란 발발 6년 전 도요토미 히데요시가 통신사 파견을 요구한 사신을 보내온 것으로부터 시작해 임진왜란의 전개 과정,

옥연정사와 사랑채 ©문화재청
류성룡이 『징비록』을 구상하고 저술한 경상북도 안동 하회마을의 옥연정사(상)와 그 안의 사랑채.
정사 바로 앞에 흐르는 깊은 못의 색조가 옥과 같이 맑아 서애가 직접 붙인 명칭이다.

종결까지 인물 및 사건의 궤적이 세세하게 묘사되어 있다.

고니시 유키나가가 이끄는 왜군 선발대 1만 8천 명이 7백여 함선으로 쓰시마의 오우라항을 떠나 4월 13일 부산에 상륙하며 임진왜란은 시작되었다. 곧 첨사 정발의 부산진이, 이틀 뒤에는 송상현의 지휘하에 버티

변박의 「부산진순절도」와 「동래부순절도」
18세기 동래부에서 활약한 무관이자 화가인 변박이 임진왜란 당시의 전투 상황을 소재로 그린 대표적인 작품.

던 동래성이 반나절 만에 함락된다. 기장, 양산, 밀양, 대구 방면으로 거칠 것 없이 진격한 왜군은 25일 상주에 도착했고, 18일 부산과 김해 등지에 상륙한 가토 기요마사, 구로다 나가마사 등 후속 부대도 이에 합류했다.

백 년 가까운 센고쿠 시대 동안 풍부한 실전 경험을 쌓은 데다 포르투갈인으로부터 받아들여 사용에 능숙해진 조총까지 장착한 왜군이었다. 게다가 그동안 조선을 왕래해 지리 정보와 내부 사정에 환했던 쓰시마

가노 나이젠의 「남만인도래도」
서양인 등장의 영향을 보여주는 16~17세기 일본 '남만 미술'의 대표작. 항구에 들어온 서양인 상인
과 배, 이를 보는 일본인이 그려진 12폭 병풍이다.

인들이 길잡이 역할을 맡은 상황이었다. 근 2백 년의 평화 속에 있던 조
선 육군이 겯고틀기는커녕 제대로 싸워보지도 못한 채 급속도로 붕괴한
것은 놀라운 일이 아니었다. 제승방략(制勝方略) 방어체제[28]도 제대로 작
동하지 못했는데, 상주 방어를 위해 파견된 순변사 이일도 패해 충주로
도망쳤다. 기대를 한몸에 받고 출정했던 삼도순변사 신립 또한 험준한
요새 조령을 포기하고 충주로 돌아와 결국 탄금대에서 참패하고 만다.

　신립의 패배에 충격을 받아 4월 29일 파천을 결정한 선조는 이튿날
새벽 피란길에 오른다. 5월 7일 평양에 도착한 어가는 한 달 만인 6월
11일 그곳 또한 떠나 압록강 언저리의 의주까지 내몰린다. 조정은 계속
명에 원군을 요청했으나 조승훈과 사유 등이 이끈 5천여 명이 참전한
것은 7월이 넘어서였다. 왜의 점령 속도가 심각하게 빨라 조선과의 내

---

28) 평시에는 지휘관이 없는 상태를 유지하다 적의 침략 시 지방 군대가 미리 정한 지점으로 모여 중앙에서 내려
　온 장수의 지휘 아래 전장으로 나가는 방어체제. 병력은 지방에서 충당, 전문 지휘 인력은 중앙정부에서 책임
　지는 방식.

통을 의심했기 때문이다.

"이때 요동에서는, 왜적이 우리나라를 침범했다는 말을 들은 것이 얼마 되지 않았는데, 또 도성이 함락되고 임금께서 서쪽으로 파천했다는 소문이 들리더니, 또다시 왜병이 이미 평양까지 이르렀다는 말을 듣고는 매우 의심스럽게 여기면서, 왜적의 변고가 비록 급하더라도 이렇듯 빠를 수는 없을 것이라 여겼고, 어떤 사람은 우리나라가 왜적의 앞잡이가 되었다 하기도 했다."(1592년 6월 1일)29)

사실 확인이 되자 조선이 무너지면 요동과 북경이 위험하다는 현실적인 판단에 따라 참전을 주장한 쪽에 힘이 실렸다. 명은 결국 자국의 안위를 위해 출정한 셈이다. 그러나 왜군의 기세를 얕본 명군은 평양성 공격에 실패했고, 전쟁은 잠시 소강상태에 접어든다.

12월이 되어서야 이여송 등이 지휘하는 4만 군사가 참전하면서 평양성이 수복된다. 패주하는 왜군 추격을 명령한 이여송은 류성룡에게 자신들이 진격하는 데 말먹이나 군량을 준비하라 요구한다. 이후 서애는 명군의 군량 준비에 동분서주하며 또 다른 전쟁을 치르기 시작한다. 가뜩이나 지옥 같던 조선인의 삶은 명군을 먹일 군량 등 군수품을 조달하느라 더욱 곤궁해진다. 명 남군과 북군 사이 알력 때문에 군공 경쟁 과정에서 왜군이 아닌 수많은 조선인이 살해당하기도 한다. 명군의 폐해가 왜군의 그것에 더해진 것이었다.

---

29) 류성룡, 이재호 역, 『국역 징비록』, 서애 선생 기념사업회, 2001, p. 80.

당시 왜군 패전 행렬에 관해 고니시 유키나가의 부대원 중 요시노가 종군일기로 기록을 남겼다. 북풍이 심하게 불어 동상에 걸린 병사들은 화살도 잡을 수 없었으며, 아픈 다리를 나무토막처럼 끌면서 걸어간다. 그러나 걸음을 멈출 수도 없는데 멈추는 순간 얼어 죽거나 굶어 죽을 수밖에 없기 때문이다. 완전 섬멸이 가능할 정도로 왜군의 상황은 최악이었다. 그러나 그들은 '느긋하게' 후퇴할 수 있었다. 명군은 왜군을 쫓으려 하지 않았고 벽제에서 패한 뒤 더는 나아가지 않으며 휴전협상만 노렸기 때문이다.

그런 와중에 명군이 개성에 머문 지 여러 날이 지나자 군량이 바닥을 드러낸다. 보급은 강화에서 오는 조와 말먹이 약간, 전라와 충청에서 뱃길로 오는 세곡이 전부인 상황. 도착하자마자 모두 소진되곤 했다. 하루는 명 장수가 군량이 바닥났다는 핑계로 제독 이여송에게 돌아갈 것을 주장한다. 그는 화를 내며 류성룡과 호조판서 이성중, 경기 좌감사 이정형을 불러들여 뜰 아래 꿇어 앉히고 큰 소리로 문책한다. 서애는 사죄하면서 제독을 진정시켰는데, '나라의 모습이 어쩌다 이 지경에 이르렀는가' 하는 생각에 눈물이 저절로 흘러내렸다. 이를 본 제독은 민망한지 자기 휘하 장수에게 비난의 화살을 돌린다.

왜와의 강화 주장에 서애가 반대하자 이여송은 "류 체찰사가 강화를 못하도록 임진강의 배를 모두 없애 버려, 사절 일행이 왜군 진영에 드나들지 못한다"는 하인 말만 듣고 일국의 체찰사에게 곤장 40대를 때리라는 명령을 내리기도 한다. 사실이 아님이 밝혀졌지만, 때문에 류성룡은 개성까지 끌려갔다 돌아오는 수모를 당한다. 왜에 보낼 기패(旗牌·군대에서 명령을 전달하는 깃발)에 참배를 권유받은 서애는 우리나라 사람이 왜적 치는 것을 금한다는 내용이기에 참배를 거부한다. 황제의 명령인데 절하지 않았다며 화를 내는 이여송에게 사과하고 오해를 풀기 위해 빗속에 서서 만나주기를 기다린다. 그야말로 약소국 조선의 대표로서 류성룡이 강대국 명과 관계를 조율하는 것은 왜와의 싸움만큼이나 기가 막힌 전쟁이었다.

한편 류성룡이 『징비록』을 저술한 데에는 다른 이유도 있었다. 임란이 끝나갈 무렵 대간들은 그에게 전란 발발과 화의에 대한 책임을 묻는 것을 넘어, 그를 '문묘 종사와 조종조의 죄인'으로까지 몰아세운다. 북인의 집요한 정치적 공세 때문에 군량 확보, 민생 구휼, 훈련도감 설치 등 임란 극복의 업적은 정당한 평가도 받지 못한 채 그는 정계를 떠나야 했다. 그가 속한 남인들도 정치적 위기를 맞은 것은 물론이다. 이런 상황은 전란 책임론에 대한 혐의를 벗어야 할 필요성을 절감하게 했고 이는 서애의 또 다른 전쟁의 시작이었다.

류성룡은 북인의 공세에 대한 반박으로 『징비록』 저술을 시작한다. 왜군의 침략을 맞은 것은 군사 대비를 게을리해서가 아닌 '일본에 대한 실지(失知)' 때문이라고 근본적인 이유를 밝히면서 말이다. 또 전쟁 발발에 대한 조정 의견이 분분해 병법 활용, 장수 선발, 군사 훈련방법 등 힘이 한곳에 집중될 수 없었음을 논했다. 이와 함께 임란 전공에 대한 선조와 조정 대신들의 논리 또한 정면으로 비판한다.

1601년 녹훈(훈공을 장부에 적는 것)이 본격적으로 시작된 뒤 선조는, 나라의 회복은 오로지 명 원조 덕분이라는 '재조지은(再造之恩)'을 천명했다. 명의 참전은 자신이 의주로 갔던 '덕분'이었기에 결국 선조 자신이 임란 극복의 주체라는 논리를 내세운다. 하여 명에 청병사로 다녀온

자들은 최대 공로자로 극찬한 데 반해 조선 장수들의 역할은 제대로 평가하지 않았다. 이런 분위기에 맞서 서애는 조선 장수들의 역할과 충절을 높이 평가했다. 특히 이순신을 서술의 중심에 내세움으로써 자신이 천거한 이순신의 발탁이 전란 대비 과정에서 탁월한 인사 정책이었음을 보이고자 한다.

『징비록』에 따르면 '성격이 음험하고 간사한' 원균은 이순신을 모함했는데, 전쟁 초반 전공을 두고도 이순신은 처음에는 오려고 하지 않다가 자신이 굳이 청했기 때문에 왔으니, 적을 물리친 첫 번째 공은 자신에게 있다고 주장했다 한다. 이는 마치 선조의 재조지은 논리를 보는 듯하니, 어쩌면 서애는 이런 원균을 비판하면서 선조에 대한 서운한 마음을 표현하고 싶었던 것일지도 모른다. 다른 해전에 비해 상세하게 설명하는 견내량해전(한산도대첩)의 승리 결과를 서술한 부분에서도 류성룡의 의도를 읽을 수 있다.

"대개 적군은 본디 수군과 육군이 합세하여 서쪽으로 내려오고자 하였던 것인데, 순신의 이 한 번 싸움에 의하여 드디어 적군의 한쪽 세력을 꺾었기 때문에, 행장(고니시 유키나가)이 비록 평양을 점령하였으나 형세가 외로워져서 감히 더 나아가지 못하였고, 우리나라에서는 전라도, 충청도와 황해도, 평안도 연해 지역 일대를 보전함으로써 군량을 보급시키고 조정의 호령이 전달되도록 하여 나라의 중흥을 이룰 수가 있었으며, 요동의 금주, 복주, 해주, 개주와 천진 등 지역도 또한 소란을 당하지 않아서, 명나라 군사가 육로로 나와 구원함으로써 적군을 물리치게 된 것이, 모두 이순신의 한 번 싸움에 이긴 공이었으니, 아아, 이것이 어찌 하늘의 도움이 아니겠는가!"[30)

왜의 수륙병진 작전을 좌절시킨 이 전투는 조선이 청병외교가 가능할 시간까지 벌어주었다. 이로 인해 나라를 중흥할 수 있었다고 말한 서애는 재조지은 입장에서도 이순신의 역할이 지대했음을 강조한다. 그를 통해 전란 중 자신의 역할에 대해 정당한 평가를 받고자 했던 것을 보면, 그의 전쟁은 실제 임진왜란이 끝나고서도 계속 진행 중이었던 셈이다.

서애는 결국 낙향한 채 사망하는 결말을 맞는다. 그러나 4백 년이 훌쩍 지난 현재까지도 후대가 절절히 배우는 임진왜란은 대부분 『징비록』이라는 창을 통해서이니, 제목에 담긴 그의 마음만은 승리했음이 틀림없지 않을까?

명장 이전에 인간, 이순신의 전쟁들

『난중일기』는 이순신이 전라 좌수사로 부임한 1592년 1월 1일부터 시작된다. 마치 임진왜란 발발을 예상이라도 한 듯 시작된 일기는 전사하기 이틀 전에 끝난다. 현존 판본은 유네스코 세계기록유산으로 지정되어 현충사에 소장된 친필 초고본과 18세기 말 정조(재위 1776~1800) 때 간행된 『충무공전서』 수록본이 있는데, 둘을 합치면 7년 2,539일간 1,593일의 기록에 등장인물도 558명이나 된다고 한다.

---

30) 류성룡, 앞의 책, p. 115.

물론 이순신이 『난중일기』라는 제목하에 일기를 쓴 건 아니었다. 본래는 제목 없이 연도별로 분책 되어있었는데 『충무공전서』가 간행되었을 때 편찬자(윤행임)와 검서관(유득공)이 제목을 붙인 것이다. 『난중일기』에는 임란 발발 직전부터 진지와 병영 관리, 거북선 제작과 초기 전황, 출전과 관련된 여러 해전 상황과 전적, 격전지의 지형 및 당시의 기후 등이 구체적으로 서술되어 있다. 전쟁 당시 상황을 알 수 있는 자료로 뛰어난 가치를 지녔다 평가되며 군사학을 비롯한 다방면의 연구 업적들이 속속 쌓인 까닭이다.

더군다나 '난중'만이 아닌 '일기'에도 초점을 맞출 수 있는 행간들은 인간 이순신의 면면을 보여준다. 전쟁을 맞아 가족을 직접 지키지 못하던 자식이자 남편, 아버지로서 그의 또 다른 전쟁이 그려져 있기 때문이다. 그렇기에 '난중'이라는 제목과 『징비록』에 그려진 영웅의 분위기를 떠올리며 펼친 일기가 생각보다 '잔잔함'에 당황하고, 무뚝뚝한 듯 보이면서도 섬세한 그의 감정 표현에 자못 놀라게 된다.

이순신은 전쟁 중 아내와 아들들은 아산 본가에 두었고, 연로하신 어머니와 조카들은 부임지 여수 본영에 동행했다. 아침저녁으로 곁을 지키지 못하는 것이 불효라고 생각한 듯, 거의 매일 아들이나 조카, 집안의 종, 관 소속의 나장과 탐후선 등을 통해 어머니 안부를 확인하고 편지를 올린다. 어머니 편지가 도착하거나 평안하다 소식을 들으면 안심하면서 보낼 답장과 물품을 준비한다. 혹 안부 확인이 늦어지거나, 모친의 식사량이 적다든지 평안치 못하다 들으면 다시 좋은 소식을 들을 때까지 노심초사한다. 생신에 술 한 잔 올릴 수 없는 처지를 탄식하고, 여든 넘은 어머니 앞에서 나이 든 모습을 보이지 않기 위해 자신의 흰 머리카락을 뽑는 등 마음씀씀이마다 지극한 효심이 배어 있다.

그런 그였기에 병든 어머니를 그리워해 자신도 모르게 눈물을 쏟곤 했고, 모친의 부고에 충격적인 슬픔을 겪는다. 하늘의 해도 검게 변한 것 같았을 정도의 절망이었다. 모친 사망 이듬해 그가 전사한 것은 물론 우연이겠지만, 한편으로는 어머니에 대한 상실감으로 마음가짐이 이전과는 달라지지 않았을까 조심스레 추측해 볼 수 있는 이유다.

그런 이순신의 애틋한 마음은 가족 구성원을 향해서도 마찬가지였는데, 아내와 자녀들에게 일이 생길까 염려하면서 수시로 안부를 확인한다. 집과 전쟁터를 오가며 소식을 전하는 아들들이나 종들의 안위에 대한 걱정과 무사함에 대한 기쁨도 자주 기록된다. 아픈 가족을 위해 의원을 보내 치료시키거나 혹 소식이 늦으면 글자 점을 쳐 위안을 삼기도 하는 등 전쟁 중임을 안타까워하며 가족을 챙기고자 부단히 노력하는 아버지이자 남편 이순신. 그 모습은 시대를 막론하고 바깥 일에 치여 가족을 향한 애정을 못내 전하지 못하는 수많은 가장을 대표하는 것처럼 보인다.

특히 1597년 10월 14일 흉몽을 꾸고, 집을 공격하던 왜군을 막다 사망한 막내아들 소식을 전해 받은 뒤의 이순신은 일기 가운데서 가장 격한 감정을 표출한다. 자신의 죄 때문에 죽은 것은 아닌지 괴로워하며 마음은 죽고 껍질만 남은 듯하다며 하룻밤을 일 년 같이 느끼는 기록에서, 지휘해야 하는 병사들 앞에서는 아버지의 아픔을 삼킨 채 일기 속에서만 울부짖을 수밖에 없었던 그의 마음이 고스란히 전해진다.

한편 이순신은 정유재란 발발 직전 또 다른 전쟁을 치러야 했다. 그는 『징비록』의 치열한 전투 장면에서만이 아닌 『난중일기』의 사소한 장계 작성, 망궐례 등 일상의 모습에서조차도 국가에 충심을 다하는 공직자로서 진정성을 보인다. 어느 때보다 원칙이 무너지기 쉬운 전란의 와중 일상 속 변함없는 자세는 그저 올곧다. 그런데 그런 진심에 대한 대가는 정적에 의한 투옥과 고문, 120일간의 백의종군이었다.

1597년 정유년은 이순신에게 그야말로 고통스러운 해였다. 가토 기요마사에 대한 거짓 정보를 간파하고 출동하지 않자 즉각 모함을 받았고, 3월에 투옥된 그는 옥고를 겪어야 했다. 4월 1일 석방된 뒤 권율 휘하에서 백의종군하던 와중인 11일, 정신적 지주였던 어머니가 돌아가셨다. 7월에는 그토록 애지중지 아끼던 수군이 칠천량해전에서 처참히 무너지고 백성들이 흩어졌다는 소식을 듣는다. 그런 참담함 속에서도 그는 통제사로 복직한 지 한 달여 만인 9월 16일, 명량해전이라는 기적과 같은, 믿지 못할 승리를 조선 역사에 안긴다.

이런 고통은 이순신의 인간관계에 발생 배경이 있다. 인간관계에 갈등이 없는 자가 있겠는가? 그에게는 알다시피 앙숙 원균이 있다. 원균에 대한 감정은 『난중일기』 속 가감 없는 표현으로 120회가량 찾을 수 있을 정도다. 어머니를 향한 그 각별한 애정과 그리움도 90여 차례만(!) 표현되었을 뿐인데 말이다. 특히 이순신이 삼도수군통제사로 임명되기 직전과 직후인 1593~1594년 가장 많은 갈등을 보인다. 사실 1593년 2월 웅천 전투 이전에는 원균이 약속을 어긴 데 대한 기술 정도였지 원망이나 분노를 표현하지는 않았다. 하지만 웅천 전투에서 지휘선이 포위당했을 때 경상 좌위장과 우부장이 못 본 체한 것을 보면서, 그 상급자인 경상 우수사 원균에 대한 감정 표현이 나빠지기 시작한다. '흉측함', '음험함', '음흉함'에서 후에는 '원흉'이라는 표현으로까지 나아가게 되는 시발점이었다.

이순신이 원균을 아무 이유 없이 싫어했던 것은 아니다. 술을 많이 마

정효현의 「수조도병풍」
한산도대첩을 승리로 이끈 '학익진'에 대해 묘사한 12폭 병풍. 정효현이 고종의 명을 받들어 임진왜란 당시 전선배치도 등을 근거로 통제영 관하 각 진영의 548척이 통제사가 타는 좌선을 중심으로 학익진을 펼치는 광경을 그렸다.

시고 술주정이 심했으며 거짓말이 잦았던 것 등이 주된 이유였다. 무능력 자체가 아니라 그것을 감추려고 속인 것이 싫었던 거다. 명 경략 송응창이 보낸 불화살을 혼자 다 쓰려 계책을 꾸미고, 가왜사건(우리 백성의 목을 쳐서 왜인으로 바꿔 공적을 올리려 한 사건)까지 계속 벌여온 데다, 공적을 위해 무리한 전투를 조장하는 등 이순신의 성정으로는 용납할 수 없는 일들이 겹겹이 쌓여갔다.

> "원 수사(원균)는 송 경략(송응창)이 보낸 화전을 혼자 쓰려고 꾀하던 중 병사(영남 우병사 최경회)의 공문에 따라서 나눠 보내라고 하니까 공문도 내려고 하지 않고 무리한 말만 자꾸 지껄이더라고 하니 우습다. 명나라 고관이 보낸, 불로 적을 치는 무기인 화전 1천 5백 30개를 나눠 보내지 않고 독차지해서 쓰려고 하고 있다니 그것은 말로 할 수 없는 일이다."(1593년 5월 30일)[31]

---

31) 이순신, 이은상 풀이, 「난중일기」, 현암사, 1993, p. 69.

본래 이순신은 명량해전처럼 어쩔 수 없는 경우가 아니면 철저하게 준비하고 판단해 승리할 수 있는 전투를 벌이는 스타일의 지휘관이다. 그런 그에게 날이 밝으면 왜적과 싸우자며 공문을 보내고, 다음 날 그 때문에 공문을 보내면 취기에 정신없다는 핑계로 대답조차 안 하던 원균이니 이순신이 '음험하고 시기한다'할 법하다. 원균 또한 이순신의 지휘 스타일을 모함의 구실로 삼았다.

물론 원균의 부정적인 이미지는 이순신의 시각에서 도출된 결과이며, 이 때문에 일각에서는 원균에 대한 평가를 두고 '기록을 남기지 않은 자의 비애'로 보는 시각도 존재한다. 게다가 그의 부정확하며 일종의 불명예스러운 죽음과 이순신의 극적이고 장렬한 죽음 사이의 명확한 대비

제승당
이순신은 경상남도 통영시 한산면 두억리에 운주당을 짓고(1592) 해군의 중심 진영으로 삼았으나 칠천량해전에서 조선 수군이 패한 뒤 소실되었다. 1739년 운주당 자리에 세워지고 일제강점기 지방 유지에 의해 다시 건립된 것이 제승당.

또한 『징비록』의 의도일 수도 있다.

그러나 『난중일기』에는 전쟁이 없는 날 홀로 혹은 여러 명이 이순신을 찾아와 밤새 이야기를 나누는 모습이 자주 등장한다. 휘하의 병사들을 아낀 이순신이 독단적인 처결 대신 시간을 들여 그들과 의논해 결정을 내리곤 했기 때문이다. 그 대상에는 원균 휘하의 소비포 권관 이영남과 같은 사람들도 있다. 그들이 원균이 아닌 이순신을 찾아와 마음을 털어 놓거나 마지막까지 생사를 함께했음을 볼 때 분명 둘 사이에 차이가 있었던 것은 분명하다. 얻고자 한다 해서 쉽게 얻을 수는 없는 것이 사람의 마음이니 말이다.

이순신의 치열했던 전쟁에 새삼 질문들이 떠오른다. 보이지 않는 역사가 시대에 맞게 인물을 만드는 것인가, 시대가 인물을 찾아내는 것인가 아니면 후대가 인물을 영웅으로 만들어내는 것인가. 해묵었으나 여전히 유효한 질문들에 대한 답은 그저 담담하게 그의 마음을 토로해놓은 『난중일기』 안에서 찾을 수 있을 듯하다. 일기는 이순신에게 있어 그 모든 것을 여과하고 자세를 다잡는 시간이자 공간이었을 테니 말이다. 그 잔잔함이 오히려 그가 치러낸 또 다른 전쟁의 치열함을 보인다는 것이 역설이라고나 할까. 노량해전에서 이순신은 사망하지만, 조선은 살아남았다. 근 3백 년 뒤 왕조 조선은 사라진다. 그러나 이순신은 21세기에도 대한민국 서울 광화문광장의 상징이다. 또 하나의 역설이다.

역사를 기록하고 지켜낸 보통사람들
오희문과 안의

임진왜란 7년 동안 명군과 왜군 양쪽에 의해 전 국토가 유린되다시피한 조선. 조정은 파천을 했으며 분조(分朝·임진왜란 때 임시로 세운 조정)가 이루어졌고, 궁궐은 불탄 데다 왕릉이 도굴되는 수모를 당하기도 했다. 전사자와 민간 사상자 등 엄청난 인명피해는 물론이거니와, 일본에 끌려간 피로인(조선인 포로)도 10만 명이 넘는 등 처절함은 형언하기 힘들다. 이는 전쟁이 군대나 왕조만이 아니라 피지배층의 절대다수인 백성에게는 더욱 재앙이었음을 보여준다. 하지만 대개 기록을 남기지 못하다 보니 백성이 체험한 전쟁과 피란의 실상, 그 와중에도 목숨을 잇고 삶을 영위한 방법 등을 구체적으로 알기는 쉽지 않다. 비연(斐然) 오희문(吳希文·1539~1613)의 『쇄미록(瑣尾錄)』이 빛나는 이유다.

게다가 전쟁이 재산 손실과 문화재의 약탈, 소실 또한 막대하게 초래하면서 세종대왕 재위기가 포함된 2백여 년의 역사도 통째로 사라질 뻔한 절체절명의 순간이 오기도 했다. 한양의 춘추관과 충주사고, 경상도의 성주사고 등이 전화에 휩쓸려 『조선왕조실록』『승정원일기』 등 기록이 사라졌기 때문이다. 그런 와중 전주사고 기록만은 기적적으로 보존되는데, 백성의 절대적인 헌신 덕분이었다. 『수직상체일기(守直相遞日記)』를 기록한 물재(勿齋) 안의(安義 · 1529~1596)와 한계(寒溪) 손홍록(孫弘祿 · 1537~1610) 같은 이들 말이다.

고위 관료나 군인이 아닌 보통사람이 전례 없던 전쟁의 참화 속을 살아낸 기억과 목숨을 걸고서라도 왕조의 기록을 지켜낸 그들의 흔적을 따라가다 보면, 살아남음으로써 승리한 그렇기에 위대한 또 다른 임진왜란이 보인다.

하찮은 사람 특별한 기억

중종 연간에 출생해 광해군(재위 1608~1623) 치세에 사망한 오희문은 역사에서 낯선 인물이다. 그도 그럴 것이 선공감(토목건축 등을 담당한 관청)의 종9품 감역(관리자)이라는 말직이 그의 유일한 관직으로, 그마저 노년에 장남 오윤겸 덕에 올랐다는 것 외에는 기록이 없기 때문이다. 그러나 그가 1591~1601년 9년 3개월간의 피란 일기 7책을 '초라하고 보잘

오희문의 『쇄미록』 7책

것없는 기록'이라는 뜻의 『쇄미록』이라 이름 붙여 남김으로써 그의 삶은 역사가 된다. 양반 신분이긴 하지만 오랫동안 고관을 배출하지 못한 가문의 열등감과 예순 넘어까지 끼니를 걱정해야 했던 경제적 형편에 대한 서글픔 또한 곳곳에 배어 있는 진솔한 기록을 통해 말이다.

한양에 살던 오희문은 전쟁 발발 5개월여 전 전라도 장흥과 성주 등지 외거 노비들로부터 신공을 걷기 위해 여행을 떠난다. 큰 처남 이빈이 현감으로 있던 전라도 장수현에 머무르는 동안 임진왜란 발발 소식을 듣는다. 86여 일간 영취산 서남사 절터와 석천암 등에 숨고 심지어 한 달 이상 산속 바위 밑에서 지내는 것으로 근 10여 년 피란 생활이 시작되었다.

근심과 걱정 속에 보낸 9개월 만에 기적적으로 가족과 상봉한 오희문은 충청도 홍주, 임천, 아산 및 강원도 평강 등지에서 피란 생활을 하며 겪은 일과 보고 들은 상황을 기록한다. 그의 처남과 사위 및 아들 등 친지들이 여러 곳의 수령으로 재임하고 있었기에, 그들을 방문하여 알게 된 전란 중 지방의 상황 기록도 세세하다.

전쟁 발발 일 년여 뒤인 1593년. 그가 묘사했듯이, 사족이든 상민이든 자루를 들고 지팡이를 짚은 채 이리저리 떠돌며 구걸하느라 문간에 서 있는 이들이 매일 15~16명에 이를 만큼 전쟁은 참혹했다. 구걸해도 먹을 것을 얻지 못한 남편에게 버림받은 여인과 아이, 병들고 굶주리다 죽은 엄마의 시체를 묻을 힘도 연장도 없던 두 아이의 모습 역시 그러하다. 일 년이 지나면 걸인이 드물게 되는데, 상황이 나아져서가 아니라 전쟁이 장기화하며 굶어 죽는 사람이 많아졌기 때문이다!

"영남과 경기에서는 사람들이 서로 잡아먹는 일이 많은데, 심지어 육촌

의 친척도 죽여 가지고 씹어먹는다 하기에 항상 상서롭지 못하다고 했더니, 이제 다시 들으니 서울 근처에서 전일에는 비록 한두 되의 쌀을 가진 자라도 죽이고 빼앗는데, 근일에는 사람이 혼자 가면 쫓아가서 죽여놓고 먹으니 마치 산에 사는 새나 들의 짐승과 같아서 아무것도 돌아다보지 않는다고 하니, 사람의 씨가 다 없어지고 말 것이다."(1594년 4월 3일)[32]

오희문은 백성의 곤궁함이 이렇게 심각한 지경에 이른 이유를 설명한다. 왜군을 섬멸하지 않고 지지부진한 채 시간을 보내며 백성을 괴롭히는 관과 명군 때문이라고 말이다.

"호남(전라도)과 호서(충청도)가 적에게 함락되지 않았으니 회복시키는

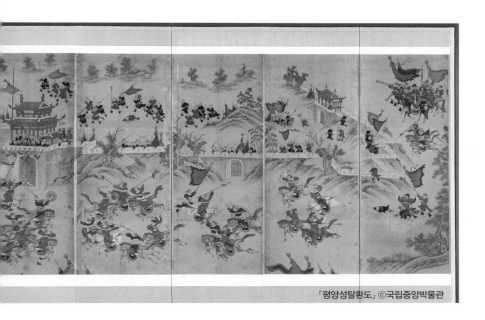

「평양성탈환도」 ©국립중앙박물관

근본은 오직 여기에 있다. 민생은 또 요역에 괴롭고, 창을 메고 적의 경계에서 보루를 지키며, 혹 양식을 져다가 여러 진영에 나누어 주어 길에 서로 연속되어 있다. 거기에 또 조도하는 어사(전란으로 부족한 재원을 마련하기 위해 파견한 관리)가 두 해의 공물을 재촉하여 받고, 독운어사(세금과 군량미 수송을 감독하는 관리)는 중국 군사의 양곡을 재촉해 운송하며, 여러 고을을 순행하면서 재촉이 성화같고, 계속해 매를 때려서 목숨을 잃는 자도 또한 많다. 여러 고을의 창고는 바닥이 나서 또 해마다 주는 환자(환곡)도 주지 않으니, 생민들이 어찌 곤궁하여 유리하지 않겠는가."(1593년 4월 7일)[33]

---

32) 吳希文, 李民樹 譯, 『瑣尾錄』 上, 해주 오씨 추탄공파 종중, 1990, pp. 295~296.
33) 吳希文, 앞의 책, p. 160.

사실 그는 명군의 평양성 수복 소식을 들었을 때, 그것이 사실이라면 우리나라를 재건하는 것은 명 황제의 은혜라고 할 만하다며 신하와 백성들의 감격을 말했다. 그러나 시간이 지날수록 명군은 소주와 꿀, 병아리 등 물품을 끊임없이 요구했고, 조금만 거슬려도 몽둥이질을 하거나 고을 수령까지 모욕하곤 했다. 한양에 들어온 명군도 마찬가지로 방자하고 거리낌이 없어 마음에 들지 않으면 폭행하고 욕설을 퍼부으며 재산을 약탈해 사람들이 살 수 없을 정도가 된다. 이처럼 명군에 관한 소식은 백성에게 심각한 피해를 주는 데 대한 한탄으로 변했다.

한편 충청도나 강원도에서 피난 중이던 오희문이 한양이나 평양 등지에서 벌어진 이 같은 다양한 정보를 얻을 수 있었던 것은 '조보(朝報)' 덕분이었다. 조보는 관에서 발행하던 일종의 신문이다. 국왕의 모든 명령 등과 함께 당면 정책에 대한 유생과 관료의 건의문, 그에 대한 국왕의 답신, 국왕이 관민들에게 보내는 회유문, 조정 관리의 인사 정보 등 내용이 광범위했다. 승정원에서 발행한 한문으로 된 필사본이 유통되었는데 본래 전현직 고급 관리들만 볼 수 있었으나, 일부 사대부들도 비공식적으로 접할 수 있었다. 당시 조보의 유통은 전쟁 중임에도 조선의 국가 연락망이 무너지지 않고 있었음을 보여주는 사례였다. 오희문 또한 조보를 통해 조정의 인사 현황과 진주성 함락 당시 상황, 명 사신의 방문 목적 등 당시 조선 방방곡곡의 소식을 들을 수 있었다. 이순신의 노량해전 전사 소식 역시 조보를 통해 접했다.

"순천의 적도 또한 나갈 때 진 유격(진린)이 우리 수군과 힘을 합해 싸워서 크게 이겨 적은 돌아서 바다를 건너갔다고 한다. 그 중간의 곡절은 비

완도 묘당도 이충무공 유적 ⓒ한국학중앙연구원
묘당도는 고금도에 딸린 섬으로 1598년 2월 이순신이 수군을 이끌고 고하도에서 옮겨 진을 친 곳이
다. 그해 7월 명 수군 도독 진린이 도착해 진을 치고 연합전선을 이루어 승리한 유적지.

록 자세히 들을 수가 없으나 조보에 난 것이니 필시 헛말은 아닐 것이
다.……다만 들으니, 이순신이 탄환을 맞고 죽었다 하니 국가의 불행함
을 어찌 다 말하랴. 상서롭지 못한 일이다."(1598년 12월 3일)[34]

『쇄미록』은 전란에도 조보뿐만 아닌 백성의 삶 또한 이어지고 있음을
보여준다. 오희문이 의도한 바는 아니었을 것이나 전쟁 중 힘겹게 살아
나간 하루하루를 남기다 보니 자연스레 당시의 일상이 역사가 된 것이
다. 특히 장을 통한 물물교환은 일기에 자주 등장하는 장면이다. 그는

---

34) 吳希文, 李民樹 譯, 「瑣尾錄」 下, 해주 오씨 추탄공파 종중, 1990, p. 331.

시장에서 사두었던 광목을 보리로 바꾸려 했지만 가격이 너무 하락해 여름 지나기가 몹시 곤란해졌음을 한탄한다. 노비를 청양 장에 보내 포목 한 필을 보리 열 말로 바꾸어오게 했는데, 다시 살펴보니 아홉 말뿐이라며 분하게 여기기도 한다.

제사도 마찬가지였는데, 오희문이 전쟁 와중에도 행한 일상 중 하나였다. 매해 기제사와 다례, 시제 등을 빠짐없이 지낸 그는 1년 평균 25회 정도의 제사를 지낸 것으로 나타난다. 여행 중이거나 식구가 병중일 때 혹은 혼인과 겹치면 생략하기도 했지만, 대부분의 제사에 그는 노심초사했다. 제수를 마련하기 위해 제물을 구걸하거나 모아 두곤 했던 그는, 끼니는 해결 못 할지언정 반갱(밥과 국)으로라도 제사는 지냈다. 조모 제삿날이 되었는데 종손이 죽어 제사 지낼 사람이 없고 남은 이도 기억 못해 지내지 못할 것이라 한 오희문은 각 집이 돌아가면서 정성스럽게 갖추어 지낼 수 없음에 슬퍼한다. 피란 중 혼자서 제사를 받들어야 하는 이유를 기록한 것이지만, 일기의 행간은 이 시기까지도 윤회 봉사가 행해졌음을 전하고 있다.

조선의 과거 시험 역시 전쟁 중에도 끊어지지 않았다. 별시, 알성시 그리고 정시 등 부정기시가 열렸고, 오히려 많은 수의 무과를 치러 군대에 충당하기도 했다. 오희문 또한 아들들을 수시로 과거를 보게 한다. 1597년 그는 별시에 입장하는 날이라며 세 아이가 이미 입장을 했는지 궁금해한다. 어지러운 세상에 과거가 무슨 소용일까 하면서도 평소에 바라던 일이어서 응시하도록 억지로 권했다며 아들들을 향한 애달픈 마음을 기록한다. 가문을 일으키려는 아버지의 간절한 마음에 답하듯 장남 윤겸이 과거에 급제하자 오희문은 기쁨을 감추지 않는다.

"오씨 문중의 5대조 이하는 등과가 없었는데 이번에 나의 아들이 처음으로 이겨낸 것이다. 지금부터는 뒤를 이어서 일어날 희망이 있으므로 일문의 경사를 말로 어떻게 다 표현하리오. 한없는 기쁨이 넘친다.……난리 난 세상에서 과거 급제가 상관있으리오마는 새벽닭이 울 때까지 잠을 이루지 못했다. 아마도 기쁨이 절정에 이른 탓이리라."(1597년 3월 19일)[35]

물론 일상이 유지되었다고 해도 전쟁이 오희문을 비켜 간 것은 아니다. 잔인하기 그지없던 것은 그에게도 다른 백성과 마찬가지였다. 막내 딸이 병들어 사망함에도 전쟁 중이라 바라보기만 해야 했고, 매제는 왜군에게 죽었으며 조카는 납치되었다. 둘째 누이는 다행히 목숨은 건졌지만, 왜군에게 피습되어 자결을 시도하기도 했다. 왜군이 저지른 반인륜적인 행위들은 그에게 일본을 '하늘을 함께 할 수 없는 원수'로 생각하도록 만들었다.

오희문은 특히 한양이 수복된 뒤 둘째 윤해로부터 왜군이 남긴 처참한 결과를 들으면서 분함과 애통함을 어찌 다 말하겠느냐고 괴로워했다.

당시 한양 오희문의 주자동 종가는 모두 불타고 사당만 남았는데 신주를 후원에 묻었다는 이야기를 듣고는 들어가 파내고 참배하려 했지만, 집안에 시체가 쌓여 있어 어찌할 수 없었다. 길거리와 집마다 쌓인 시체들은 참혹함 그 자체였고, 수습해 장사를 지내지 않아 동네는 악취가 가득했다.

---

35) 吳希文, 앞의 책, p. 155.

성균관의 대성전, 명륜당, 존경각 등 역시 소실되어 대성전의 협문과 전사청(제사 준비 공간)만 남은 데다 좌우의 재실(성균관 유생 기거 공간)도 반쯤 탔다. 세 궁궐 및 종묘, 문소전, 연은전(성종의 아버지 덕종 사당)도 남은 곳이 없었다. 선릉과 정릉도 파내 재궁(황제나 왕, 황후 또는 왕후의 관)을 부수고 옥체를 꺼내 버려서 중묘(중종)는 간신히 뒤편 골짝에서 찾고 성묘(성종)는 당시까지 찾지 못했는데, 혹자는 불에 태웠다고 하고 혹자는 강에 떠내려 보냈다 이야기했다.

십 년 오욕의 세월을 보낸 오희문은 이처럼 참혹하게 전화가 훑고 지나간 한양으로 1601년 2월 27일 돌아온다. 도착 후 더는 떠돌지 않기에 일기 쓰기를 멈추며 붓을 놓으니, 그의 나이 53~63세 기록은 대단원의 막을 내린다.

"천지의 신께서는 밤낮으로 조용히 비시면 높고 낮은 곳이 아무리 떨어져 있어도, 지극한 정성에는 귀신도 감동하는 법이니, 한 계집의 원망도 오히려 3년의 가뭄을 이루는 것인데 하물며 우리 조선 땅 안에 백성들이 적의 칼날에 죽어서 모래밭에 뼈가 뒹굴고 숲속으로 도망하여 한데서 잠자고 바람 속에 지새우는 자가 몇만 명인지 모르겠으니, 외로운 지아비와 과부의 원망과 주림에 울고 구렁에 뒹구는 원통함은 또한 얼마나 되는지 알겠는가. 하늘 마음도 감동해서 화를 뉘우칠 것이다."(1592년)[36]

전쟁의 아픔을 가감 없이 기록한 오희문의 『쇄미록』. 이는 이름처럼

---

36) 吳希文, 李民樹 譯, 『瑣尾錄』上, 해주 오씨 추탄공파 종중, 1990, p. 13.

과연 하찮고 보잘것없는 것일까? 살아남고 기록해 전쟁에서 가장 고통받는 것은 백성임을, 그러므로 전쟁은 어떤 이유에서라도 일어나서는 안 되는 비극임을 기억하게 하는 조선 백성의 역사. 시대를 초월해 남은 특별한 기억에 대해 명칭의 과한 겸손함이 민망할 따름이다.

삼천 리를 피란 다니며, '조선 역사'를 지키다

이십여 마리의 말에 궤들을 가득 싣고 떠난 유생 안의와 손홍록이 내장산에서도 가장 험준한 금선계곡의 은봉암(은적암)에 도착한 것은 1592년 6월 22일, 전주 출발 후 이레 만이었다. 용굴암을 거친 궤들은 이십여 일 후 더 은밀한 비래암으로 이동된다. 21세기 지금도 탐방객 안전을 위해 출입이 통제되고, 출입 가능한 곳은 그마저 백여 미터 목제 계단과 철제 난간에 의지해 올라야 하는 험하디험한 길.

내장산 용굴

나이 때문에 의병에 지원할 수 없었던 64세 안의와 56세 손홍록이 가동(집안의 종)들과 함께, 궤들을 일일이 지게에 얹어 어깨에 메고 한발한발 옮겨낸 길이었다. 자신의 몸을 돌보지 않고 사재 또한 아낌없이 털어 이처럼 필사적으로 옮긴 것은 다름 아닌『조선왕조실록』. 실록과『고려사』,『고려사절요』등 각종 중요 문헌, 그리고 국조인 태조의 어진(국왕의 초상화)과 제기들의 피란길은 이렇게 시작되었다.

조선 태조에서 철종까지 연, 월, 일의 순서로 기록된『조선왕조실록』은 규모가 25대 472년 17만 2천여 일 동안 무려 888책, 1,894권에 달할 정도로 방대하다. 단일 왕조에 관한 세계 최대 규모의 역사책으로 심지어 첫 책부터 마지막까지 결본이 없다. 조선 왕위는 고종, 순종으로 계속되고 실록도 남았지만, 유네스코 세계문화유산에 등재된 것은『철종실록』까지. 고종 이후부터는 일본 내정간섭이 본격화해 내용에 신뢰성이 떨어진다고 판단되기 때문이다. 그만큼 실록 편찬에 공정성과 신뢰성이 중요했다는 의미일 것이다.

실록 편찬은 춘추관에서 주관했다. 춘추관은 국정이 행해지는 모든 곳에 사관을 두어 기록을 수집했는데, 예문관에 속해 사관 업무를 전담하는 전임 사관과 주요 관청에서 고유 업무를 보며 춘추관에 속해 사관 업무를 수행하는 겸직 사관으로 구성되었다. 국왕이 서거하면 임시 관청인 실록청이 설치되고 최고 책임자를 비롯한 사관들이 임명된다. 겸직 사관이 해마다 춘추관에서 펴내는『춘추관시정기』와 전임 사관들의 '사초'가 편찬의 기초 자료였고, 여기에『승정원일기』,『의정부등록』,『비변사등록』,『일성록』등 기관 기록들과 관련 인물들의 문집, 행장(죽은 사람이 평생 살아온 일을 적은 글), 비문 등도 더해졌다. 국왕 서거 후 편찬

세검정과 차일암
자하문(창의문) 북쪽의 대표적인 경승지 세검정의 기원이 된 정자 '세검정'과 그 밑의 너럭바위 차일암. 세초를 위해 바위에 천막을 쳤다.

한 것은 국왕 권력에 의한 사관의 독립성 훼손이나 사실 왜곡의 가능성을 차단하기 위해서였다.

초초(初草)와 중초(中草)를 거쳐 마지막 정초(正草)가 인쇄되고 사고에 봉안되면 사초 및 초초, 중초, 시정기 등은 사관이 모두 물에 빨아 내용이 보이지 않게 했다. 세검정 차일암에서 실행되었던 세초(洗草)다. 이 또한 기밀 유출과 후일 시시비비로 일어날 수 있는 혼란을 막기 위해서였다. 중국처럼 소각하지 않고 재활용한 것은 종이를 아끼기 위해서였다.

이런 엄밀한 과정을 통해 편찬되었다 할지라도 내용에 왜곡이 있다는 판단이 내려져 재편찬된 때도 있었다. 예컨대 『선조실록』이 북인 정권의 편향된 시각으로 편찬되었다고 판단해 광해군 몰락 후 『선조수정실록』을 다시 편찬한 경우처럼 말이다. 하지만 이때조차도 이전 실록을 보존해 비교할 수 있게 했다. 역사 기록물로서 갖추어야 할 내용의 공정성과 신뢰성을 최대한 갖추기 위한 왕조의 노력을 엿볼 수 있는 또 다른 부분이다.

편찬 과정만큼 보관도 중대한 사안이었다. 종이로 이루어진 실록은 물, 곰팡이, 화재 등에 훼손되기 딱 적합한 조건. 실록을 특별히 보관하는 '사고'가 설치 운영되고, 서고에서 실록을 꺼내 말리는 작업까지도 기록으로 남긴 이유다. 실록청이 남긴 『실록청의궤』는 실록을 제작하여 사고에 보관하기까지 전 과정은 물론, 투입된 물자와 인원까지 기록이 세세하다. 모두 네 부 인쇄된 실록은 한 부는 궁궐 안 춘추관에, 나머지는 지방의 사고에 나누어 보관된다. 특별 제작한 나무상자마다 열두 권에서 열세 권을 넣는데, 책과 책이 달라붙는 것을 방지하기 위해 최고급 종이인 '초주지' 두 장씩을 넣는다. 그런 다음 상자를 비단 보자기에 싸고 방부, 방충 효과가 있는 약초를 넣는다. 여기에 2~3년마다 실록들을 꺼내 습기를 바람에 말리는 '포쇄' 작업도 진행된다. 이때에도 중앙에서 파견된 관원이 전 과정을 관리했고, 다시 실록의 보관 상태를 점검해 「실록포쇄형지안」이라는 기록을 남긴다. 진행한 날짜와 담당 관리 직명, 성명까지 함께였다.

사고 출입 역시 엄격한 규제 아래 이루어진다. 일반인은 물론, 왕이나 대신들마저도 사적으로는 실록을 열람할 수 없었다. 고증할 필요가 있을 때 특별히 사관을 사고에 파견하여 현안과 관련된 부분만을 복사하게 하는 등 국정 운영의 참고 자료로만 활용할 수 있었을 뿐이다. 한양이남 지역인 충주, 성주, 전주에 사고를 두었던 것은 북쪽으로부터의 침

입에 대비하기 위해서였다. 그러나 참화는 뜻밖에도 북쪽이 아닌 남쪽에서부터 불어닥친다. 그동안의 수고가 무색하게 삽시간에 실록 대부분을 없애버린 임진왜란. 천만다행으로 보존된 것은 전주사고본을 지켜낸 백성들의 힘 덕분이었다.

1592년 6월 왜군은 성주, 금산, 남원을 거쳐 전주로 진격해 오고 있었다. 당시 전주에 있는 경기전(태조의 어진 봉안 건물)의 참봉 오희길은 전라감사 이광, 전주부윤 권수 등과 함께 태조 어진과 전주사고 실록의 이안(移安) 대책을 논의한다. 처음에는 사고 마루 밑을 파고 묻으려 했다. 그러다 금산에서 잡힌 왜적에게서 성주사고에서 약탈한 듯한 실록이 나왔는데 땅에 묻었다가 그리되었다는 소식을 접한다. 이에 뱃길로 변산에 숨기자는 등 의견이 나왔으나 결국 산속으로 결정해 장소를 물색했고, 마침내 이름처럼 깊고 험준한 내장(內藏·안에 간직하다)산 은봉암이 적격이라는 판단을 내린다.

전주가 위험해짐에 따라 이광은 학행과 지략을 겸비한 선비를 선발해 이안 과정에 참여케 한다. 이때 합류한 선비가 당시 전라도 태인(현 정읍시)에 살던 유생 안의와 그의 동문 손홍록이었다. 이들은 전주사고 실록의 안전이 걱정되어 가동 30여 명을 이끌고 경기전으로 달려온 참이었다. 당시 병사들은 모두 전쟁터로 나가, 사고는 무방비 상태일 거라고 여긴 때문이다. 자그마치 805권 614책 47궤에 달하는 실록과 64종 556책 15궤의 중요 문헌 등 총 1,368권이 이안을 기다리고 있었다. 천신만고 끝에 내장산으로 옮긴 후 안의는 이들을 지키는 일기를 쓰기 시작한다.

　　"임계기사

……임진 유월이십이일,…… 전주부에서 정읍 현지 내장산 은봉암으로 이안하였다."[37]

　실록 보관의 총책임을 맡은 오희길 등과 함께 안의와 손홍록은 교대로 불침번을 서면서 하루도 자리를 뜨지 않고 실록과 어진을 지킨다. 집과 수직처를 오가며 함께 지킨 날이 53일이었고 안의가 혼자 174일, 손홍록이 143일이었다. 여기에 영은사(현 내장사)의 승려 희묵과 무사 김홍무를 비롯해 무명의 사당패에 이르기까지 실록과 어진 지키기에 자발적으로 나선 사람들은 백여 명에 달했다. 조정에 인계해 아산으로 이안되는 1593년 7월 9일까지 이들이 지킨 기간은 370여 일, 자신의 목숨과 안위가 위협받는 전란의 상황에서 결코 짧지 않은 날들이었다. 백여 쪽의 기록으로 남은『수직상체일기』의 수직자 명단과 상황은 이들의 절절한 마음을 전한다.

『수직상체일기』

　이광은 태조 어진과 실록이 내장산에 보관되고 있음을 왕에게 보고한다. 의주에 피난 중이던 선조는 매우 기뻐하며 중앙 관리들을 파견해 상태를 점검하게 했고, 이듬해 정읍 현감을 시켜 실록을 정읍으로 옮길 것을 명했다. 그러나 왜란은 쉽게 끝나지 않았다. 1593년 6월 진주성을 함락시킨 왜군이 7월에 남원으로 진격해 오면서, 이광은 실록을 더 안전

37) 최영수, '안의의 임란「수직상체일기」, 고증 절차 진행 중', 연합뉴스, 2011. 07. 05.
　　https://www.yna.co.kr/view/AKR20110705137800055, 2022. 5. 2. 접속.

한 장소로 옮길 것을 조정에 건의한다. 그러나 선조의 지시가 채 내려오기도 전에 왜군이 전주로 진격해 와 또 급히 피해야 했다. 손홍록과 안의는 식량과 말을 마련해, 아산으로 이안되던 실록과 어진을 따른다.

이후 실록이 황해도 해주, 강화도로 옮겨지는 와중에 안의는 병으로 사망했고, 손홍록 등은 1597년 전란(정유재란)이 다시 일어나 안주를 거쳐 평안도 묘향산 보현사에 이안될 때까지 어진과 실록을 배행했다. 묘향산에 보관되었던 실록은 전쟁 후 영변부(평안도 중앙지방) 객사로 옮겨졌으며, 1603년 강화도로 이안되며 피란 길을 마친다. 십여 년 동안 무려 삼천 리의 피란 길. 기나긴 그 길 끝에 전주사고 실록은 기어코 살아남는 데 성공한다.

전쟁이 끝난 뒤 조정은 안의에게 종6품 선교랑 활인서 제조, 손홍록에게는 종6품 사포랑 제조의 벼슬을 내린다. 민간인에게 내려진 최상급의 벼슬이다. 큰 공을 세운 의병장도 5, 6품직을 하사받은 정도였으니, 이들의 공로를 당시 어느 정도로 높게 평가했는지 알 수 있다.

후대의 눈으로는 더욱 그렇다. 제 한 목숨 구하겠다며 다 버리고 도망친 이들이 허다했던 전란의 상황에서, 어찌 보면 자신의 안위와 아무 관련이 없는 기록을 피신시키겠다 목숨을 걸었던 그들의 희생이 없었다면 그리하여 역사 기록의 단절을 막아내지 못했다면 조선의 역사는 어떻게 남겨졌을지. 세종대왕이 존재한 조선 전기가 한국사에서 차지하는 비중을 생각해볼 때 섬뜩한 일이 아닐 수 없다. 게다가 고종·순종을 제외하고 조선 역대 국왕 가운데 영조와 함께 유일하게 남은 어진이 태조의 그것임에랴.

조선이 기록의 왕조가 된 것은 사실 실록에 힘입은 바가 크다. 매일

조선 태조 이성계의 어진

의 정사를 기록해 남겼고, 그것도 요약이 아닌 생생한 대화들을 통해 정치 문제만이 아닌 경제, 문화, 천문, 기후, 풍습 및 사회의 하층민 문제에 이르기까지 담아냈으니 말이다. '~가 ~를 했다고 ~에 기록되어 있다'라는 내용만 전해지며 베일로 쌓인 채 상상 속에서만 존재하는 이전 왕조들을 고려할 때, 『조선왕조실록』이 전란 등 극심한 부침에도 살아남은 것은 그 위대성을 차치하고라도 기적에 가깝다.

한편 1973년 국보로 지정된 『조선왕조실록』은 1997년 유네스코 세계기록유산으로도 등재되는데, 2001년에는 국왕 비서기관인 승정원의 기록이자 실록의 바탕이기도 한 『승정원일기』도 그 뒤를 따른다. 1623~1910년 매일 청(맑음), 음(흐림), 우(비), 설(눈) 등의 날씨로 시작되는 『승정원일기』는 국왕의 일거수일투족, 건강 및 심리상태, 시간대별 이동 사항 등 288년 국왕 일상의 낱낱이다. 심지어 문서 전문들과 국왕의 명령 및 국정 논의 내용 등도 주서의 속기록을 바탕으로 매일 기록되어, 그 세심함과 정확함에 1차 사료로서 지닌 가치와 의의가 세계적으로 인정받은 셈이다.

이러다 보니 『승정원일기』의 이전 기록이 실록과 같이 보존되었더라면 그 시절 역사가 얼마나 더 풍부해졌을지 아쉬움이 몹시도 큰 것은 사실이다. 하지만 그렇기에 다시는 그런 참혹한 기록 단절이 일어나지 않도록 경계 또 경계해야 할 이유를, 그리고 역사를 사랑하는 만큼 배우고 기억해서 살아남게 해야 하는 이유를 찾는다. 그렇게 『쇄미록』과 『수직상체일기』를 통해, 그리고 『조선왕조실록』과 『승정원일기』의 결말을 통해 기록이 역사로서 살게 되는 순간들의 소중함을 다시금 생각한다.

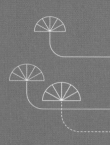

제2부

조선을 기록하다 2

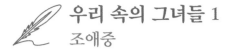

우리 속의 그녀들 1
조애중

『병자일기(丙子日記)』의 남평 조씨 부인(曺愛重·1574~1645)은 그야말로 험한 세월을 살았다. 그가 임진왜란의 전화를 겪은 것은 십 대 후반부터 이십 대 중반 한창 나이였다. 오십 대 중반에서 육십 대 초반 인생 말엽에는 정묘호란(1627)과 병자호란(1636~1637)을 당했다.

당시는 조선이 전기와 달리 성리학 중심의 사회체제가 공고화되어가던 시기였다. 붕당정치와 함께 종법과 예법이 강화되어 적장자 남성의 제사 봉행을 중심으로 한 가계 계승이 중요해지고 있었다. 그 속에서 가족은 점차 제사를 통해 연결된 가문 공동체의 한 단위가 되어 갔다. 가부장적 질서가 강화되는 가운데 여성의 활동은 본격적으로 집안으로만 한정되었고, 가문 계승을 위한 아들 출산과 양육, 시부모 봉양, 봉제사와 손님 접대 등을 책임지게 된다. 바야흐로 우리에게 익숙한 남존여비의 조선이 도래하고 있던 때였다.

그런 시대 속에서 한 가문의 안주인이자 아내, 어머니로서 살았던 조씨 부인. 그가 기록한 『병자일기』에는 피란 생활 속의 서러움과 앞날에

대한 불안감, 남편을 다시 만난 기쁨과 자식을 모두 놓아 보낸 슬픔 등
이 촘촘하게 수놓여 있다. 그리고 그가 살아낸 삶은 흐른 세월이 무색하
게도 현재 우리 곳곳에 파편처럼 박혀 있다. 그의 삶 속에서 우리네 부
모님, 혹은 우리 모습이 발견되고 심지어 공감이 간다는 뜻이다. 현재도
이어지는 흔적들을 따뜻하지만 날카로운 눈으로 바라보아야 하는 까닭
이다.

피란 생활, 남편을 그리며

『병자일기』는 남평 조씨 부인이 1636(병자)년 12월부터 3년 10개월간
기록한 한글 일기이다. 임진왜란 직전, 17세 그녀의 남편이 된 시북(市
北) 남이웅(南以雄·1575~1648)은 1606년 진사시에 합격한 뒤 관직 생활
을 시작했다. 선조, 광해군, 인조를 모시며 사망 직전인 1647년 좌의정
에 오르기까지 꾸준히 승진했던 당대 정치권의 핵심인물이었다.

17세기 초반 명의 쇠락과 여진족의 흥기는 조선에 또 다른 시련을 안

남평 조씨 부인의 『병자일기』

겨주었다. 명은 조선을 끌어들여 후금과 대결하려 했고, 후금은 조선에 자신의 편을 들거나 최소한 중립을 지키라고 요구했다. 선택의 기로로 몰린 조선 지배층은 재조지은에 대한 태도를 놓고 논란을 벌였다. 선조의 뒤를 이은 광해군과 측근은 중립을 택하고자 했다. 1623년 인조(재위 1623~1649)와 서인이 이들을 몰아냈을 때 반정의 명분은 재조지은의 배신이었다. 당연히 인조 정권의 대외정책은 친명 방향으로 기울었고 후금과 관계는 금이 갈 수밖에 없었다. 이는 결국 1627년 3개월간 정묘호란으로 폭발하고 만다.

1636년 청으로 국호를 개칭한 홍타이지(청 태조)는 조선에 '군신의 의'를 요구했지만 거부당한다. 청은 조선이 자신을 끝까지 황제국으로 인정하지 않았던 것이 부담스러웠던 데다, 명과의 결전을 앞두고 후방에 대한 염려를 없애고 싶었다. 이에 대해 조선은 청군이 침략하면 의주에서 개성까지 산성으로 지방군을 들여보내 싸우게 하고, 인조와 조정은 정묘호란 때와 마찬가지로 강화에 들어가 항전한다는 계획을 세워놓고 있었다.

그러나 12월 9일 청군의 침략으로 시작된 병자호란은 조선의 예상과 다르게 전개되었다. 약 14만 청군은 산성들을 무시한 채 곧바로 한양을 향해 내달렸다. 압록강을 넘은 지 5일 만인 14일 마부대의 선봉은 홍제원까지 이른다. 인조가 강화도로 갈 시간적 여유를 주지 않기 위해서였다. 간신히 1만 2천여 명의 병력과 함께 조정이 옮겨간 곳은 40여 일 분의 식량만 비축되어 있던 남한산성. 항복이 아니면 죽음만이 예견되는 가운데 혹 구원군이 오지 않을까 하는 실낱같은 희망을 품은 조선 조정의 한겨울 항전은 그곳에서 시작되었다. 남이웅 또한 인조를 호종해 남

남한산성 장경사 구간 성벽 ©문화재청

한산성으로 들어가는데, 12월 16일 조씨 부인이 남편으로부터 기별을
받기 직전 『병자일기』는 시작된다.

　호란 발발 당시 63세였던 부인은 일이 급하니 당장 청풍(충북 제천 청
풍)으로 가라는 남편의 기별을 받고 곧장 피란길에 오른다. 삼경(밤 11시
~새벽 1시)에 식솔들을 거느리고 짐은커녕 쌀궤 하나만 겨우 든 황급한
출발이었다. 눈과 서리가 내리는 피란길. 노비들과 서자를 잃어버려 찾
느라 애태우기도 하고, 피란민으로 끝이 없는 길에서 청풍이 이미 적의
수중에 떨어졌다는 소리에 발을 동동 구르기도 한다.

　충청 지역을 전전하다 서해안 무인도(죽도)에 도착한 부인 일행은 대
나무를 베어 가까스로 새 둥지 같은 두 간 집을 얽는다. 그곳에서 열네
사람이 댓잎으로 바닥을 깔고 지붕을 이어 은신했고, 종들은 대나무로
막을 만들어 지낸다. 찬밥 몇 숟갈씩 나누어 먹으며 눈을 긁어모아 녹여

먹기도 한다. 다른 피란민들은 배로 나가 물을 길어왔지만, 부인 일행은 거룻배도 그릇도 없어 물 한 그릇조차 얻어먹을 수 없었기 때문이다. 사대부가에서 나고 자란 노부인은 창졸간에 닥친 고난 가운데 그저 남한산성을 바라보며 밤낮 통곡하고 싶을 뿐이라며 피란살이의 심정을 기록했다.

피란 48일째였던 1637년 1월 30일 인조는 결국 삼전도에서 홍타이지에게 삼궤구고두례를 행하며 항복한다. 곤룡포 대신 천한 사람이 입는 청의(靑衣)를 입고, 죄인이 되었기에 정문 대신 서문으로 출성한 뒤의 일이었다. 인조는 한양 궁궐로 돌아올 수 있었지만, 소현세자와 빈궁 및 봉림대군 등은 볼모가 되어 2월 5일 심양(성경·선양)으로 떠나야 했다.

남한산성 우익문 ⓒ문화재청
남한산성 동서남북 4개의 문 중 산성 북동쪽에 있는 성문. '서문'으로 불리다가 1799년 정조 3년 개축 시부터 우익문으로 불리기 시작했다.

아담 샬(탕약망 · 1592~1666)
청나라 흠천감 감정 복색을 한 아담 샬 초상. 명말 청초에 중국에서 활동한 예수회 소속 독일 신부로 소현세자와 교제해 서양 학문과 천주교에 관한 관심과 호감을 높이는 데 기여했다고 알려졌다.

1644년 명이 멸망하는 해에야 억류가 풀려 이듬해 2월에야 영구 귀국할 수 있게 될 터였다. 남이웅 또한 우빈객(세자시강원의 관직)으로 소현세자를 수행했다가 심양에 함께 억류된다.

이후 『병자일기』에는 피란처를 옮겨 다니며 느낀 부인의 처참한 심정과 남편의 생환에 대한 불안감이, 남편을 향한 그리움과 애달픔으로 절절하게 표현되고 있다. 1637년 4월 22일 심양으로 가기 위해 강을 건넌다는 남편의 기별을 받은 뒤, 다시 만나는 일 년여 뒤까지 부인은 거의 매일 꿈에서 남편을 봤다며 좋아하고 아파하기를 반복한다. 편지가 없어 집일은 잊고 계시나 서운해하기도 하는 그는, 기운이 그만하다는 편지에 천만다행이라 하면서도 가슴에 한 조각 걸린 것이 언제 풀어질지 답답함을 토로한다. 남편이 만 리 밖에 있는데 꿈마다 보이니 자신의 정신이 만 리 밖에 있나 보다 하고 미친 사람 같이 앉거나 서는 모습은 60대 중반 여성상에 비춰 보면 독특하리만치 남편을 의지하고 있어 애정이 그렇게 깊은 부부였나 싶다.

하지만 사실 그녀의 절절한 마음에는 그럴만한 이유가 있다. 남평 조씨 부인은 사족 집안의 딸로 태어나 혼인해 순탄한 삶을 살며 남부러울 것 없는 처지인 듯 보이지만, 실상은 큰 아픔을 가진 사람이었다. 자녀를 모두 잃은 어머니였기 때문이다. 부부는 본래 4남 1녀의 자녀를 두었다고 한다. 그러나 두 아들과 딸은 어렸을 때 잃은 듯하고, 천계라 불리는 아들 두량은 13세에, 별좌라 지칭된 두상은 25세에 사망했다. 특히 별좌에게는 여주 며느리와 창골 며느리라 기록된 부인 둘이 있었으나, 셋 모두 1633년에 세상을 떠나고 말았다. 자식을 남기지 못한 채였으니 결국 조씨 부인의 몸에서 난 자녀들은 자손 없이 모두 사망한 셈이었다.

그녀 주변에서 함께 위기를 겪는 장성한 아들이 있었다면 남편에 대한 마음이 이토록 필사적이진 않았을 것이다. 여성에게 '삼종지도'가 도덕 규범이 되어가던 당시를 산 부인에게 남편 대신 아들이 그 역할을 했을 테니 말이다.

부인은 피란의 와중에도 조상의 기제사, 시제 및 생신 다례를 챙기는데, 사망한 아들 둘과 두 며느리까지도 제사뿐 아니라 생일 다례를 지내며 기억하고 있다. 그날들의 일기 속에는 부인의 애타는 심정이 한층 더 사무친다.

여주 며느리의 생일 다례를 지내는 부인은 젊은 사람들이 먼저 죽었음에 늙은 몸을 서럽게 느낀다. 남편이 있을 때는 슬픈 기색을 보이지 않았지만 늙고 병든 몸이 외로워 밤낮으로 속을 태우며 견딘다고 한탄한다. 별좌의 제삿날 신주를 보니 숨이 막힌다고 표현한 부인은, 어여쁜 얼굴이 생생하고 그리운 일만 생각하면 간담이 쪼개지고 베어진다고 했다. 그러다 꿈에서 자식들을 본 날에는 불쌍하고 아깝다고 애통해하며 통탄하다가, 젊은 사람들이 일찍 세상을 떠나 제사 지내줄 사람도 없음에 대한 걱정에 이른다. 새끼에게 먹이를 물어다 먹이는 제비까지 부러워할 정도의 아픔은 결국, 무지한 상사람도 자식이 많은데 이런 처지가 된 것은 전세의 죄 때문이라며 자신 탓을 하기에 이른다.

물론 부인이 서러움만 토로하며 산 것은 아니다. 과거와 미래를 생각할 때는 그랬지만, 현실 상황에서는 씩씩하고 단단한 풍모를 보인다. 부인이 여산 친척들의 극진한 보살핌을 아쉬워하면서도 충주로 옮겨간 것은 남편 소식을 기다리며 농사를 짓기 위해서였다. 실제로 그녀는 1638년 봄까지 집을 헐고 짓고 지방의 소작료를 챙긴다. 종들에게 논을 갈게 하고

씨를 뿌리며 김을 매고 가래질을 시키는 등 한 치의 당황함도 없이 농사 일에 매우 익숙한 모습이다. 국난을 당해 남편에 대한 걱정, 자식을 향한 그리움이 더욱 절절한 와중에도 현실에서는 가산을 일구고 운영하는 가장의 역할을 빈틈없이 감당해내는 내공이 돋보인다.

그해 5월 남이웅이 귀환하게 되면서 부인은 한양으로 올라오라는 전갈을 받는다. 남편이 강을 건넜다는 편지를 받자 즐겁고 시원한 마음에 어찌할 바를 몰라 한다. 몸이 공중에 날 것 같은, 말할 수 없는 기쁨 그 자체였다.

> "꿈에 영감을 뵈었는데 일가 사람들이 모여 보이니 영감께서 나를 오라 고 하시는가? 편지가 오는가 한다. 어두울 무렵에 중소가 도로 돌아왔다. 이천 가서 의봉이를 만났는데, 영감께서 나를 오라고 하시므로 행차를 차리러 도로 왔다고 한다. 즐거운 것이 이 행차이다."(1638년 5월 24일)[38]

1636년 말 호란을 피해 충청도 서산, 당진 등을 거쳐 여산에 머무른 그녀가 충주에 체류하다 1638년 6월이 되어서야 다시 한양으로 복귀하는 것이다. 이어 1640년 8월까지 이어진 『병자일기』는 이후 펼쳐진 부인의 삶과 심정을 비롯해 주변인의 생활, 정치 사회적 사건들까지 풍부하게 담았다.

---

38) 南平 曺氏, 전형대·박경신 역주, 『丙子日記』, 예전사, 1991, p. 233.

'봉제사'를 근심한 사대부가 안주인

6월 2일 상봉한 부부는 한양 생활을 하는데, 이후 일기 내용은 피란기와 상당히 다르다. 부인은 남편의 관직 생활 및 빈객 접대, 선물 교환, 농사 운영, 제사 봉행 및 질병, 그리고 국내외의 사건들로 내용을 채워갔다. 당시 난은 끝났음에도 시대의 불안은 여전했다. 정우경이 청에서 부당하게 사형당하고 조정 대신의 '가질(假質·조선 대신들의 적자를 대신해 청나라에 잡혀간 인질) 문제'가 일어나는 등 청과의 마찰이 끊이지 않았으며, 장릉에 불이 나는가 하면 귀신 소동에 왜구들의 소란도 계속되었다.

귀환한 남이웅이 대사헌, 형조판서, 한성판윤, 예조판서 등 승진을 거듭하면서 손님이 끊이지 않아 어수선해 일기를 적지 못한다는 기록만 남기는 날이 늘고, 남편의 일과만 적은 날도 많다. 마치 남편의 일기를 대신 적은 듯, 인조의 병세와 혼인, 남편의 관직 제수 상황, 다녀온 곳, 만난 사람에 심지어 술을 몇 잔 마셨는지까지 꼼꼼하게 전한다. 직접 듣지 않으면 알 수 없을 일들이니, 남이웅도 자상한 남편이었고 그것을 기억하고 기록한 부인의 섬세함도 평범하지는 않다.

반면 일기에 담긴 부인의 내면은 걱정과 서글픔으로 여전히 아프다. 신주를 가지고 수년 만에 돌아온 집에서 남편과 만나 한없이 기뻤음에도, 그리운 자식들의 남아 있는 흔적에 반갑고도 서러운 그녀였다. 건강도 점차 나빠지고 있었기에 아들과 며느리들이 있었다면 조금 편해졌을 터이니 자식 생각에 갈수록 더욱 힘들어졌을 것이다.

사실 그녀 몸에서 난 자녀는 아니지만, 첩에게서 얻은 아들 천남(두림)

선양 고궁박물원
1625년 누르하치가 현 랴오닝성 선양에 세운 후금 시대 정궁으로 3명 황제가 1644년까지 거했다.
북경 천도 이후 청 별궁이 되었다가 현재는 고궁박물원으로 일반인에게 공개되고 있다.

과 아내가 부인을 큰어머니로 모시고 있었다. 그녀는 1637년 세상이 어지러우니 아들자식이 더 중함을 알겠다며 심양에서 남편을 만나고 돌아온 천남에 대해 아들이라 거기까지 다녀왔다고 애틋하게 여겼다. '치자(置子) 문제(3공6경 대신의 적자를 심양에 볼모로 억류시키는 일)' 때문에 천남이 심양으로 가게 되었을 때는 슬퍼하며 마음을 졸이고 노심초사하기도 한다.

그러나 이런 마음 한편으로 아픔 또한 가지고 있었을 법한데, 남이웅의 첩인 천남의 어미는 계속 출산했고 부인은 그것을 지켜봐야 했기 때문이다. 자녀를 잃은 데다 이미 늙고 병들어 자식을 낳을 수도 없던 부인의 처지에서 첩이 낳은 갓난아기를 볼 때 당연히 섭섭한 감정을 느끼지 않았을까 싶지만, 일기에는 그런 심정이 조금도 보이지 않는다. 천남 어미가 1637년 4월 출산했을 때에는 아이가 영감을 닮았다며 오히려 아버지가 멀리 떨어져 있어 보지 못함을 측은해한다. 3년 뒤 출산에는 자신은 자식을 다 잃었음에도 첩을 통해 득남해 으쓱해 하는 영감의 마음을 읽으며 모두 자신의 탓으로만 돌릴 뿐이다.

사실 16세기 『미암일기』 속 송덕봉이 살던 시대만 해도 조선 여성들이 이념적으로는 유교적 덕목을 칭송하면서도, 엄격히 따르지는 않았던 것이 현실이었다. 첩에 대해서도 남편의 혼외관계를 부정하거나 저항해 남편을 내쫓고 나아가 이혼한 경우 또한 왕왕 있었다. 하지만 양반 여성들은 점차 성리학에서 강조하는 이상적 여성상에 도달하고자 하면서 첩을 포용하는 길로 나아갔다. 국가 제도는 본처의 권한과 우월성을 보호했고, 남편·자식·친족은 '부덕(婦德)'이라는 명목으로 칭송했다. 결국 투기가 '칠거지악' 중 하나가 되어가던 17세기 성리학의 시대를 산 여인으로서 조씨 부인은 일기에조차 그런 감정을 토로할 수 없었을지 모른다. 다만 천남에 대한 애틋한 기록이 많은 반면 그 어미에 관해서는 거의 적은 것이 없다는 사실 자체가, 첩을 향한 불편한 감정을 보이는 것이라 추측할 뿐.

이런 모든 것들이, 속은 여느 사람과 별반 다름이 없음에도 사대부가의 여인이기에 지켜야 할 도리에 최선을 다하려는 필사적인 노력인 듯해, 보는 마음이 편하지 않다. 그렇게 곧고 꼿꼿하게 다 포용하는 듯하지만, 자녀들의 생일과 제사상을 앞에 둔 날이면 서러움이 더욱 처절함에, 친정 부모님 제사 참례도 못 하니 딸자식같이 쓸모없는 것이 없다는 그녀의 허무하고 자조적인 기록에, 더욱 그렇다.

17세기를 살던 부인의 아픔은 양손(養孫)으로 들인 남중소의 혼인으로 손주 며느리를 맞은 모습에서도 보인다. 『병자일기』를 보면 조씨 부인의 봉제사는 매달 거의 2회 이상이다. 제사 봉행이 효의 측면만이 아니라 성리학적 가계 계승의 중심이 되면서, 제사를 이끌 아들의 존재는 점차 중요해졌다. 아들이 없는 가문에서는 아들이 많은 형제로부터 양자를 들여서라도 가계를 잇는 기제가 형성되었다. 남이웅 또한 양아들이었기에 조씨 부인은 시가 기제사나 생신 다례를 양부모, 양조부모 중심으로 행했고 이웅의 친부모 제사는 형님댁들이 중심이 되었다.

남이웅의 형 이준의 둘째 손자였던 남중소는 별좌의 양자로 들인 양손이었다. 부인은 중소가 혼인을 하자 손부를 얻게 된다. 며느리에 대해 단정하고 우아하며 모든 인사에 부족한 것이 없고 '제사'와 '치가(治家)'를 할 만한 아이라고 칭찬을 아끼지 않은 부인은, 이제 죽어도 상관이 없이 기쁘고 든든하다고 표현한다. 특히 손주 며느리가 오면 이전 자신의 며느리가 있던 때 같이 느껴 반가워하고 기뻐한다. 그런 깊은 정을 표하고 싶은 마음에 며느리에게 노비 스물을 선물로 주기까지 할 정도였다. 하지만 그렇기에 가고 나면 더욱 섭섭하고, 방이 빈 것 때문에 그지없이 마음이 언짢다. 다만 중소 부부가 아들들에 대한 제사를 포함해 웬만큼 할 것이니 이것을 믿고 매일 마음 든든히 여기고 소일한다며 위안을 얻는다.

"맑았다. 별좌의 기제사를 지내니 계유년의 일이 새롭게 생각나서 그지 없는 정회를 말로 다 하랴. 어느 사이에 벌써 칠 년이 되었는가? 젊은 사람의 신주 셋에게 제사를 지내게 되니 서러움을 어찌 말하리.……요사이에는 며느리와 함께 있으니 마음이 든든하고 죽은 자식들이 있는 듯 반갑다. 언제 탈상하여 자식이나 낳으면 보게 되랴 하되 내 기력이 날로 쇠하고 진하니 어찌 이러고도 오래 살아 있으랴."(1639년 10월 3일)[39]

『병자일기』를 기록하고 가정을 운영하는 조씨 부인의 섬세하면서도 담대함은 그녀 자체가 출중한 능력의 소유자임을 보여준다. 하지만 성리학적 예법을 충실히 내면화한 사대부가의 여인이던 그녀는 아들을 통한 가계 계승 실패에 자책한다. 인간이 개인으로서가 아닌 가문이라는 공동체 구성원으로서의 역할만을 요구받을 때, 얼마나 비극적일 수 있는지 보여주는 모습이다.

죽고 나서도 잊히고 싶지 않은 마음에, 살았을 때 봉양하고 봉양한 만큼 받고 싶어, 사후 봉양을 책임지고 맡아 해줄 아들을 얻고자 했던 사회. 여성의 가치가 '제사'와 '치가'에 따라 평가되어, 제사를 지낼 아들을 낳고 양육해 가문을 계승하는 것이 여성의 자존감과 가정 및 사회적 존경의 기본으로 자리매김 된 사회. 조선 중기 이후 어머니들에게 아들이 재산이자 가정 내 권력의 근원이 되고, 노후를 지나 사후까지 보장해주는 보험이 된 이유였을 것이다.

그런 시대 속에 자식을 다 잃은 남평 조씨 부인은 결국 천남과 중소라는 의무를 다할 후손을 마련해 준 남편과 제도에 순종하며 최선을 다한다. 모든 서러움과 아픔을 감내하면서도 꼿꼿함을 지켜내고자 몸부림쳤던 그. 21세기 현재에도 그 모습이 당연한 누군가가 여전히 존재하기에, 그래서 더욱 서글픈 17세기 조선의 여성이다.

---

39) 南平 曺氏, 앞의 책, p. 371.

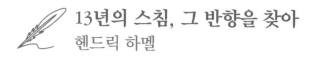

13년의 스침, 그 반향을 찾아
헨드릭 하멜

1653년 6월 18일 네덜란드연합 동인도회사 소속의 스페르베르호는 포르모사[40](타이완)와 그 속령의 통치 임무를 맡은 신임 총독을 태우고 바타비아(인도네시아 자카르타)를 출항한다. 7월 16일 포르모사항에 도착해 임무를 마친 그들은 물품을 싣고 30일 일본 나가사키로 떠난다. 하지만 출항 다음 날부터 태풍을 만나 근 2주 동안 중국과 타이완 사이를 떠다니다 8월 16일 제주도에 표착한다. 이후 조선에서의 생활과 탈출, 나가사키에서의 1년을 거쳐 다시 바타비아에 도착한 때가 1667년 11월 28일. 13년 20일 동안의 일들을 기록한 사람이 스페르베르호의 서기였던 헨드릭 하멜(1630~1692)이다.

하멜의 기록은 일본에 머물던 1666년 10월 당시 데지마 상관장이 그간의 일을 서면 제출하라고 지시하면서 작성된다. 동인도회사에 13년 동안 밀린 임금을 청구할 목적도 있었다. 1668년 네덜란드에서 출간된

---

40) 1544년 포르투갈인이 타이완 해협을 지나다 '일라 포르모사(아름다운 섬)'라 부른 데서 유래.

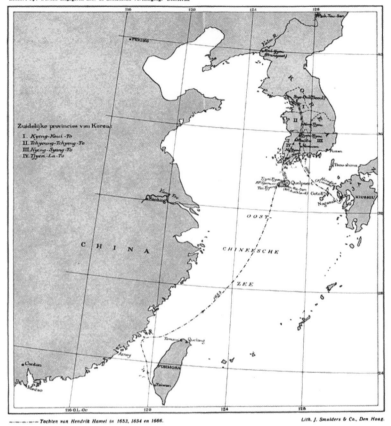

Zuidelijke provincies van Korea:

I. Kyeng-Koui-To
II. Tchyeng-Tchyeng-To
III. Kyeng-Syang-To
IV. Tjyen-La-To

C H I N A

O O S T

C H I N E E S C H E

Z E E

FORMOSA

Taiwan

------- Tochten van Hendrik Hamel in 1653, 1654 en 1666.   Lith. J. Smulders & Co., Den Haag.

하멜의 여정(1653~1666년)

보고서의 내용은 하멜 일행의 표류에서부터 바타비아로 돌아가기까지 겪었던 사건에 대한 일기(하멜 일지)와 조선 탈출 직후 나가사키에서 일본인에게 심문받은 내용, 그리고 풍속 및 제도와 같은 조선의 전반적 상황에 대한 기록으로 나뉜다. 특히 세 번째 부분은 『조선개설서』라는 이

름으로 독자적으로 발간되면서 네덜란드를 넘어 유럽에 조선을 알리게
된다.

하멜의 보고서가 『하멜 표류기』로 한국에 알려진 것은, 최남선 이후
두 번째로 소개한 역사학자 이병도가 『난선 제주도 난파기(하멜 표류기)』
라 이름 붙이면서부터였다. 제목만 보면 독자들이 조선과 하멜에 대해
모험과 신비로 가득한 상상의 나래를 펴기 딱 좋지만, 실제로는 『십오
소년 표류기』와 같은 소설이 아닌 보고서나 일지에 가깝다. 출간 당시에
도 『동방견문록』에 대한 것과 같은 부류의 기대를 품고 찾았던 유럽인들
은 실망할 수밖에 없었다. 그럼에도 유럽에 『하멜 표류기』가 일으킨 파
문은 상당했다. 왜 그랬을까?

파란 눈에 비친 17세기 조선

스페르베르호의 64명 중 생존한 36명은 제주도(켈파르트섬41))에 약
10개월간 억류되었다가, 통역을 위해 내려온 고국 사람 박연(얀 얀스 벨
테브레·유럽인 최초로 조선에 귀화한 네덜란드인)을 만나 1654년 6월 초
한양으로 호송된다. 고국으로의 귀환을 불허한 당시 조선 국왕 효종(재
위 1649~1659)은 이들을 훈련도감에 소속시켜 금군(국왕의 친위병)으로
훈련했다. 이들은 청 사신 방문 때마다 갇혀 있었는데, 그러던 중 두 명
이 1655년 3월 사신 행렬 앞에 뛰어들며 탈출을 시도한다. 조선 조정에

---

41) 1642년경 갤리선 켈파르트가 제주도를 본 후 동인도회사에 보고한 데서 유래.

서는 뇌물로 이들 존재를 은폐하며 마무리한 뒤 분란의 빌미를 없애고
자 1656년 3월 전라도 병영으로 유배시켜버린다.

이들은 흩어져 십 년여 동안, 다양한 지방관 밑에서 우대와 천대 사이
를 오가며 갖은 고생을 한다. 심지어 1666년 신임 수사는 하멜 일행에
게 하루 170미터의 새끼를 꼬게 하는 등 노예 같은 생활이 계속되었다.
하멜을 포함한 8명은 결국 돈을 모아 배를 구입해, 1666년 9월 5일 출발
3백 킬로미터가 넘는 항해 끝에 일본 섬 고토에 닿은 뒤 원래 목적지 나
가사키로 인도된다.

『하멜 표류기』는 '조선을 유럽에 알린 최초의 책'으로 소개되며 그 역
사적 의의가 사뭇 강조되지만, 실제 연구 성과는 빈약한 편이다. 하멜이
머물렀던 13년은 조선의 '근대화'로 가는 '발전'에 별 영향을 주지 못했
다고 평가되기 때문이다. 이런 평가의 기저에는 하멜 체류를 '선진' 네덜
란드가 '폐쇄적'인 조선에 근대화를 가져올 기회로 삼을 수 있었는데 놓
치고 말았다는 조선의 '무능함'에 대한 안타까움이 깃들어 있다.

물론 합당한 시각일 수 있다. 에도 바쿠후(막부)는 2백 년간 쇄국 속에
서도 나가사키 데지마에 네덜란드 상관 설치를 허용하고 그들이 올리

제주도에 난파한 스페르베르호 삽화
ⓒ1668년 로테르담 출간 「스피히터」 판

하멜 일행이 창덕궁에서 효종을 알현하는 삽화
ⓒ1668년 로테르담 출간 「스피히터」 판

는 「오란다 풍설서」를 통해 세계정세를 계속 주시한다. 결과적으로 일본은 19세기 중반 제국주의 물결이 밀려들 때 현실적인 판단 아래 개항을 결단했고 이후 그들의 근현대사 전개는 중국이나 한국의 그것과 다르게 펼쳐지니 말이다.

하지만 서구에 의한 근대화라는 시각 자체가 유럽 중심주의적 사고의 발로라는 비판은 차치하고라도 이후 역사 전개를 기준으로 17세기 조선을 평가하는 것은 "그래서 일제강점기를 겪을 수밖에 없었다"라는 결론으로 가는 시작점이 될 수 있기에 매우 조심스러운 일이다. 당시 조선의 행보는 그 시점에서는 최선이었을 것이기 때문이다.

정묘호란과 병자호란의 전화는 임진왜란의 상처가 채 아물지도 않은 조선을 할퀴고 지나갔다. 하멜의 기록은 양란이 당시 조선인에게 안겨준 두려움이 얼마나 컸는지 보여준다. 1664년 연말쯤부터 새해까지 혜성이 계속 관측되자 조정에서는 항구와 병선을 정비하고 요새에 군량과 탄약을 공급하거나 기병과 보병을 매일 훈련시킨다. 백성들에게는 식량을 비축하게 했는데, 이는 일본과 청의 침략 때 같은 현상이 있었기 때문이다. 혜성 출현에 대한 해석을 끊임없이 묻는 조선인에게 하멜이 전쟁의 전조나 흉년, 전염병 창궐의 조짐이라고 생각한다고 했더니 이에 동의했다.

호란 이후 청은 그간 명에게 충성을 바쳤던 조선을 길들이기 위해 국왕 인조와 소현세자(1612~1645)를 경쟁시킴과 동시에 수많은 인질과 세폐, 군사 동원 등을 요구해왔다. 조선은 공식적으로 청에 사대하기 시작했지만, 내부적으로는 다른 이민족 왕조처럼 청도 곧 멸망할 것이라 여겼다. 그리하여 홀로 남은 유교 문명국이자 성리학의 보루로서 조선의 정체성을 확고히 해갔다. 이에 청을 비롯한 외부와의 교류를 통해 문물을 유입하는 것이 아니라 철저한 성리학 중심으로 국내 질서를 정비하며 위기에 대응하고자 했다. 물론 청은 곧 동시대 세계에서 가장 부유한 '강건성세(康乾盛世·4대 황제 강희제에서 6대 황제 건륭제까지의 청나라 최전성기)'로 불릴 130여 년 전성기에 돌입하게 됨으로써 조선의 예상과는 크게 다른 길을 걷지만 말이다.

설상가상으로 일본은 청의 압박에 시달리는 조선의 처지를 악용하기 시작한다. 호란 이후 조선에서는 일본 재침에 대한 위기감이 커져 유화정책을 펼쳤는데, 이를 이용한 쓰시마나 일본 측은 무리한 요구들을 해서 승인을 얻어낸다. "청 사신의 입국 때가 되면 일본인의 기세가 더 등등해진다"라는 표현은 당시 일본인의 위세를 나타내준다. 청도 일본 정세를 탐문해 오는 상황에서, 조선은 점차 일본을 원수가 아닌 청 견제를 위해 손잡아야 할 우방으로 여길 필요성을 느끼게 된다. 조선이 초량에 대규모 왜관을 다시 지어 일본인들을 이주시켜 주고(1678), 바쿠후 쇼군 교체 때마다 축하 사절을 보내는 등 유화적인 자세를 취했던 것에는 이 같은 당시 조선의 고민이 어려 있다.

확장하는 청과 그를 이용해 이득을 취하려는 일본 사이에서 전쟁의 참화를 극복하며 국력을 다져야 했던 시기, 유일하게 남은 중화로서 존망을 걸고 고군분투한 시기. 이에 한국 역사상 외국과의 교류가 가장 희소했던 시기로 손꼽힐 시대에 하멜이 표착했고, 조선인과 서양인들의 거의 최초나 다름없는 만남이 이때 일어나는 것이다.

하멜의 기록에 의하면, 남만(남쪽 오랑캐) 하멜 일행을 발견하자마자 그들의 손짓에 도망갔던 조선인들은 위험성이 제거되었다고 판단한 뒤

변박의 「초량왜관도」
1783년 작. 왜관은 조선 시대 일본인이 조선에 와서 통상하던 곳 또는 그곳에 설치한 행정기관이나 일본인의 집단 거주지를 가리킨다. 초량왜관은 현 부산항 안쪽 용두산 공원 부근에 위치했다.

부터는 그들을 구경거리로 여긴다. 1654년 한양 입성 후 괴물 같다는 소문이 퍼져 무언가를 마시려면 귀 뒤쪽으로 코를 돌린다든지 금발 때문에 인간보다 수중동물처럼 보인다는 등의 말이 들려왔다.

"이런 우순(우스운) 이야기를 고지(곧이) 들은 서울의 정직한 사람들은, 실제 우리의 모양이 (도리어) 자기 나라 사람보다 더 나은 것을 보고, 놀내지(놀라지) 않을 수 없었다. 특히 그들은 우리의 살빛이 흰 것을 보고 칭찬하였으며, 처음에는 구경꾼이 많아서 길거리에서 사람들을 헤치고 가기가 곤란하였고, 또 그들의 호기심이 어

---

42) 헨드릭 하멜, 李丙燾 譯註, 『하멜 漂流記』, 一潮閣, 1954, p. 40.

찌 굉장하였는지 우리는 집에서도 한가롭게 있을 수가 없었다."42)

하멜 일행은 매일 그들을 보고자 하는 고관집에 불려 다님은 물론, 구경꾼들이 몰려들어 거주하는 골목길도 제대로 다니지 못한 데다 주인 몰래 불러내는 하인들의 구경거리가 되는 것도 다반사였다. 마치 처음 유럽으로 끌려간 아프리카인들이 인간인지 동물인지 학문적인 토론을 불러일으키며 후에 서구 열강이 한때 운영했던 '인간동물원'에 갇혀 구경거리가 되었던 것과 같은 맥락이라고나 할까. 낯섦과 다름에 대한 반응은 동서양을 막론하고 같은 것일지도.

처음 그들이 군대에 배치된 것으로 보아 조선 조정은 서양 대포의 효용성과 '남만'이 무기 제작에 진보해 있다는 사실을 알고 있었고, 그래서 그들을 이용하려고 했던 듯하다. 효종이 즉위와 함께 시행한 북벌 준비의 일환일 수도 있다. 그 때문에 청에 노출을 꺼려 사신이 올 때마다 하멜 일행을 가두어 놓았을 것이다.

무기 제작이나 과학 기술 발전을 위해 투입된 기록은 없으나, 이들이 청 사신 앞에 존재를 드러내며 시도한 탈출은 조선에는 위험천만한 일이었다. 1655년 하멜 일행 중 두 명이 땔감을 하러 간다 속이고 청 사신이 지나는 길에 숨는다. 수백 명 대열을 뚫고 사신이 탄 말고삐에 매달린 그들은 조선옷을 벗어버리고 네덜란드 복장을 보였고, 엄청난 소동이 벌어진다. 청 사신은 통역사까지 요구하며 그들의 존재를 궁금해했다. 조선은 뇌물로 사건을 매듭지었는데, 청이 하멜 일행의 총이나 물건을 공물로 내놓으라 할까 두려워했기 때문이었다고 하멜은 기록했다.

조선으로서는 그들의 존재가 알려져 청으로부터 국방력 강화를 의심

받게 되는 상황이 그들을 이용
해 세계 정보를 얻거나 문물 교
류를 추진하는 것보다 더 심각
한 문제였다. 하멜 일행은 결
국 간신히 목숨을 부지했고 더
는 청과의 관계에서 문제를 일
으키지 못하도록 지방에 유배되

전라 병영에서 풀 뽑는 하멜 일행 삽화
ⓒ1668년 로테르담 출간 「스피히터」판

어 벼 찧기, 풀 뽑기, 담쌓기 등에 동원되고, 생존을 위해 땔감을 구하러
다니거나 구걸하는 등 지방관의 처결에 따른 천차만별의 대우를 받으며
살 수밖에 없게 된다.

게다가 17세기는 소(小)빙하기라 추정될 정도로 세계 각국에서 자연
재해와 전염병이 창궐하고 그로 인한 기근, 반란 등이 16세기 못지않게

강진 병영의 돌담 마을
전남 강진군 병영면 면 소재지에서 지로마을까지 400미터 구간의 돌담길. 하멜이 이곳에 유배되어
노역한 흔적(빗살 무늬로 엇갈리게 담을 쌓은 일명 '하멜식 담쌓기')으로 추측.

빈번했다. 하멜도 1660~1663년 조선이 흉년이었다고 기록하고 있다. 생산량의 파멸적인 감소로 세금 납부도 불가능해지고 생계조차 잇기 어려워진 상황에서 낯선 이들에게 후한 인심을 보이지 못했던 것은 당연하다. 즉 하멜은 모든 분야에서 위기를 맞이해 민심이 흉흉했던 시기의 조선인들과 접촉한 것이다. 그런 상황을 고려해야, 조선인은 물건을 훔치고 거짓말하고 속이는 경향이 강하며 남에게 해를 끼치는 것을 부끄럽게 생각하지 않고 영웅적인 행위라고 여긴다는 그의 평가가 이해된다.

이와 함께 하멜은 유럽 사회와는 다른 조선의 모습에 주목하기도 했는데, 강력한 전제왕권과 가혹한 사법처리 방식이 대표적이다. 사실 효종 시대는 차남으로 왕위를 이은 약점이 계속 작용하면서 기해예송(1659)과 같은 붕당 대립이 벌어지는 등 오히려 왕권이 약화 된 시기다. 이것이 현종(재위 1659~1674)까지 이어지고, 숙종(재위 1674~1720)의 편당적 조처를 통한 왕권 강화를 불러왔다. 그럼에도 네덜란드 공화정의 형태만을 경험해왔던 하멜에게는 당시 '강빈옥사(소현세자 부인 강빈이 시아버지 인조 독살 의혹으로 사사된 사건)'의 내용이 과장되어 전해진 것과는 별개로 조선은 충분히 전제적으로 보였을 것이다.

그에 더해 조선은 종교인을 존중하지 않는 것처럼 보았다. 우상보다 공직에 있는 관리에게 더 경의를 표현한다고 여긴 그는, 구걸하며 생계를 꾸리는 승려, 매춘굴이나 술집 같아 보이는 절에 관한 기술을 덧붙이기도 했다. 아울러 조선인은 일본과만 유일하게 거래하고 중국 북부와의 교역은 약간 행하며, 이 세상에 12개 국가나 왕국만 있다고 생각한다며 세계관의 폭이 협소하다고 판단했다. 하멜의 눈에 조선은 기독교로 개종이 필요한, 전제왕권하의 후진적인 야만 국가로 비쳤던 듯하다.

하지만 한편으로는 제주 목사 이원진이나 여수 이도빈 좌수사와의 만남에서 기독교인이 무색할 정도로 이교도들로부터 후한 대접을 받았다고 평가하거나 선량한 자를 만남에 하나님께 감사하다고 표현하는 등 깊은 감명을 받기도 한다. 조선인과의 인상 깊은 긍정적인 교류는 하멜이 역경과 곤한 삶의 와중에서도 대체로 조선에 대한 객관적인 서술을 유지할 수 있게 했다. 『하멜 표류기』가 유럽에 많은 반향을 불러일으키게 된 이유 중 한 가지였다.

네덜란드의 선택

사실 『하멜 표류기』는 마르코 폴로의 『동방견문록』 출간 이래 신비하고 야만적인 모험이 가득한 동양을 기대한 사람들에게는 만족스럽지 못했다. 그럼에도 다른 부류의 유럽인에게는 큰 반응을 불러일으키며 널리 읽혔다. 조선에서 13년이나 생활한 저자가 알려준 정보는 신뢰성이 높아 무역을 하는 사람들에게 상당한 도움이 된 때문이다. 이는 『하멜 표류기』가 유럽으로 퍼져나가기 직전인 1669년, 5월에 '코레아호'라는 수송선이 네덜란드 제일란트주에서 건조되어 12월 바타비아에 도착한 뒤 조선행에 대한 후속 명령을 기다렸다는 사실로 증명된다.

17세기는 네덜란드가 전 세계 무역을 주름잡던 일명 '네덜란드 황금시대'였다. 동아시아에 도착한 이래, 줄곧 조선과의 무역을 원했던 이들의 계획은 히라도(데지마)-포르모사-바타비아로 이어지는 루트가 확보되면서 위축된다. 하지만 명 잔존 세력인 정성공 등이 제일란디아 요새를 점령(1662)함에 따라 포르모사를 상실하면서 이들은 새로운 무역 거점이 필요해졌다. 하멜의 바타비아 도착이 1667년이고 이듬해 『하멜 표류기』가 출간되는데 일 년 뒤 코레아호가 건조되었다는 것은 그러한 네덜란드의 절박한 상황을 보여주는 것이다.

더욱이 『하멜 표류기』는 조선에 관한 그동안 명확하지 않았던 사실, 즉 '반도'라는 사실을 밝히면서, 특히 해안 지형에 무지한 사람이 해로로 접근하는 것은 극히 위험한 일이며 서해안으로 접근해야 한다고 서술했다. 이는 조선에 대한 접근성에 있어, 당시 해양을 통해 진출하던 유럽 국가들의 중요한 문제를 해결한 것이었다.

> "시오르(서울)라는 도시에는 임금이 궁궐을 갖고 있다. 이곳에 대부분의 양반들이 살고 있으며, 시나(중국)나 야빤(일본)과 거래하는 아주 큰 상인들이 거주한다. 모든 상품들은 먼저 이곳을 거쳤다가 지방으로 퍼져나간다.……그 나라로 가는 사람들은 서부 지역으로 접근해야 하는데 그 이유는 남쪽과 동쪽에는 아주 많은 바위들, 다시 말해 암초들이 있기 때문이다. 꼬레아(조선) 뱃사람들에 따르면 서부 지역이 가장 좋다고 한다."[43]

『하멜 표류기』는 유럽 각국에서 꾸준히 번역, 출간되면서 결국 네덜란드뿐 아니라 독일, 프랑스, 영국 등에까지 조선에 대한 초기 인식을 심어주었고, 17세기 중반부터 서양 지도에 조선이 주로 반도로 표기되는 데 영향을 주었다.

---

43) 헨드릭 하멜, 유동익 옮김, 『하멜 보고서』, 중앙M&B, 2003, p. 101.

한편 하멜이 서술한 바에 따르면 조선인은 비록 겁이 많고 잘 속이는 사람들이지만 이교도에게까지도 인정을 베푸는 착하고 순박한 면도 가지고 있다. 이는 종전 여행기들을 통해 포악하고 신비한 야만인으로 묘사되어 온 동양인의 이미지를 유럽에서 구체화하는 데 일조하게 된다.

이와 마찬가지로 조선에도 하멜 일행에 대한 경험이 유럽에 대한 인식 변화를 가져온다. 하멜 일행의 탈출을 이용하려 한 일본은 조선에 시비를 걸어오는데, 이 때문에 조선은 그들이 '아란타국'에서 왔다는 사실을 알게 된다. 당시 일본인들은 네덜란드를 홀란드의 음차인 '아란타' 또는 '오란다'라고 부르고 있었다. 이로 인해 조선에서는 '남만', '남번' 등 추상적으로 '남쪽 오랑캐'라 불리던 네덜란드가 '아란타', '아난타', '홍이', '하란', '화란' 등 명칭으로 구체화 되기 시작한다. 후에 조선에서는 서양 국가의 지리적 위치를 파악하면서 네덜란드뿐 아니라 포르투갈을 '불랑기국'으로 영국을 '영길리국', 미국을 '미리견국'으로 지칭하게 되는 등 구체화 과정이 이어진다.

하지만 이 같은 서로에 대한 인식에 미친 영향에도 불구하고 실제 결실을 얻지는 못한다. 코레아호는 결국 조선으로 출항하지 못했다. 『하멜 표류기』「탈출 후의 상황」의 결말이 적나라하게 보이듯이 네덜란드는 일본에 무역 거점을 가지고 있는 한 조선과 무역 거래를 할

여수 전라좌수영 앞바다에서 일본으로 탈출하는 하멜 일행 삽화 ⓒ1668년 로테르담 출간 「스피히터」 판

일본 나가사키의 인공섬 데지마

생각을 버려야 했다. 포르투갈이나 에스파냐와 달리 네덜란드에는 상관을 허락한 일본이 조선과 네덜란드의 무역을 질투할 것이 명약관화했기 때문이다. 게다가 네덜란드가 파고들기에 한국과 중국의 관계는 몹시 견고했다.

어렵사리 열어놓은 무역 루트를 망칠 수 있는 모험을 하고 싶지 않았던 네덜란드의 무역권에서 결국 조선은 멀어졌다. 중계무역에 따른 이익을 잃을 것을 우려한 일본의 방해와 이를 의식한 동인도회사가 조선 개척보다 일본과의 무역 지속을 선택하면서였다. 대신 일본은 데지마라는 세계로 향하는 통로를 유지할 수 있게 된다. 그곳을 중심으로 발달한 언어학과 의학 등은 '난학(蘭學)'으로 불리며 일본인의 근대적 사고방식에 영향을 끼치고, 네덜란드인을 통해 유럽으로 넘어간 우키요에, 도자기 등 일본 문화는 마니아층을 형성하기까지 이른다.

덧붙여 주목할 만한 것은 하멜을 비롯한 당시 서양인들이 조선을 청과 일본의 속국처럼 생각하기도 했다는 점이다.

"이 나라는 청나라의 지배를 받기 전만 해도 매우 풍요롭고 행복하였다. 그들이 하는 일은 단지 먹고 마시며 즐겁게 노는 것뿐이었다. 지금은 일본과 청나라의 구속을 받고 있다. 주로 청나라 황제에게 엄청난 양이 공물을 바쳐야 하기 때문에 흉년이 들면 살기가 매우 힘들다. 청나라 사신은 보통 1년에 세 번 공물을 징수하러 온다."[44]

하멜 이후 조선에 관한 기록들에는 임진왜란을 조선이 패배한 전쟁으로, 심지어 조선통신사를 일본에 조공을 바치는 행렬이라 여기는 서술이 등장하기도 한다. 동래의 왜관에서 쓰시마 도주 중계로 이루어지던 무역도 조선이 필요한 것을 일본인이 판매하는 것이라고 이해하면서 말이다. 일본에 대한 조선의 유화 정책을 그런 식으로 이해한 것인데 유럽과의 무역 당사자였던 일본 입장이 그대로 반영된 것이다.

보고서의 출간이 조선에 관한 초기 인식을 제공했고 그 유럽 국가들 대부분 제국주의 국가로 변모한다는 것을 고려한다면, 근대 이후 이들의 조선 침탈은 『하멜 표류기』로부터 얻은 조선의 정보에 기반을 두었을 가능성이 크다. 19~20세기 일본은 청일전쟁과 러일전쟁의 승리로 국제사회에서 발언권이 강해지면서 한국에 대한 독점적 지배권을 요구했고 열강들로부터 손쉽게 승인을 얻어낸다. 이는 서구 열강이 일본의 입장에 오랫동안 익숙해져 일본의 요구에 별다른 거부감을 느끼지 못했던

---

44) 헨드릭 하멜, 앞의 책, p. 69.

호르쿰과 강진의 하멜
하멜의 고향인 네덜란드 호르쿰 시의 하멜 하우스와 하멜 동상. 전라남도 강진의 하멜 기념관과 하
멜 동상

탓도 있으리라 추측해보는 건 지나친 비약일까?

한반도에서 조선인과 네덜란드인이 만나는 모습을 360여 년이 지난 오늘날 볼 수 있다는 것은 참으로 놀라운 일이다. 그리고 야만국으로 여겼음에도 네덜란드는 조선과 교류하기를 원했고, 심지어 13년 조선 생활에서 탈출해 네덜란드로 돌아갔던 사람들이 다시금 조선으로 가기를 원했다는 사실은 더욱 놀랍다. 여기에 중국과 일본이 취했던 부정적인 태도 등 모든 것을 고려할 때 『하멜 표류기』에 당시 조선에 대한 아쉬움만이 아닌 현재 대한민국이 자리한 동아시아에서의 위치 또한 투영할 수 있을 듯하다.

우리가 한국사나 동아시아사에서 누누이 안타까워하는 것, 굴곡진 근현대 한국사를 접할 때마다, 조선이 당시 과학혁명에 돌입하던 서양의 기술과 사상들을 적극적으로 수용하고 사회를 변화시켰다면 피눈물로 얼룩진 후손의 역사가 조금은 달라졌을지도 모른다는 아쉬움. 게다가 청에 볼모로 잡혀갔던 소현세자가 역대급 개혁 가능성이 큰 지도자로 변모해 귀국했다가 의혹을 남기며 사망한 뒤 동생이 효종으로 올라 아버지 인조만큼이나 청에 반감을 품은 채 통치하던 시기. 하멜의 표착 시기가 하필 그 시기였던 데에 대한 안타까움.

하지만 이 같은 '그 시절 그들'에 대한 '비판'이 그저 비판에만 머문다면 '현재 우리' 또한 같은 길을 걸어갈지 모를 일이다. 당시 조선이 가진 한계를 넘어서는 데 필요했던, 사고의 전환을 가져올 힘, 그것은 미지에 대한 시선이 우리의 묵은 지식에서 비롯됨을 인정함으로써 다른 시각도 허용할 수 있는 열린 마음을 가지는 것. 이것이 『하멜 표류기』 안에 담긴 그 시대가 우리에게 남겨주면서 기억하고 변화하기를 바라는 또 하나의 전언일 것이다.

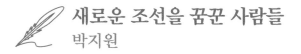

새로운 조선을 꿈꾼 사람들
박지원

　프랑스 루이 14세(재위 1643~1715)와 청의 강희제(재위 1661~1722), 조선 숙종 사이에는 공통점이 있다. 바로 17세기에서 18세기에 걸쳐 비슷한 시기에 권좌에 있으면서 왕권을 확고한 반열에 올려놓았다는 것. 이들의 후계자는 18세기가 '자부의 시대'라 불리게 될 만큼 자국의 문화적 역량을 만개시키는데, 특히 동아시아는 찬란한 전통 위에서 서유럽을 능가하는 번영을 누리고 있었다.

　강희제가 청의 대륙 패권을 강고히 하자 조선의 지식인들은 북벌을 통한 중화 문명 회복 의지를 접어야 했다. 대신 조선만이라도 중화의 맥을 잇는 유교 문명국가로 서야겠다 다짐한다. 그를 위해 영조(재위 1724~1776)는 자신의 권위를 확립하고자 했고, 주기적으로 특정 붕당을 국정의 파트너로 삼았던 부친 숙종의 '환국(換局)'을 넘어 국왕을 중심으로 정치 세력들을 국정에 동참시키는 탕평 정치를 구상한다. '탕평책', '균역법', '준천(濬川·물이 잘 흐르도록 개천 바닥을 깊이 파서 쳐냄)'이라는 3대 치적을 남긴 그의 개혁정치는 조선이 성리학의 기치 아래 여전히 존립할 수 있음을 증명하는 듯했다.

강희제에 의해 시작된 청의 전성기가 손자 건륭제(재위 1735~1796)로 이어졌듯, 영조 대의 부흥은 사도세자를 비극적으로 뛰어넘어 손자인 정조(재위 1776~1800)의 손에 맡겨졌다. 18세기 후반 정조의 조선. 19세기 질주해올 서세동점의 물결을 어렴풋이 예감하던 성리학의 나라. 그 속에서 새로운 세상을 바라기 시작한 사람들의 시대 비판과 꿈들이 연암(燕巖) 박지원(朴趾源·1737~1805)의 『열하일기(熱河日記)』 속에 오롯이 담겨 있다. 마치 조선은 그 자리에 머무르기만을 원했던 것이 아니었음을 후손에게 꼭 알려주고 싶다는 듯이.

북벌에서 북학으로

청의 수도 연경(북경)을 다녀오는 연행사 행렬에 끼어 북경을 방문하고 돌아온 박제가는 1778년 유명한 『북학의(北學議)』를 남긴다. 본래 '북학'은 중국 남방의 초나라 사람 진량이 주공과 공자의 도를 흠모해 북쪽으로 가 배우고자 했다는 『맹자』의 구절에서 따온 말이다. 요동과 북경에서 청의 발전상을 접한 그는 이를 인용해 제목으로 삼고, 북쪽 즉 청의 문물을 받아들이자는 주장을 설파했다. 그때까지도 청을 오랑캐로 여기며 반감이 여전했던 조선 지식인의 분위기 속에서 수용되기 힘든 주장이었지만, 정조는 이듬해인 정조 3년 박제가를 규장각 검서관으로 발탁해 남다른 총애를 보여준다.

1768년경 스무 살이 채 안 되었던 박제가가 찾아가 몇 날 며칠을 머

현 서울의 탑골공원
1768년 서울 탑골로 이사한 연암의 집을 중심으로 모인 지식인 그룹은 '백탑파'라 불리기도 했다. 현 종로2가 '서울 탑골공원' 내 흰 대리석으로 된 '원각사지 10층 석탑'을 백탑(白塔)이라고도 했기 때문.

물며 학문을 토론하곤 했던 곳이 바로 연암의 집이었다. 명문 반남 박씨 출신으로 문학적 재능이 뛰어나 20대 초반 이미 대중적 명성을 얻었던 박지원. 과거에 응시했지만, 양반사회의 부패성에 염증을 느껴 관직 진출에 대한 꿈을 접은 터였다. 명산을 유람하거나 산사를 찾아 글을 짓는 등 출세 대신 은둔 생활 속에 학문에만 전념하던 그에게 많은 이들이 찾아왔고, 이들은 하나의 문인 그룹을 형성하기에 이른다. 박지원, 이덕무, 박제가, 유득공 등 일명 '연암학파'로 불릴 이들이었다.

이들의 관심이 유독 쏠린 분야는 당시 청의 상황이었는데, 홍대용이 연행에서 여러 지식인과 교분을 나누고 돌아온 경험은 특히 큰 자극이

북경 유리창
원·명대 유리 굽는 가마가 세워지며 붙여진 이름. 명 이후 서화와 골동품 취급 상점이 생기면서 상업지역으로 변했고, 청대 서적 출판과 유통의 문화상업 단지가 되었다. 조선 지식인들이 문화 교류를 한 곳.

되었다. 그는 1765년 북경 유리창 서점가에서 중국 학자들을 만났고, 상대방의 품성과 재능을 흠모하기 시작한 이들은 교유를 시작했다. 귀국 후 그들과 나눈 필담 기록과 왕래한 서신, 그 과정에서 발전한 우의를 책으로 편집하는 등 북경행을 통해 사상적으로 개방된 홍대용은 청 문화를 배워야 한다고 주장했다.

이후 직접 확인코자 줄줄이 연행에 나선 연암학파는 청의 문물을 견문하고 지식인과 교유한다. 일평생 중국에 한 번가 보는 것도 쉬운 일이 아닌 시절 유득공은 세 차례, 박제가는 네 차례, 이희경은 심지어 다섯 차례나 다녀올 정도의 열심이었다. 이들은 청의 문물을 적극적으로 수용해야 한다고 주장했으며, 그리하여 '북학론자(북학파)'라 이름 붙여졌다.

물론 청의 발전을 당시 지식인들 모두 인정한 것은 아니다. 박제가가 따라갔던 연행은 정조의 즉위 사실을 알린 글이 격식에 맞지 않는다며 청이 문책한 데 대해 해명하려는 것이 공식 목적이었다. 이때 사은사 채제공은 개인적 관심을 청의 쇠락상 확인에 집중하면서 청 문물은 오랑캐의 것이라 전혀 볼 만한 것이 없다고 판단한다. 자신의 연행록을 『함인록(含忍錄)』, 즉 '마음에 품고 견디며 쓴 기록'이라고 이름한 이유다. 동행했던 박제가가 『북학의』를 쓴 것과 완전히 대조적으로 당시 사대부가 품고 있던 조선의 '소중화(小中華)주의'를 엿볼 수 있는 대목이다.

병자호란 때 인조가 청 황제 앞에 나아가 항복한 것은 치욕 그 자체였다. 조선의 지식인들은 그 같은 정신적 충격에서 벗어나기 위해 '의리론'을 바탕으로 재무장했다. 그들에 따르면 군사력의 열세에도 불구하고 청에 대적한 것은 임진왜란 때 원군을 보내준 명에 대해 의리를 지키는 당연한 행위였다. 명을 멸망시키고 조선에 치욕을 안긴 청에 복수하는 것은 조선의 숭고한 의무였다. 1704년 대보단(大報壇)을 세워 명 황실을 제사 지낸 것은, 현실적으로 북벌 가능성이 희박해진 상황에서 조선이 명을 계승한 진정한 문명국가라는 자부심을 드러낸 것이었다. 조선은 결국 '춘추대의'에 입각해 '숭명배청론'을 확립하면서 스스로 중화라 자리매김해냈다.

이러한 과정에서 주도적 역할을 담당한 것은 서인이었는데, 노론과 소론으로 나뉜 이들 중 우암(尤菴) 송시열(宋時烈·1607~1689) 계열의 노론은 강경하게 주자주의적 의리론을 주장하며 결속을 다졌다. 이같이 의리를 중심에 두는 태도는 조선의 정신적 상처를 치유하는 데 분명 효과가 있었지만, 부작용 역시 만만치 않았다. 조선만이 유일한 문명국가라는 자부심은 조선의 문물'만' 우월하다는 독선주의나 배타의식으로 변질될 가능성이 농후했다. 게다가 도덕적·의리적 실천이 핵심이다 보니 실용·경제적인 면은 간과한 채 공리공담으로 흐르고 있었다.

홍대용과 박지원은 이에 대해 반성의 목소리를 낸 노론이었고 공통 관심사는 풍요로운 경제생활을 강조하는 이용후생(利用厚生)이었다. 물론 이들이 의리론을 무시한 것은 아니었다. 명에 대한 의리도 중요하나, 백성의 삶을 개선하고 국가의 부를 확충하는 실용 또한 중요하다고 보았을 뿐이다. 그리고 실용을 위해 발달한 청의 문물을 받아들여야 한다는 데까지 주장이 확대된 것이었다.

북학이 노론의 전유물이었던 것 또한 아니다. 예컨대 소론 중 홍양호는 1782년 연행 중 청의 발전상에 충격을 받고 청 문물 수용을 건의한 북학론자였다. 『북학의』 서문을 쓴 서명응 역시 마찬가지 소론이었으니, 북학은 바야흐로 공감대를 서서히 넓혀가던 사상적 추세였던 셈이다.

박제가가 규장각에 근무하기 시작한 이듬해 연암이 청을 다녀오며 기록한 연행일기가 『열하일기』다. 연경에 간 사신을 뜻하는 연행사는 청이 수도를 옮긴 1645년부터 연 1회 정기 사행으로 보내졌다. 사행단은 사대문서와 조공품을 가지고 가 조공과 회사 형태로 이루어지는 조공무역을 하고 돌아왔는데, 2~3백 명의 인원에 5개월 내외가 소요된 길이었다. 그중 통상 60일까지는 북경 체류가 가능했고, 사행원들은 그동안 사적인 활동도 할 수 있었다. 이들과 함께 청의 문화와 문물이 조선으로 들어올 수 있었던 이유다.

연행 사행원들의 손을 거쳐 조선으로 수입된 서책은 서울대학교 규장각 소장

박지원의 『열하일기』 표지

의 중국판 한서로 그 규모를 짐작할 수 있다. 「규장각도서 중국본 종합목록」의 범례에 따르면, 규장각 소장 도서는 모두 6,174종 68,253책인데, 이 가운데 중국 본 도서가 6,075종 67,786책이라고 한다. 조선 정부의 중국 서적 수입을 가늠할 수 있는 대목으로, 이들 서책 대부분이 사행원들에 의해 수집, 구매된 것이었다.

특히 정조는 연행사로부터 자세한 보고를 받아 정보를 얻고 국가 운영에 다양하게 활용하기도 했다. 북학파가 주장한 이용후생에는 중화와 이적의 구별이 필요 없다고 여긴 정조에 의해 박제가가 규장각 검서관으로 기용되어 무려 13년간 수많은 책을 교정하거나 간행하게 된 것은 일례일 뿐이다.

그들이 품은 큰 뜻

연암은 건륭제의 70세 생일 축하 사절단의 정사로 임명된 8촌 형 박명원(화평옹주의 남편으로 영조의 부마)의 자제군관(일종의 개인 수행원) 자격으로 함께 청에 다녀온다. 1780년 6월 25일 출발, 압록강을 건너 연경과 열하(승덕·청더)를 방문하고 10월 27일 4개월여 만에 귀성할 때 그의 나이는 44세. 이미 중국 견문에 대한 충분한 지식을 가지고 있던 연암은 보고 듣고 생각한 바를 정리해 26권의 책으로 저술한다. 일기 형식의 견문록, 중국 상인 및 지식인과 나눈 필담과 수필 등을 엮어 백과전서식으로 방대하게 청을 소개한 대작 『열하일기』이다. 본래 연경이 목적지였으나 건륭제가 열하의 피서산장에 있었던 탓에, 조선 사신이 이전에는 한

중국 허베이성 청더의 피서산장.

번도 가 본 적이 없던 열하까지 여정이 이어진 사행이었다. 제목이 『열
하일기』가 된 까닭이다.

　『열하일기』는 그 안에 담겨 있는 시대적 풍자와 연암의 구어체 한문의
참신하고 출중한 문장력으로 당시 조선 지성계에 상당한 충격을 안긴
다. 기존의 연행록과 달리 18세기 동아시아와 관련된 거의 모든 부분을
아우르는 데다 기행 일기지만 소설적 구성과 형식을 취했다는 점에서도
획기적이었다. 게다가 흥미까지 더해 수많은 선비가 필사해가는 등 반
응도 폭발적이었는데, 당시 과거 시험에 박지원의 문체를 흉내 낸 답안
지가 제출될 정도였다. 그의 글이 정조가 벌인 '문체반정'에서 없애야 할
소품체의 대표 격으로 지목된 것은, 문체 자체보다도 그 내용의 파괴력

이 두려웠던 때문일지도 모른다. 조선 왕조가 끝날 때까지 『열하일기』는 결국 출판되지 못했으니 말이다.

　연암의 위대한 견문록은 압록강을 출발한 날부터 요양(랴오양)에 이르는 7월 9일까지 15일간의 일기인 「도강록」에서 시작된다. 「성경잡지」(성경은 심양의 옛 이름)와 「일신수필」로 산해관까지의 일정을 기록하고, 북경까지를 「관내정사」, 열하까지를 「막북행정록」 속에 담았다. 본래 사막 북쪽을 가리키는 '막북'은 대체로 만리장성 북쪽 변방을 의미해 산해관 안쪽을 가리키는 '관내'와 비교된다. 「태학유관록」은 열하의 숙소 태학관에 머문 일행이 청나라 고관과 과거 준비생 및 학자들을 만나 주고받은 이야기가 주된 내용이며 「환연도중록」은 황제의 만수절(황제 생일) 행사

『열하일기』속 박지원의 여정.

를 마친 일행이 8월 15일 열하를 떠나 북경까지 되돌아오는 기록이다.

연암은 이 과정에서 만난 모든 사람과 상황 속에서 기존의 생각을 확인하고 인식을 확대해나갔다. 그가 말 안장주머니 왼쪽에 벼루, 오른쪽에 거울과 붓 두 자루, 먹 하나, 작은 공책 4권, 이정록(里程錄) 등을 늘 휴대하고 다닌 것은 견문과 정보들을 가능한 한 상세하게 기록하고 정리하기 위해서였다. 그 결과 『열하일기』에는, 중국 지식인들과 필담으로 주고받은 음악 이야기를 기록한 '양고기 맛을 잊은 음악 이야기'라는 뜻의 「망양록」, 지식인 곡정과 장장 16시간 동안이나 과학, 역사, 철학, 시문 등에 관한 필담을 나눈 「곡정필담」, 그 유명한 '야출고북구기(夜出古北口記)'나 '일야구도하기(一夜九渡河記)' 등이 들어 있는 피서산장의 기행문들인 「산장잡기」, 이마두(마테오 리치)의 무덤이나 천주당, 서양화 등 서양 문물을 접한 북경을 다룬 「황도기략」 등 많은 이야기가 담겨 있다. 중국의 역사와 고전, 사상, 종교, 신학문뿐 아니라 정치, 사회, 경제 제도 및 과학 기술까지 다양한 내용이다.

중국 땅 책문에 첫발을 내디딜 때부터 당시 조선 지식인이 응당 가질

법한 반응과는 전혀 다른 박지원의 마음 자세는 『열하일기』의 분위기를 예상하게 한다. 책문 밖에서 안을 바라본 그는 높이 솟은 민가, 벽돌 담, 수레, 물건 등에 감탄한다.

"그 제도가 어디로 보나 시골티라고는 조금도 없다.……이 책문은 중국의 동쪽 변두리임에도 오히려 이러하거늘 앞으로 더욱 번화할 것을 생각하니, 갑자기 한풀 꺾이어서 여기서 그만 발길을 돌릴까 보다 하는 생각에 온몸이 화끈해진다. 그럴 순간에 나는 깊이 반성하되 이는 하나의 시기하는 마음이다.……이는 곧 견문이 좁은 탓이리라. 만일 여래의 밝은 눈으로 시방세계를 모두 살핀다면, 어느 것이나 평등하지 않음이 없으리니, 모든 것이 평등할진대, 저절로 시기와 부러움이란 없으리라."[45]

연암의 기록을 관통하는 '이용후생' 사상은 특히 「일신수필」중에서 그 빛을 발한다. 본래 '빠르게 달리는 역말 위에서 구경하고 지나가듯 보고 느낀 것을 생각나는 대로 썼다'라는 뜻의 제목과 다르게 그 내용은 고민의 무게가 무겁다. 그는 중국의 장관을 묻는 사람들에게 선비에는 세 등급이 있는데, 그들은 장관에 대해 서로 다르게 말할 것이라며 설명을 시작한다.

'상사(上士)'는 애당초 오랑캐 땅에서 볼 것은 아무것도 없다는 사람, '중사(中士)'는 '춘추대의'에 입각해 북벌이라는 '장한' 뜻을 품은 사람이다. 하지만 자신 같은 '하사(下士)'는 "그들의 장관은 기와 조각에 있고,

---

45) 朴趾源, 李家源 譯, 『熱河日記』上, 大洋書籍, 1973, pp. 55~56.

똥 부스러기에도 있다고 하겠다"라고 하는 사람이다. 요동 벌판을 보면서 산해관까지 천 이백 리 사방에 한 점 산도 없이 하늘과 땅이 풀로 붙인 듯 맞닿아 한바탕 울 만한 곳이라며 감탄한 그였음에도, 요동 벌판이나 만리장성, 산해관보다 더한 장관이 그것이라니 참신한 발상이 아닐수 없다.

사실 깨어진 기와 조각은 쓸모없다. 그러나 청 사람들은 깨진 기와 조각과 조약돌을 꽃이나 나무, 새 모양으로 만들어 뜰에 깐다. 그러면 비가 와도 길이 질척거리지 않았다. 부서진 기와 조각이라도 '이롭게 이용'(利用)해 아름다운 장식을 만들어 '생활을 윤기 나게 한'(厚生) 것이다. 똥도 더럽다. 하지만 버려진 똥을 볼 수가 없고, 사람들이 말똥을 줍기위해 삼태기를 들고 말 꽁무니를 따라 다닌다. 똥은 그대로 두면 똥에 불과하지만, 그것을 이용후생하여 거름으로 쓰면 농업의 기반이 된다.

이를 통해 연암은 청의 이용후생 제도를 하나라도 더 배워 조선의 국력을 키우는 것이 가장 중요한 일이라는 것을 강조하고 싶었던 것이다. 말로만 '춘추대의', '의리론'을 외치는 당시 지식층의 비현실적 공리공담에 대해서도 신랄하게 비판한 것은 물론이다.

수레는 그가 유달리 강조한 부분인데, 연암이 중국의 수레 제도를 배워 시급히 보급해야 한다고 주장한 것은 전국 각 지역의 산물을 유통해 국내 경제를 발전시키고 민생 안정을 도모하기 위함이었다. 공리공담이 이를 막고 있다고 규정한 그는, 수레의 기원에서부터 수레를 맡았던 벼슬 이름은 외운 사대부라도 수레를 만드는 기술이 어떠하며 움직이는 방법이 어떠한지는 연구하지 않았다며 비판한다. 한갓 글만 읽을 뿐이니 참된 학문에 도무지 유익이 없다며 말이다. 물론 당시 조선에서 수레가 쓰이지 않았던 것은 아니다. 연암은 수레를 적극적으로 개량하고 도입함과 동시에 도로 정비를 통해 체계적인 운송 환경을 만들 것을 주장했다. 학문의 실천성과 실용성을 강조하고 이를 이끌 지식층의 역할과 책무를 중시한 것이다.

마찬가지의 문제의식이 드러나는 그 유명한 연암의 소설 「호질」과 「허생」도 『열하일기』에서 만난다. 「호질」에서 호랑이와 대립하는 북곽 선생은 부끄러움을 모르는 선비인 허학과 위학자이자 내실 없는 한족과 한족 문화를 상징한다.

> "사람으로서 보면 중화와 이적의 구별이 뚜렷하겠지마는 하늘로서 본다면 은(殷)의 후관이나 주(周)의 면류도 제각기 때를 따라 변하였거니, 어찌 반드시 청(淸)인들의 홍모만을 의심하리오.……아아, 슬프다. 명(明)의 왕택이 끊어진 지 벌써 오래여서 중원의 선비들이 그 머리를 고친 지도 백 년의 요원한 세월이 흘렀으되, 자나깨나 가슴을 치며 명실(明室)을 생각함은 무슨 까닭인고?"46)

「허생」에서도 마찬가지다. 변 씨로부터 어진 인물이라 듣고 찾아온 어영대장 이완은 사대부의 예법을 내세우며 허생이 말한 세 가지 계책에 고개를 젓는다. 허생은 이에 대해 사대부도 결국은 오랑캐의 땅에서 난 이적에 불과하기에 그 예법도 진정한 중화제도가 아니며, 그것을 내세울 때 명에 대한 복수는 헛된 명분이라며 이완을 베어 버려야겠다고 칼

---

46) 朴趾源, 앞의 책, p. 276.

박지원과 박지원의 손자 박규수
박규수(오른쪽)는 조부 박지원의 북학을 이어받아 김옥균, 박영효, 홍영식, 서광범, 유길준 등에게 전함으로써 실학과 개화파를 이은 인물이 되었다.

을 찾는다. 실제로는 연암 자신의 창작이었음에도 「호질」은 '중국 여관 벽에 있던 것을 베낀 것'이라 둘러대고 「허생」은 윤영이라는 가상 이야기꾼이 해준 변승업 이야기의 딸림 이야기라 변명해놓음으로써 필화(검열)를 피하고자 했을 만큼 파격적인 내용이었다.

『열하일기』의 안과 밖에서 밤마다 숙소를 빠져나와 뒷골목을 누비고 다니며 청의 다양한 모습을 찾은 부리부리한 눈과 거대한 체격의 호기심 많은 연암을 본다. 명 마지막 황제 숭정제의 연호 대신 청 건륭제의 연호로 날짜를 표기한 것을 비판한 사대부들에게 "이미 망한 지가 백 년도 넘는 명나라 연호에 집착하는 것은 그야말로 어리석음의 극치"라고 말한 그. 문체반정을 일으킨 정조가 고문체로 반성문을 쓰라고 하자 자신의 죄가 너무 커서 반성문을 쓸 수 없다며 거부한 그. 그와 함께 또는 그를 이어 같은 꿈을 꾸었던 수많은 이들로부터 새로운 사회를 향한 당시 조선 지식인의 저항 섞인 열망을 찾는다.

17세기 이래 영국과 18세기 후반 프랑스의 변화를 이끈 것과 같은 결의 움직임이 조선에 전무 했던 것은 아니었다. 그들이 품은 뜻은 마찬가지로 크고 날카로우며 미래지향적이었다. 그러나 새로운 시대를 꿈꾸었던 그들이 유의미한 세력을 형성해 변모시키기에 전통과 왕조의 힘은 너무나 거대했고 압도적이었다. 19세기 조선에서는 이전의 것을 버리려 하지도 버릴 수도 없었던 지배층의 판단이, 변화하는 시대와 괴리 속에서 일으킨 수많은 모순으로 둔하고 버거워졌다. 하여 그 뜻을 오롯이 담아내지 못함으로써 역사적 걸음을 내딛는 데 주저하게 된다.

박지원과 그와 같은 뜻을 품은 사람들, 그리고 그들이 비판한, 그들의 목소리를 막는 데 급급했던 또 다른 사람들, 연암이 근심했던 사람들과 그 나라. 18세기에만 유효했던 것이 아닌 여전한 세력 구도일 것이다. 연암의 열망을 귀하게 여기고 그 의미를 톺아보는 노력이 현재 문제들을 풀어낼 지름길일 수도 있는 이유다.

『열하일기』속 연암이 하룻밤 동안 강을 아홉 번이나 건너면서 느낀 점 즉, '스스로 총명하다 자신하는' 사람들에 대해 남긴 교훈 역시 다시금 되새겨볼 요즘인 듯하다. "요동 들판은 평평하고 넓어 물소리가 크게 울지 않는다"는 평에 대해, 밝을 때는 강의 위험이 눈에 의해 감지되기에 물소리가 안 들리는 것처럼 느껴질 뿐이라며, 마음을 고요하게 하는 자는 귀나 눈에 얽매이지 않고 눈과 귀를 믿는 자는 보고 듣는 것이 자세할수록 병이 된다 깨달았던 그의 마음 자세를 말이다.

"지금 나는 밤중에 물을 건너는지라 눈으로는 위험한 것을 볼 수 없으니 위험은 오로지 듣는 데만 있어 바야흐로 귀가 무서워하여 걱정을 이기지 못하는 것이다. 나는 이제야 도를 알았도다.……옛날 우(禹)는 강을 건너는데, 황룡이 배를 등으로 저어 지극히 위험했으나 사생의 판단이 먼저 마음속에 밝고 보니, 용이거나 지렁이거나 크거나 작거나가 족히 관계될 바 없었다. 소리와 빛은 외물이니 외물이 항상 이목에 누가 되어 사람으로 하여금 똑바로 보고 듣는 것을 잃게 하는 것이 이 같거든, 하물며 인생이 세상을 지나는데 그 험하고 위태로운 것이 강물보다 심하고, 보고 듣는 것이 문득 병이 되는 것임에랴.……몸 가지는 데 교묘하고 스스로 총명한 것을 자신하는 자에게 경고하는 바이다."[47]

47) 朴趾源, 앞의 책, pp. 154~155.

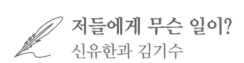

저들에게 무슨 일이?
신유한과 김기수

　근대 이전 동아시아 국제 질서는 중국을 중심으로 조선, 일본이 일의 대수(一衣帶水)의 밀접한 관계를 맺으며 형성되었다. 문화의 전달도 대개 중국에서 시작되어 조선을 통해 일본에 도달하곤 했다. 조선통신사는 이런 역할 수행의 중심에 자리하던, 조선에서 일본으로 정기적으로 파견된 사절단이다.

　청천(靑泉) 신유한(申維翰 · 1681~1752)은 숙종 때인 1719년 조선통신사 사행원으로 일본에 다녀온다. 사행 기간 중 이미 그의 글이 일본에서 책으로 만들어질 정도로 시와 문장으로 이름을 떨친 그였다. 통신사 일원이 남긴 40여 종 사행록 중 가장 뛰어난 문학성을 지녔다고 평가되는 『해유록(海游錄)』[48]이 그의 사행 일기다. 일본 기행이라는 흥미 외에도 당대 문장가로 이름난 신유한의 문학적 역량이 유감없이 발휘된 작품이기에 엄청난 인기를 끌었다. 일본에 관심을 가진 문인들의 필독서이자

---

48) 상(上) 기해(1719)년 4월 11일~9월 9일, 중(中) 9월 10일~11월 14일, 하(下) 11월 15일~경자(1720)년 1월 24일 일기, 부(附)「문견잡록(聞見雜錄)」.

통신사 사행원의 필수 참고서 반열에 오르며 말이다.

1876년 조일수호조규(강화도조약)가 체결된 뒤 통신사의 명칭과 역할
은 변한다. 고종(재위 1863~1907)이 '우호를 닦아 신의를 돈독히 한다'는
뜻의 '수신사'로 통신사의 명칭을 바꿔 일본에 파견하면서부터다. 『일동
기유(日東記游)』는 1차 수신사의 정사로 임명된 창산(蒼山) 김기수(金綺
秀·1831~1894)가 메이지 일본을 조선 최초로 체험한 뒤 남긴 사행 기록
이다. 통신사의 견문과 유사하면서도 당시 여러 부문에서 태동하던 메
이지 일본의 '근대성'을 바라보는 조선 지식인의 시각이 드러나 역사적
의의가 남다르다.

『해유록』이 집필된 때와 『일동기유』가 저술된 1877년 2월 조선 사이에
는 근 150년 이상의 시간이 놓여 있다. 자신이 선 시대와 위치에서 일본
을 보고 듣고 체험한 그들은 각자의 조선에 말하고 싶던 이야기들이 있
었다. 그들의 목소리와 이를 듣고 내린 조선의 선택은, 다시 150여 년
가까이 세월이 지난 지금을 사는 우리에게 어떤 마음을 전하고 싶을까?

'한류 열풍'의 시조, 에도의 번영에 감탄하다

짧게는 10개월에서 길게는 1년, 해로와 육로를 합해 장장 1천 8백여
킬로미터. 매회 평균 450여 명에 이르는 조선통신사가 소화했던 대장정
이다. 1429년 최초로 파견된 이후 1443년 3차 통신사의 서장관이었던
신숙주(1417~1475)는 『해동제국기(海東諸國紀)』를 저술한다. 조선인이 쓴
최초의 일본 연구서이자 일본 정세와 외교관례를 집대성한 총괄서였

다. 그가 숨을 거두기 전 일본 정세에 주의를 기울이고 우호를 단절하지 말라며 성종에게 남긴 당부는 유명하다. 류성룡이 『징비록』에서 임진왜란이 일어난 원인을 이 같은 당부를 버린 '실지(失知)'에서 찾은 배경이다.

임진왜란 발발 후 대일 외교는 단절되지만, 적대감만으로 배척하기에 양국 상황은 녹록하지 않았다. 조선은 포로 쇄환과 일본의 사정을 알기 위해서라도, 일본 역시 도쿠가와 바쿠후의 위상 강화와 체제 안정을 위해 교류가 필요했던 것. 조선은 결국 1607년 통신사(회답 겸 쇄환사)를 파견해 외교를 재개하는데, 이를 포함 열두 차례 통신사를 파견한다. 선조가 국서에 "옛일을 개선해서 선대의 잘못을 바로잡고 싶다는 성의를 보였기에 사신을 보낸다"라고 명시한 것처럼 일본 측의 전쟁 책임을 명확히 짚고, 에도 바쿠후의 전후 처리 자세를 긍정적으로 평가한 뒤의 일이었다. 물론 통신사 파견을 계속 요청한 일본은 막대한 비용을 들여 일행을 극진히 접대하면서도, 자국 내에는 조선이 일본에 조공을 바치러 온 것이라 선전하는 것을 잊지 않았다.

도쿠가와 요시무네의 8대 쇼군 습직(襲職·직무를 이어 맡음)을 축하하기 위해 파견된 기해년 통신사 일행은 1719년 4월 11일 출발해 이듬해 1월 24일 귀국한다. 6월 20일 부산에서 출항, 쓰시마와 아이노시마, 시모노세키, 효고까지 해로를 이용한 후, 오사카에서 육로로 교토, 나고야, 하코네 등을 거쳐 에도(도쿄)에 도착한 것이 9월 27일. 10월 15일 귀국길에 올라 다음 해 1월 6일에야 부산에 발을 디딜 수 있던 9개월간의 기나긴 여정이었다. 신유한은 일본과의 문화적 교류가 주였던 외교적 안정기에 파견되었던 데다 시문창화(詩文唱和)를 담당한 제술관이었

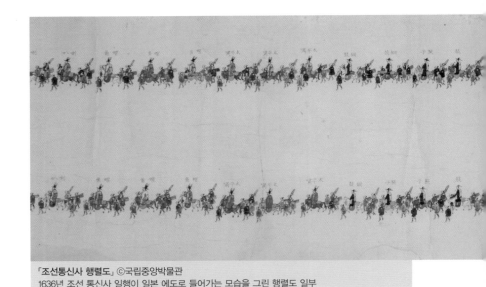

「조선통신사 행렬도」 ⓒ국립중앙박물관
1636년 조선 통신사 일행이 일본 에도로 들어가는 모습을 그린 행렬도 일부

기에 그 같은 문물 교류 여정의 한복판에 선다. 교호 개혁[49]으로 중흥의
기틀을 닦기 시작하던 일본을 관찰해 분석하고 평가한 그의 시선은 당
대 조선 문인들의 일본에 대한 절대적 적개심과 그 결이 사뭇 다르다.

신유한은 25세 진사 합격 후 성균관에서 수학, 증광 문과에 장원급제
한다. 사후에 간행된 그의 문집을 과하게 인쇄하여 내는 바람에 목판이
닳아 훼손될 정도로 문단에 이름을 날린 인재였다. 그러나 서얼이라는
신분적 한계로 급제 4년 후에나 말단 관리직인 비서저작랑에 임명된다.
문재를 인정받아 기해 사행 제술관이 된 것이지만 스스로는 달갑게 생
각하지 않았다. 목숨을 걸고 바다를 건너야 해 사대부들은 피하던 사행

---

49) 1716년 교호 원년에 시작된 에도 시대 중기 개혁으로 간세이, 덴포 개혁과 더불어 바쿠후의 3대 개혁으로 꼽
힘. 재정 재건을 목표로 각종 공공 정책을 펼침.

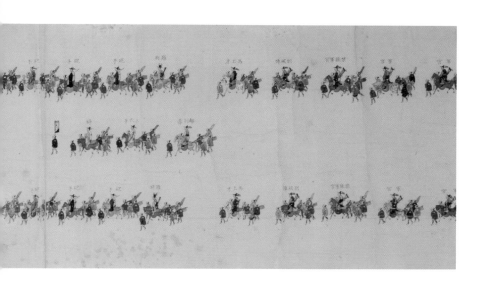

인데 문학으로 명성을 얻는 바람에 선발되었다며 오히려 불운이라고 생각할 정도였다. 이같이 차별받은 그에게 자리했을 조선 제도에 대한 비판적 인식은 일본을 보고 받아들이는 기본 틀이 되었을지도 모른다.

『해유록』에서 그는 가장 먼저 일본의 자연 풍광에 대한 솔직한 감탄을 보인다. 오랑캐의 나라가 신선의 나라로 느껴지는 충격에도 자신의 흥취를 숨기지 않은 그의 놀라움은 일본의 번영에 대한 묘사에서 거침없는 필력으로 발휘된다. 조선과 차원이 다른 수준의 윤택함에 번화와 부귀가 잘못되어 흙덩이와 꼬챙이 같은 자를 호강시킨다며 애석해했지만, 인정하고 싶지 않은 일본의 번영조차 긍정적으로 인식하여 빠짐없이 기록했다.

신유한이 왼쪽을 볼 때는 오른쪽 광경을 놓칠까 오른쪽을 볼 때는 왼쪽의 것이 더 기이할까 염려했을 정도로 교토, 에도 등 일본의 도시는

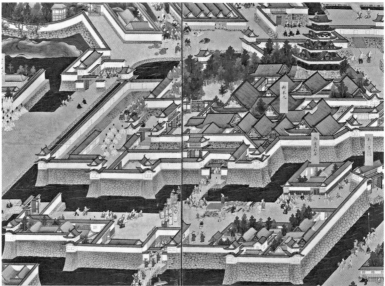

1583년 도요토미 히데요시에 의해 최초로 축성된 오사카성(상)과 17세기 에도 전경

화려하고 아름다웠다. 특히 당시 한양 인구의 두 배 규모였던 오사카에 관한 서술은 자세하고 분량도 많다.

"다리는 2백 여요, 절은 3백여 개나 되고, 공후의 좋은 집들은 또 그것의 배나 되고, 서민, 농업, 공업, 상업 등 부호의 집들이 또 천이나 만을 헤 아린다.……왜인의 풍속이 음을 좋아하고 고운 것을 숭상하여 남녀가 모 두 비단옷을 입었다.……의술과 칼 쓰기도 배워서 녹을 먹는 자가 가장 많다.……바다 섬의 모든 오랑캐와 교통한다. 이런 번화하고 풍부함과 시원하고 기이한 경치가 천하에 으뜸이라 할 수 있다는 것이 옛글에 기 록된 바, 계빈(카슈미르), 파사(페르시아)의 나라도 이보다 더할 수는 없을 것이다."(1719년 9월 4일)[50]

당시 일본은 학문에 관한 관심이 높아 글을 하는 문사뿐 아니라 일반 인들 사이에서도 통신사로부터 시문을 얻기 위한 노력이 가히 폭발적이 었다. 오사카는 특히 글을 청하는 자가 다른 곳보다 배나 많아서, 닭이 울도록 자지 못하고 입에 넣었던 밥도 토할 지경이라며 괴로움을 토로 한 곳이기도 했다.

오사카에 들어가기 직전 9월 3일 효고에 닿은 신유한은 숙소에 들어 가면 필담을 나누거나 글을 써주며 문인들을 상대해야 해서 숙소로 들 어가지 않는다. 날마다 시를 써 달라고 조르는 일본인들에게 시달려 우 울하고 답답한 심정을 견딜 수 없을 정도로 시문창화에 지치곤 했던 그

---

50) 신유한, 성락훈 외 번역, 「해유록」, 『국역 해행총재』 I , 민족문화추진회, 1977, pp. 480~481.

는 해안으로 나가 앉아 휴식을
취한다. 그때 악공을 시켜 북을
치고 피리를 불게 하고 두 동자
에게 마주 보고 춤을 추게 하였
더니 일본인들이 구름같이 모여
든다. 현재까지도 오카야마현 우
시마도쵸에 전해 오는 '가라코

가라코 오도리 춤

오도리' 춤은 그렇게 탄생했다고 한다. 이 와중에도 종이와 붓을 가지고
와 글을 써 달라고 청하는 사람도 있어 흥이 나는 대로 써서 주었다고
하니 일본 등을 뒤흔드는 한류 열풍의 역사는 생각보다 오랜 게 맞다.

　에도 시대 초기 일본은 조선을 통해 유학을 배웠고 특히 퇴계를 숭앙
했다. 집마다 『퇴계집』을 두고 외우고 있었고, 만나는 문인은 필담에서
『퇴계집』을 첫 번째로 묻곤 했다. 그러나 신유한은 이 같은 일본의 학문
에 관한 관심과 조선에 대한 정보를 얻고자 하는 욕구에 대해 감탄하고
신기해하는 데서 그치지 않는다.

　"가장 통탄스런 것은 김학봉(김성일)의 『해사록』, 유서애(류성룡)의 『징비
　록』, 강수은(강항)의 『간양록』 등의 책은 두 나라에서 비밀을 기록한 것이
　많은 글인데, 지금 모두 대판(오사카)에서 출판되었으니, 이것은 적을 정
　탐한 것을 적에게 고한 것과 무엇이 다르랴. 국가의 기강이 엄하지 못하
　여 역관들의 밀무역이 이와 같았으니 한심한 일이다."(1719년 11월 4일)[51]

---

51) 신유한, 앞의 책, p. 560.

일본의 출판문화에 대한 찬탄을 넘어 일본을 정탐한 조선 측 책이 다시 일본에 유출되는 상황을 걱정하는 것이다. 신유한의 이 같은 날카로운 관찰은 일본 도시의 번영과 질서, 파리 모기 등이 드문 정결하고 정교한 실내에 대한 감탄과 아기자기한 생활용품, 독특한 성(性) 풍속 등에 대한 설명에서 나아가 일본 사회의 저변에 흐르는 분위기를 잡아내는 데서 빛을 발한다.

「조선통신사내조도」

당시 구경 인파와 글을 구하는 사람들은 통신사가 가는 길마다 장사진을 이룰 정도로 이들에 대한 관심이 컸다. 심지어 1764년 1월에는 통신사 선단을 구경나왔던 작은 배들의 구경꾼 중에 글씨를 얻으려고 조선 선박에 너무 가까이 가 침몰할 뻔했다가 구조된 이들이 조엄의 『해사일기』에 기록되기도 했다. 그보다 40여 년 앞서 방문했던 신유한이 본 광경도 마찬가지였다.

양쪽에 구경나온 사람들이 먼저 배를 차지하고 다음은 언덕, 인가의 담과 다리의 난간을 따라 줄지어 앉았는데 인파가 빽빽하게 늘어서 갈수록 많아졌으며, 거리와 집 기둥 사이들에 빈틈없이 구경꾼으로 찬 것이 어떤 도시도 예외가 없었다. 그러나 놀라운 것은 이런 와중에도 질서 정연하게 모인 엄숙한 분위기로 떠드는 사람이 없었다는 점이다. 인파가 수천 리 길에 이르는데 단 한 명도 제멋대로 행동하여 행렬을 방해한 사람이 없었다!

신유한은 일기 외에도 일본의 풍속, 문물, 역사, 인물, 학문, 군사 및 의식주, 심지어 나가사키 상인에 대한 묘사까지 무려 60여 항목으로 상세한 「문견잡록」을 기술했다. 여기에서 그는 이 같은 백성들의 질서정연한 모습 이면에 작동하는 군사 문화를 예리하게 포착했다.

"무릇 부르는 일이 있을 때에는 응답하기를 메아리처럼 하여 매질을 할 필요가 없이 일마다 잘 처리되고, 길을 끼고 관광하는 자는 모두 정로 밖에 앉되, 작은 사람은 앞에 있고, 조금 큰 사람은 제이의 열이 되고 더 큰 사람은 뒤에 있어 차례로 대열이 되어 엄숙하고 정돈되어 떠들지 아니하여 수천 리의 보는 바에 한 사람도 망동하여 길을 범하는 자가 없었다.

대개 인심과 습속이 모두 손무 양저의 군사와 같은 것이요, 예법 교화로
써 일제히 된 것이 아니었다."52)

일본인이 반드시 무릎을 꿇고 앉는 예절에 관해서도 진정성이 담긴
것이라기보다 무가 사회의 복식문화에서 생겨난 관습일 뿐이라고 추론
하며, 성안에서 긴 바지를 끌고 다니게 해 하극상을 막고 있음도 간파한
다. 에도성에 대해 축대와 해자, 망루 등을 묘사하면서 강성한 군사력에
대한 경계를 전하는 것도 잊지 않는다. 일본은 조선과 같은 선비 중심이
아닌 무사 사회임을 거듭 강조하고 있던 것이다.

일본에 대해 긴장해야 한다는 이 같은 신유한의 시선은 외교 의례를 놓
고 통신사와 일본인들 사이에 벌어진 첨예한 신경전의 기록에서도 나타
난다. 외교 사절로서 국왕의 국서를 일본 측에 전달하는 공식적 임무는
일본의 특성과 맞물려 그 수행과정이 평탄치 않았다. 특히 11월 1~2일 도
요토미 히데요시를 배향한 교토 다이부쓰지(大佛寺)에서 연회를 거부한
통신사 일행과 끝까지 실랑이를 벌이는 일본의 태도는, 300여 년 전 신
유한의 길에 이미 현재 일본이 존재하고 있음을 보여주는 듯하다.

경제적 번영을 보며 있는 그대로의 일본을 받아들임과 동시에 그 안
에 스며 있는 군사 분위기를 관찰해 경계를 잃지 않아야 함을 지적한 혜
안. 쓰시마 태수에게 절을 하고 시문을 지어 바쳐야 한다는 말에 국왕의
명을 받은 신하가 일개 태수에게 절을 하는 것은 예법에 맞지 않는 것이
라며 목숨을 걸고 뜻을 지킨 결단. 이런 신유한과 같은 빛나는 인재들의

---

52) 신유한, 성락훈 외 번역, 「해유록」, 「국역 해행총재」 II, 민족문화추진회, 1977, pp. 57~58.

목소리에 귀를 기울이며 그들이 왕조와 국가 운영에 일조하도록 했었다면, 19~20세기 조선의 운명은 그리고 현재 대한민국의 운명은 달라졌을까. 또 다른 신유한을 만들어내는, 혹 존재하고 있는지도 모를 현대판 차별을 철폐하려는 노력에 힘을 보탬으로, 그의 일생과 목소리가 무의미한 것이 아니었다 위로하는 후손이고 싶은 맘이다.

일본에 의한, 일본을 위한 '메이지 일본' 관람

"나의 늙은 여동생과 나어린 딸은 기일 전에 와서 모여 병든 처와 더불어 모두 강작(强作)하여 언소자고(言笑自苦)하였으나 그들이 바느질과 주식 보살피는 데 더한층 정신 쓰는 것을 본다면 서운하게도 장차 내가 집에 돌아와서 다시 밥 먹고 옷 입지 못할 것처럼 느꼈던 것이나 나는 태연하게도 마음을 움직이지 않았다."[53]

김기수는 수신사 정사로 임명된 뒤의 심정을 『일동기유』 「별리 6칙」에 기록했다. 조선인 최초로 메이지 일본을 보고 오게 된 그는 당시 조선의 상황이 상황이었던 만큼 혼란스러움이 컸다. 억지로 웃고 말하면서도 바느질과 음식에 마음을 더 쓰는 가족의 모습에는 마음이 동요하지 않았지만, 가묘에 사직할 때가 되어서는 울컥했던 까닭이다.

수신사는 조선이 개항한 이후 일본에 파견한 외교 사절이다. 김기수

---

53) 金綺秀, 李載浩 譯註, 『譯註 日東記游』, 釜山大學校 韓日文化研究所, 1962, p. 13.

1차 수신사 정사로 임명된 창산 김기수

가 정사로 파견된 1876년 1차를 시작으로 김홍집의 2차 수신사(1880), 조병호의 3차(1881), 박영효의 4차(1882)까지 파견되었다. 일본의 신식 문물 시찰과 양국 간 외교 현안 해결이 활동 목표였다. 그러나 조일수호조규가 맺어진 직후의 1차 수신사는 이와 약간 다르다. 이후 수신사와 비교했을 때 초청한 일본의 의도와 이를 받아들여 파견한 조선 측의 사행 태도에 꽤 차이가 있다. 당시 동아시아 국제 관계 변화에 대한 양국의 시각이 그러했기 때문이다.

조선의 일본 통신사행은 1811년을 마지막으로 중단되었다. 사실 공식적으로 중지가 결정된 것은 아니었고 양국의 재정 부담으로 계속 연기되던 상황이었다. 쇼군 습직에 따라 파견과 연기 협의가 수차례 이어졌는데, 1864년 협의에서 '1866년 예정이던 통신사 파견'을 '십 년' 연기하기로 한 참이었다. 그러다 일본에서 메이지유신이 단행되었고, 암묵적으로 폐지되기에 이른 것이다.

그런데 1876년에 수신사가 실제로 파견되었다는 사실은 수신사행이 전혀 예정에 없던 것은 아니란 의미인 동시에 그렇기에 조선은 이를 통신사의 연장선에서 바라보는 측면이 강하다는 뜻이기도 했다. 게다가 당시 일본에 대한 부정적 인식이 여전한 분위기에서 고종의 수신사 파견 명목은 '구호(舊好) 회복'이었다. 무력으로 개항은 강제되었지만, 조야에서는 "왜인은 서양의 앞잡이로 귀신이고 적"이라는 '왜양일체론'에 입각한 위정척사 사상이 우세했다. 김기수가 사행을 준비하는 동안 개화와 위정척사 모두로부터 당부를 들었음에도, 결국 양국의 옛 우호를 도모하는 '수신'에 기본 중점을 두되 국가 혹은 국왕의 체면을 잃지 않도록 신중한 태도를 하기로 한 이유였다.

반면 일본은 메이지유신 이후 변화에 따라 조선과 관계도 이전과 다르게 맺고자 했다. 의례상의 변화나 통신사행에 필수였던 쓰시마를 들르지 않도록 한 것만이 아니다. 사행 제반 비용을 부담한다는 명목 아래 32일간 산업, 군사, 행정, 교육 등 각종 분야에서 무려 132처에 달하는 관람 계획을 세웠다. 많게는 하루에 9개 항목을 배치할 정도였는데, 대부분 근대 제도와 문물이 대상으로 수신사에게 근대화의 성과를 과시하고자 했다.

1876년 4월 4일 서울을 떠난 수신사 일행은 21일 동래부에 도착한다. 일본은 기선을 대기시켜놓고 있었다. 당시 반당(일종의 호위병)으로 사행에 참여했던 안광묵이 남긴 『창사기행』 4월 22일 기록에는 일본 측에서 보내온 '일본국 선상조약 선도', '함내 규칙', '괘위죄목(詿違罪目)'이 전해진다. 사절단을 맞이하여 사무 담당, 의료 서비스, 교통편의 및 숙식 제공 등에 대한 안내와 화륜선(증기선) 고류호 내에서 지켜야 할 내용으로 자세하다.

함내 규칙에 따르면 촛불이나 흡연은 금지된다. 배변은 반드시 변소에서, 세수와 양치질도 정해진 장소에서, 식사도 지정된 장소와 시간에 해야 했다. 승객 출입금지 구역은 절대로 지나가지 말아야 했고, 회식에 음주도 금지했는데 혹 몹시 즐기는 자는 방에서 누워 잘 때만 허락하되 술주정을 부려 떠들고 시끄럽게 하면 죄를 물었다.

대소변을 치우면서 분뇨통에 뚜껑을 덮지 않고 운반하는 자, 장난삼아 거리의 가로등을 끄는 자, 왕래하는 도로로 변소가 아닌 곳에 소변을 보는 자, 도로 및 인가에서 강제로 돈을 구걸하거나 강매하는 자 등 28가지의 처벌 대상을 명시한 '괘위죄목 28조' 역시 세세하다.

사실 화륜선 내 규칙과 메이지유신 이후 일본의 달라진 규율 등은 조선으로서는 상상조차 할 수 없던 변화 사항이었다. 일본은 출발 전부터 이를 알려주는 연출을 통해 수신사에 대한 우위를 점하고자 했을 것이다. 이에 대해 김기수는 「규조 6칙」으로, 남의 나라에 들어갈 때 그곳의 금기 사항을 물어야 하는데 저들이 먼저 보였으니 주인이 할 일을 했다고 서술했다. 마치 일본을 평가하는 것 같은 자세다. 놀라운 근대 문물 앞에서도 일본에는 굽히지 않겠다는 조선 유학자의 일종의 결의 표명 같아 보이는 것은 나만의 시선일까?

4월 27일 영가대에서 해신제를 지내고 29일 출항해 5월 1일 시모노세키에 도착한 일행은 4일 고베항, 7일 요코하마에 도착했다. 이날 기차를 타고 도쿄 신바시에 도착 후 숙소인 엔료칸으로 갔는데, 외무성에서는 다시금 숙소에서 지켜야 할 규칙을 보내온다. 8일 조선은 외무성에 서계를 전달했고, 천황 배견을 제의한 일본 측의 요청에 따라 10일 아카사카 행궁으로 천황을 만나러 간다. 이후 도쿄에 머물면서 관람을 제의받아 관찰하고 기록한다. 18일에는 영접을 담당한 미야모토 오카즈가 사진사를 보내 사진을 찍기도 했다. 미야모토 등의 초청으로 저택에서 열린 사적 연회에 참석했고, 이토 히로부미 등 일본 명사들과 교류하기도 했다.

이 과정은 모두 근대 문물을 보이려는 일본 측 계획에 따른 것이었다. 양복을 입은 영접관과 서양의학을 배운 군의관 배치, 증기선과 기차를 이용한 이동에 서양식 건물 엔료칸의 연회는 서양식 만찬과 서양음악을 선보이며 진행되었다. 심지어 두 차례의 공식 연회와 여섯 차례의 사적 연회 및 관람 등 외부 활동 시 숙소에서 나오고 들어가는 길을 일부러 다르게 해 더 많은 것을 보도록 연출했다. 수신사는 근대 메이지 일본에 철저하게 노출되고 있었다.

"이번의 행차는 명령을 받들어 전대(專對)하여 양국의 국교를 수호하려는 것이므로 행동거지를 조심하지 않을 수 없으며 위의를 긍지(矜持)하지 않을 수 없었다. 그러므로 완상(玩賞·구경)하는 한 가지 일도 내 마음대로 할 수는 없으나 또한 저들에게 따라 할 수도 없는 처지이므로 저들이 두 번 세 번 와서 요청하면 괄시하는 모양으로 있을 수도 없어서 마지못하여 응할 뿐이었다."[54]

그런 속에서 김기수는 일본이 일행을 함부로 대하는 것을 경계하며 조리 있게 응대함으로써 그들이 자신 혹은 조선을 정탐하지는 못하도록 하는 데 주력했다. 32일의 시찰을 예정한 일본 측의 만류에도 불구하고, 고종이 일본 체류 기일 15일을 넘기지 않도록 당부했음을 알리며 귀국을 서두른 것도 그 일환이었다. 심지어 몇몇 곳을 제외하고는 거듭된 요청에 어쩔 수 없이 승낙하거나, 거절하며 가지 않는다.

---

54) 金綺秀, 앞의 책, p. 60.

김기수는 박물관, 육군 연병, 근위병영과 포병 본창, 공학료, 아카바네 제작소 관람 정도만 별다른 거절 없이 관람했고, 해군성 소관 항목들과 원로원에 대한 시찰은 여러 번 거절한 끝에 응한다. 문부성 관할 학교(여자사범학교와 개성학교 – 도쿄대학 전신 기관 중 한 곳) 및 서적관은 거절했으나 공자묘가 있다는 설명에 참배를 위해 방문하기로 했고 그 외 유람 제의에는 속관을 대신 보내거나 거절했다. 외교 활동에서도 사명에 포함되지 않은 천황 배견 혹은 제3국 공사 접견에 관해서는 경계하거나 응하지 않았다.

이로 인해 실제 관람은 외무성에서 권한 사항의 6분의 1에 불과했지만, 대신 김기수는 자신이 접한 범위 내의 대상에 대해서는 치밀하게 관찰함으로써 복명한다. 당시 근대화에 관심이 있었던 고종은 출발 전 김기수에게 일본 실정 탐색을 강조했고 돌아와서는 직접 일본의 실상을 상세히 보고하라 지시한 터였다. 그 때문에 문장력이 뛰어난 자신이 발탁되었다는 사실도 알고 있었다. 비록 긍정적인 평가만은 아니었으나 일본의 근대적 변화가 자세할 정도로 『일동기유』에 상당수 담긴 까닭이다.

김기수가 사행 중 처음 접한 기계식 문물인 '화륜선'에 대한 기록은 이런 사정과 관련이 있다. 사행의 시작을 알리는 상징성에다, 증기기관 기계에 대한 첫 경험이었던 만큼 그 의미는 남달랐을 것이다. 부산포에 정박해 있던 화륜선의 두 돛 사이에 굴뚝이 우뚝 서 있는 외관은 김기수가 꿈에도 상상하지 못한 모습이었다. 보아도 알 수 없고 '함내 규칙'에 따라 함부로 구경도 할 수 없는 상황에서 관찰에만 의지해 기록했지만, 그가 주의 깊게 살핀 선박 안팎의 구조와 제도, 원리 등은 「승선 9칙」 중 여덟 칙에 걸쳐 상세하게 남았다. 요코하마에서 도쿄까지 타고 이동한

도쿄의 화륜차(1871년)

'화륜차(기차)'에 대한 설명도 세밀함은 마찬가지다.

마지못해 찍은 사진에 등대, 보병과 기마병, 해군성의 수뢰포, 병기와 농기 등 각양각색 기계 등을 관람한 김기수가 느낀 감정은 "이른바 전선(電線)이란 것은 자세히 살펴보아도 또한 형용할 수가 없었다"[55]라는 표현으로 대변된다. 서양식으로 바뀐 관복과 신, 시계, 깨알같이 정교한 글자가 있는 신문 등 근대 문물과 결벽한 사람이 많고 모든 일을 정결하게 한다는 평가, 변소에서 소변을 보며 요강을 두지 않는 등의 풍속 표현은 수신사 일행의 눈에 비친 근대 메이지 시대상이었다.

그러나 이 같은 변화에도 불구하고 『일동기유』에 서술된, 조선을 향한 일본 대중의 경외심은 신유한의 통신사행 때와 별반 다름이 없다. 정박하는 곳마다 구경하러 온 일본인들이 거리를 메웠고, 필묵을 들고 서화를 구걸하는 자가 이어져서 수행원들의 고생 또한 이만저만이 아니었

---

55) 金綺秀, 앞의 책, p. 68.

다. 그럼에도 구름처럼 모여든 남녀 중 떠드는 자 없이 정숙한 것도 여전했다.

당시 외무권대승이던 모리야마 시게루의 집에서 책상 가득한 책을 보며 김기수가 개탄을 금치 못한 것도 신유한과 마찬가지였다. 조선에서 새로 판각한 『대전회통』, 『육전조례』 등만 아니라 신숙주의 통신일기 1권(『해동제국기』) 초고본처럼 조선인이 썼음에도 조선에 없는 책이 있었기 때문이다. 게다가 모리야마는 누차 거절하는 김기수에게 유람하면서 살펴 조선의 군제를 개혁하고 편리한 기계는 모방하며 풍속을 채용하라며, 자신들이 알려줄 테니 부국강병을 해 양국이 입술과 이처럼 서로 의지함으로써 외환을 막자 종용하곤 했다. 조선과 상의할 때마다 자질구레한 일로 지연되어 단번에 결정되는 일이 없었다며, 국가에 이익이 된다면 위아래가 미루는 일 없이 한마음으로 행하는 자신들과 비교하는 말도 함께였다.

> "옛날 속담에 이기(利器)는 다른 사람에게 보이지도 않는다 하였는데 지금 귀국은 다만 이것을 보일 뿐만 아니라 아울러 모방하겠끔 하오니 귀국이 우리나라에 대하여 별반 애호(愛護)하는 점이 있음을 알겠사오며 또한 대국의 기풍이 너그럽고 치우침이 없음을 알겠습니다."[56]

예의를 차리면서도 날 선 김기수의 답은, 조선의 규율은 신의를 먼저 하고 일의 성과는 그 후이기에 양국의 우호를 닦는 것이 먼저라는 내용

---

56) 金綺秀, 앞의 책, p. 121.

1차 수신사 행렬 삽화
영국의 주간 화보 『더 그
래픽』(1876년 5월 12일)에
소개된 조선의 1차 수신
사 행렬과 그 모습을 지
켜보는 장면 삽화

으로 이어진다. 일본의 부국강병을 자랑하는 모리야마에, 국가가 부강
해 외환이 와도 조선에 도움을 바랄 일이 없을 텐데 이렇게 정성스러우
니 조선의 조정이 감동할 것이라 한 답도 일본의 표리부동을 이미 경험
해본 조선 지식인의 쓴소리로 들린다.

사실 일본 측의 계획과 영접 과정에서 관람을 유도한 노력은, 조선이
일본의 신식 문물을 배워 근대 문명 사회로 들어오게 함으로써 그동안
중국을 중심으로 형성되었던 국제 관계에서 조선을 벗어나게 하려는 의
도의 일환이었다. 일본이 새로운 동아시아 관계를 주도하고, 조선은 일
본과 함께 러시아를 견제하자는 메시지 역시 담고 있었다. 근대화의 성
과를 통해 조선에 대한 자국의 영향력 확대를 꾀한 것은 물론이다.

물론 김기수가 국제 관계 성립을 염두에 둔 일본의 깊은 의도까지야
알 수 없었을 것이다. 그러나 당시 조선의 조야는 그간 역사 속 행태를
기준으로, 일본은 여전히 신뢰하기에 위험한 대상임을 직감하고 있었
다. 김기수 역시 신중하면서도 긍지를 잃지 않는 태도로써, 그들이 원하
는 만큼 조선이 할 수 없고 그것은 일본 또한 마찬가지라며, 비록 지금

죽더라도 기이하고 지나친 기술을 다른 자보다 잘하려 다투고 싶지 않다고 한다. 근대적 조약 체결이라는 파견의 결정적 계기와 근대 문물 관람에도 불구하고, 선뜻 일본의 제안을 반기고 수긍할 수 없던 당시 조선 지식인의 고민이 서려 있는 답이었다.

24일 전별연에 참석한 사절은 26일 요코하마로 가서 승선해 요코스카 항에 정박한다. 윤5월 1일 배가 석탄을 실으려 고베항에 정박하자 일본 측은 오사카의 조폐료 관람을 제의했지만, 김기수는 이 또한 거절했다. 4일 시모노세키에 정박했다 출발한 이들은 풍랑으로 쓰시마를 들러 부산으로 향한다. 7일 부산에 돌아와 동래에 머무르다 6월 1일 서울로 돌아왔고, 1차 수신사행은 그렇게 막을 내린다. 이전 통신사 때와 비교하면 매우 짧은 시간. 그동안 외교뿐 아닌 시찰, 견문, 정탐 등 활동을 수행하고 돌아온 약 8개월 뒤, 28항목 339칙과 후서로 구성된 4권의 견문록 『일동기유』가 김기수의 붓끝에서 탄생했다. 그는 훗날 늙어 낙향하면 콩밭이나 채소밭 사이에서 먼 나라의 기이한 이야기를 나누기 위해 썼다며 기록을 마무리한다.

"일의 성과 대신 신의를 먼저하고, 늦더라도 조심스럽게 논의를 통해 판단한다." 놀라운 근대 문물을 강제로 시찰 당하는 와중에도 아니 어쩌면 그랬기에 김기수가 피력한 조선의 규율은, '효율성'이라는 근대 패러다임 내에서 조선이 뒤처지는 결과를 초래했을지도 모른다. 조선과 일본이 걸어온 '근대화'라는 길에서 겪은 역사의 차이로 증명되었다고도 말이다. 물론

김기수의 『일동기유』

19세기 세도정치로 대표되는 조선 지배층의 부정부패는 차치하고.

그러나 21세기를 지나는 현재에도 당시 일본 정부가 내렸던 판단이 계속 절대적일까? 신의 대신 성과를 먼저로 한 대가가 가져온 수많은 악한 결과물들이 어떤 역사를 만들어냈는지 세계대전이라는 경험치를 쌓고 도달한 현재가 아닌가. 그리고 그 과정에서 일본이 어떠했으며 그 결과 어떤 모습인지 보고 있지 않은가. 아픈 결말과 함께 묻힌 조선의 '가치'들을 찾아 먼지를 털어내고, 배우며 전하기를 기대할 수도 있는 이유인 것 같다.

"하물며 교묘하지 않은 기술이 없고 정교하지 않은 기예가 없어 대자연의 이치를 다 이용하여 다시 여지가 없게 되었으니 겉모양을 본다면 위에 진술한 여러 조목과 같이 이보다 더 부강할 수는 없으나 가만히 그 형세를 살펴본다면 또한 장구한 술책이라고는 할 수 없사옵니다."[57]

일본의 부강은 그의 예상과 달리 생각보다 오래갈 듯하지만, 그럼에도 그 시절 고종에게 올린 김기수의 전언이 큰 울림으로 다가오는 현재다.

---

57) 金綺秀, 앞의 책, p.273.

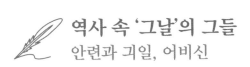

역사 속 '그날'의 그들
안련과 긔일, 어비신

1880년 2차 수신사로 파견된 김홍집은 일본 주재 청 참사관 황쭌셴의 『조선책략』을 가져와 고종에게 헌상한다. 러시아의 남하를 막기 위해 '중국과 친하고(親中國) 일본과 관계를 맺고(結日本) 미국과 연계하는(聯美國)' 외교방책을 권하는 내용이었다. 실상 이를 통해 국제정세를 청에 유리하게 끌고 가려는 속내였지만, 이를 받아들인 조선 정부는 미국과 수교를 추진한다. '고요한 아침의 나라', '은둔의 왕국' 조선이 서구 제국주의의 서세동점이란 거센 파도에 휩쓸리게 된 계기였다.

세 사람이 있다. 안련(호러스 N. 알렌·1858~1932)과 긔일(제임스 S. 게일·1863~1937), 어비신(올리버 R. 에비슨·1860~1956). 미국을 비롯해 서양 각국과의 수호조약이 체결되면서 기독교 선교사로 들어온 일명 '서양인'인 이들은 19세기 말 한반도를 경험했다. 한국 근대사의 역사적 그날을 지켜보고 그것을 기록으로 남긴 공통점도 있다. 조선의 마지막 모습은 이들에게 어떤 위치에 어떻게 아로새겨졌을까? 그들의 눈에 비친 조선의 결말은, 조선 사람들의 모습은 어떠했을까?

제국주의 침략의 물결 속에서 일렁이며 좌초하던 조선을 이방인의 눈으로 기억하는 것은 그리 달가운 일이 아니다. 근현대사에서 일본을 비롯한 서양인은 대체로 가해자나 혹은 시혜자 역할에 맞는 시선으로 한국을 판단했다 여기기 때문일 것이다. 하지만 그 부족한 이해가 가지는 한계를 잠시 접어 둔다면, 스스로 자각하지 못했던 우리 민낯을 찾아주기도 함을 알 수 있다. 그리고 때로는 다른 사람의 눈으로 타자화시키는 중에 형상화된 우리 모습이 실제에 더 가까울 수 있음도.

일렁이는 조선, 그 속에 뛰어들다

『조선책략』 유포에 유생들은 위정척사 운동으로 저항했다. 조일수호조규 체결 시에도 그러했듯 일본을 비롯한 서양과의 통교를 조선에 심각한 위기로 인식했기 때문이다. 1만 3천 명의 영남 유생들이 규탄한 일명 「영남만인소」를 시작으로 전국 각지의 유생이 척사 운동에 동참한다. 고종은 이만손을 비롯한 주동자를 유배시키고 과격한 내용을 주장한 홍재학은 처형하는 등 강경책을 구사하며 1882년 4월 조미수호통상조약(이하 조미조약)을 체결했다. 그러나 사회적 합의를 거치지 않은 정책 추진에는 후유증이 있을 수밖에 없었고, 이는 몇 개월 못 가 결국 임오군란으로 폭발했다.

정부는 보수층을 설득할 수밖에 없었다. 서양 종교는 용인해서는 안 되지만 서양에 대적하기 위해서라도 유용한 문물을 수용해야 한다는 '동도서기(東道西器)' 정책을 내세우면서 말이다. 동도서기론자들이 전면

인천의 화도진 공원
1882년 조미수호통상조약이 체결되었던 현장으로 1982년 한미수교 100주년을 맞아 공원으로 조성되었다.

에 나서면서 위정척사론에 대항하는 주요한 흐름으로 자리하게 된 배경이다. 흥선대원군에 맞서 고종이 친정체제를 구축하는 과정 중 힘을 더한 왕비의 여흥 민씨 가문이 중심 역할을 맡았다.

　이른바 '급진개화파'는 척사론과 정부의 개화 정책이 갈등을 빚는 가운데 등장한 지식인이다. 일본에서 유행하던 문명개화론의 영향을 받은 이들은 임오군란 이후 청의 영향력 강화에 반감을 느낀다. 특히 친청파(동도서기론자)에 밀려 입지가 축소되자 불안감이 가중되었고 결국 정변으로 이어졌다. 김옥균을 필두로 박영효, 홍영식, 서광범, 서재필 등 급

갑신정변을 일으킨 급진개화파
왼쪽부터 박영효, 서광범, 서재필, 김옥균

진개화파에 의해 1884년 12월 4일(음 10월 17일) 발생한 갑신정변은 민태호 등 많은 동도서기론자를 죽음으로 몰아갔다. 국왕과 왕비 역시 일종의 '억류'를 당하면서 정국의 향방은 가늠조차 할 수 없었다. 그러나 그 날 밤은 앞으로 수많은 역사적 격랑에 휘말릴 19세기 말 조선의 중심에 서양인들이 뛰어들 수 있는 결정적 계기가 되었다.

"어젯밤, 서울에 거주하는 외국인들에게는 아주 중대한 사건이 발생했다.……사건(갑신정변) 발생 경위를 설명하기를……외아문 관리들이 모두 참석하여 저녁을 막 드는 순간 갑자기 불이야 하는 고함 소리에 놀라 동석했던 왕비의 친정 조카이며 그 당시 가장 영향력 있는 정치지도자인 민영익이 불난 곳을 알아보기 위하여 밖으로 뛰쳐나갔다가 신원미상의 어떤 자객에게 칼을 맞고 쓰러졌다는 것이다.……나는 사건 현장으로 급행했다.……나는 피가 흐르고 있는 측두골 동맥을 관자놀이로 이어 명주실로 봉합하였고, 귀 뒤 연골과 목 부분, 그리고 척추도 모두 봉합했다. 그는 너무나 탈진 상태에 있었으므로 지혈을 그런 식으로 하지 않을 수 없었다. 팔꿈치에서 팔뚝까지 약 8인치의 깊은 상처도 명주실로 네 바늘 꿰매었다.……만약 그가 몸을 피하지 아니했더라면 목이 달아났을 것

이다. 나는 새벽 2시에서 3시까지 한 시간 동안 내 가족을 돌보기 위하여
집에 다녀온 것을 빼고는 밤새도록 그를 치료하며 간호했다."(1884년 12월
5일)58)

　　민영익 치료를 위해 궁중 의원들이 동원되었지만, 해부학에 대한 지
식이 없던 그들은 생명을 위협하는 유혈조차 멈출 수 없던 상황이었다.
그를 살린 것은 당시 26세의 미국인 의사 호러스 뉴턴 알렌. 한국식으로
안련이라 불린 그는 선교를 위해 미국을 떠난 1883년부터 1903년까지
일기를 남겼고 갑신정변의 그 밤 역시 포함되어 있었다.

　　미국 오하이오주 델라웨어 출신인 안련은 웨슬리언대학교 신학과와
마이애미 의과대학을 졸업했다. 1883년 북장로교회 의료 선교사로 중국
에 건너가 상하이(상해)에서 근 일 년 가까이 체류하고 있던 차에 조선
선교사업 시작이 결정되면서 파견
을 요청했고, 1884년 7월 22일 자
로 조선 최초의 개신교 선교사로
임명된다. 아내를 상하이에 남겨
두고 9월 20일 수도 한양에 도착한
그는 당시 주한미국공사 푸트를 찾
았다. 공사는 조약 규정에 선교에
관한 언급이 없어 선교 활동은 보
장할 수 없으나 공사관 소속 의사

안련

---

58) H. N. 알렌, 金源模 譯, 『舊韓末 激動期 祕史 알렌의 日記』, 檀國大學校 出版部, 1991. pp. 29~31.

로 임명할 수 있다는 대안을 제시했다. 정변이 일어난 것은 공사관 건물 옆 한옥 한 채를 산 그가 서구식 생활에 맞도록 수리한 후 가족을 데려온 지 3개월이 채 지나지 않아서였다.

조선 사정을 온전히 알 겨를이 없던 와중에서도 안련은 책임을 완수한다. 심지어 푸트 가족을 비롯해 한양 주재 모든 외국인은 인천 제물포로 대피, 함정을 대기시키고 사태가 악화하면 일본으로 철수할 참이었다. 그러나 안련은 대피 대신 홀로 남아 청일 양군의 부상병들을 돌보았고 결국 민영익의 치료에도 성공한다. 이에 진단이나 치료를 받기 위해 찾아오는 조선인들이 급속도로 늘어나면서 진료할 건물을 물색해 사용 허가를 받기에 이른다. 1885년 조선인을 위한 최초의 현대식 병원 '광혜원(은혜를 널리 베푸는 곳. 개원 12일 만에 대중을 편안케 한다는 제중원으로 이름을 바꿈)'은 그렇게 출발했다.

제중원(1886년)
안련이 홍영식 집을 병원으로 사용했을 당시의 모습

안련은 전의(典醫)로 임명되면서 조선 왕실을 중심으로 벌어지는 일들을 목격할 수 있었고, 거류 외국인 사회는 이들 부부를 대거 환영했다. 심지어 그가 받은 왕실의 전폭적인 신임은 이후 입국하는 개신교 선교사에게 더할 수 없는 도움이 되기도 했다.

사실 안련이 조선에 들어왔던 시점은 『척사윤음』(1839년 천주교 배척을 위해 백성에게 내린 어명을 모은 책)의 효력이 여전했던, 즉 천주교가 사교로서 포교가 일절 금지되어 있던 때였다. 더군다나 조미조약에는 개신교의 자유를 보장하는 조항이 없다. 그런데도 개신교 관련 활동이 탄압으로 연결된 것은 조선사에서 찾기 힘든데 이는 놀라운 일이다. 과거 천주교 유포과정에서는 신해박해(1791)로 시작해 신유박해(1801), 병인박해(1866) 등 참혹한 탄압이 이어졌기 때문이다. 결과적으로 광복 전까지 한반도에는 무려 1천 5백여 명의 개신교 선교사가 들어와 교육과 의료 등 근대화와 관련된 활발한 활동을 벌일 수 있었다. 안련의 민영익 치료와 그로 인한 신뢰 획득이 이들의 물꼬를 튼 결정적 역할을 한 셈이었다.

급진개화파는 갑신정변 발발 후 3일간 '14개 조 개혁 정강'으로 대표되는 근대화를 향한 수많은 법령을 제정, 공포한다. 고종과 왕비를 '보호'하는 데 성공했기 때문이다. 그러나 이에 반발하는 조선인과 청의 위안스카이(원세개)로부터 자신들을 지켜줄 군대는 없었다.

"이틀 동안 왕가는 외부와 연락이 두절 되었지만 사악하나 지략이 풍부한 왕비는 마침내 외부와 접촉하는 데 성공했으며 이 결과 혁신 정부의 전락을 가져왔다. 서울에 체류 중인 청국 장군 원세개에게 구원을 호소하는 쪽지를 보낸 왕비의 방법은 참으로 교묘한 것이었다. 왕비는 쪽지에 별궁을 수비하는 일본 군대가 소수임을 알리고 청국 군대를 데리고 와서 왕비가 '폭도' 혹은 '반역자'라고 지칭한 개화당의 구금으로부터 구출해주기 바란다고 했다. 왕비는 그녀의 방에 음식이 제공되었을 때 탁자 위 빈 접시 바닥에 쪽지를 붙여넣어 부엌으로부터 외부로 전달하게 했던 것이다.……원세개는 왕비를 구금하고 있는 병력을 알게 되자 지체하지 않고 왕비 구출에 나섰다. 2천 명을 거느리고 별궁으로 진군하여 대문 호위병을 향해 총을 쏘았다. 이 일은 12월 7일 오후 4시경 일어났으며 우리 모두는 크게 놀랐다."[59]

갑신정변의 주요 인물 중 한 명인 서재필(1864~1951)의 기록은 정변 실패 과정을 구체적으로 보여준다. 급진개화파는 목숨을 잃거나 국외로 망명하는 등 축출되는데, 이에 누구보다 큰 타격을 입은 것은 고종이었다. 그의 정책을 지지하던 중요한 두 축인 동도서기론자와 급진개화파가 무너져버렸기 때문이다. 이제 '개화'라는 말은 입에 담을 수조차 없는 분위기가 되었다. 청의 내정간섭은 심화할 것이고, 외세를 견제하기 위해 고종이 다른 국가에 반복적으로 손을 내민 대가는 참혹할 터였다.

1882년 23세의 위안스카이는 임오군란 당시 조선에 들어와 대원군을 체포해 청으로 압송하고 군란을 진압하며 두각을 드러낸 인물이다. 갑신정변 역시 진압한 그는 청의 전권대사로 조선 조정에 막강한 영향력을 행사한다. 청 군대가 주둔한 용산을 근거지로 삼아 내정간섭을 자행했는데, 상국인 청에 대한 조선의 예속을 당연시했고 근대화를 철저히

59) Oliver R. Avison, 에비슨記念事業會 譯, 『舊韓末祕錄』上, 大邱大學校 出版部, 1984, p. 89, 서재필 기록 재인용.

방해했다. 청일전쟁 발발 즈음 본국 소환 형식으로 귀국할 때까지 10년 간 조선의 독자적인 경제 발전, 외교 등에 훼방을 놓았다. 긔일이 입국 한 1888년, 조선의 상황은 그러하던 중이었다.

1928년 은퇴해 영국으로 갈 때까지 조선에서 선교와 교육, 저술 활동 을 벌인 제임스 스카스 게일. 그는 매우 특이한 서양인이다. 캐나다 온 타리오주에서 출생한 그는 1888년 토론토대학교를 졸업한 뒤 선교사로 조선에 들어왔다. 당시 안련을 비롯한 서양인들은 대체로 서울 정동을 중심으로 모여 살며 활동했다. 그런데 그는 조선에 입국하자 곧 서양인 이 살지 않는 곳에서 보통 조선인과 어우러져 생활하며 사랑방에 앉아 한학을 공부했다. 틈만 나면 조선 곳곳을 다니고 살펴, 서울에서 인천, 대구, 부산, 원산, 개성, 평양, 의주 등 한반도는 물론 요양, 심양 등 만 주 지역에까지 발길이 가닿는다. 한국식 이름 긔일(奇一)이 어울리는 행 보와 생각이 아닐 수 없으니, 1898년 펴낸 『KOREAN SKETCHES』(한국어 판 『코리언 스케치』)에 조선인의 모습이 생생하게 남겨진 까닭이다.

그는 거적에 싸서 양지바른 곳에 내다 둔 채 매장을 기다리던 시체가 널려 있던 조선 에 대한 경악과 개고기를 먹지 않는다는 자 신의 말에 '바보인 것이 틀림없다'라고 생각 하는지 못마땅해하던 조선인 안 씨의 눈초리 에 대한 기억을 적었다. 하지만 점차 복숭아 뼈가 발뒤꿈치보다 딱딱해질 때까지 양반다 리를 하고 앉는 것에, 프라이팬 같은 온돌방 바닥에서 '구이'가 되는 것에도 익숙해진다.

긔일의 『KOREAN SKETCHES』(1898년) 표지

일곱 시 출발을 위해 새벽 한 시면 일어나 조랑말 먹일 죽을 만들기 시작하고, '독립'보다는 '함께' 다른 인간과의 '관계' 속에서 삶을 영위하며, 혼자 있으면 두 배로 편할 상황에서도 불편함을 감내하며 반드시 함께 어우러지는, 조상과 부모 그리고 국왕에 대한 마음이 어느 종교보다 각별하고, 글 잘 쓰는 사람을 대우하는 그런 조선인에게 애정을 가지게 된다. 한국어에 능통하게 된 그는 한문과 조선의 역사와 문학, 풍습 등에 놀라울 만한 식견을 소유하게 되었으며 한국을 특히 '문필의 나라' '군자의 나라'로 여겼다.

> "여기서(해주) 내가 사귄 사람들은 딴 데서 내가 사귄 조선인들과 다름없이 지적이고 재미있는 사람들이었다. 신비스런 점은 이 많은 총명한 사람들이 수준 낮은 문명에 만족해 왔다는 사실이다. 그 이유는 유교가 비참하게 여겨질 만큼 가난한 생활을 오히려 상찬했다는 데 있는데, 그들의 생활에는 도(道)의 미점(美點)이 잘 나타나 있는 셈이다."[60]

괴일은 이 땅에 발을 내디딘 지 불과 7년 만인 1895년 존 번연의 『The Pilgrim's Progress』를 순우리말로 번역해 『텬로력뎡』(천로역정)이라는 제목으로 출간한다. 한국 최초의 서양문학 번역 작품이었는데, 그의 손끝에서 조선과 서양을 잇는 많은 작품이 번역되기에 이른다. 풍속화가 김준근이 그린 『텬로력뎡』 삽화의 등장인물들이 한복 차림에 갓을 쓰고 있듯이, 그는 신앙도 조선식으로 전하고자 했다. '여호와' '신'에 해당하는

---

60) 제임즈 게일, 張文平 譯, 『코리언 스케치』, 玄岩社, 1971, p. 24.

호칭에 대해 '천주', '상제'를 주장한
다른 선교사들과 달리 순우리말이면
서 사람들이 이미 많이 쓰고 있던 '하
나님'이라는 용어를 채택한 것도 같은
맥락이다.

『텬로력뎡』(1895년)

조선인과 조선 음식을 함께 먹고,
걷거나 조랑말로 한반도를 무려 25차례나 여행하면서 그 누구보다 조선
을 알고자 했던 긔일의 열심은 한국 근대사의 역사적 자리에도 그를 위
치시켰다. 1894년 동학농민운동 소식을 접한 그는 원산에서 청일전쟁
격전의 순간을 겪었다. 갑오개혁의 시행까지 일본이 청을 조선에서 몰
아내는 과정을 목격한다.

"개항은 늙은 조선에 대해 조종을 울렸다. 그 문호를 통해서 들이닥친 외
세는 결코 물러설 줄을 모르는 적이다. 그래서 은국이기를 고집하던 조
선은 그 고집을 더 이상 계속할 수 없는 처지에 놓여 있다. 현재의 상황
은 조선의 독자적인 생활 수단뿐만 아니라 사회제도를 파괴하려고 위협
하고 있다.……조선이 서구화하기 시작한 때에는 참으로 끔찍한 악몽을
겪었는데, 그것은 동학란(동학농민운동)으로 시작해서 청일전쟁으로 이어
지고, 왕비가 시해 당할 때에 끝났다."[61]

61) 제임즈 게일, 앞의 책, p. 232.

1880년대 후반의 주한 미국 공사관

좌초하는 조선, 그 순간을 기억하다

조선과의 국교가 처음 열렸을 때 조선 주재 미국 관리들은 자주 본국을 다녀와야 했다. 공사가 부재중일 때, 안련이 공사의 업무를 으레 대행하곤 했다. 당초 서기관에서 시작한 그가 초대 미국대사로 한국 생활을 마치게 된 이유였다. 1893년 미국 공사관 서기관이 된 안련은 미국 관리가 한 나라의 국왕과 사적인 관계를 지속하는 것은 적절치 못하다는 판단에 따라 전의 직을 수행할 수 없게 된다.

---

62) 대한제국과 일제강점기 당시 한국에서 활약한 미국 출신의 선교사로 한국에 장로회를 전도한 최초의 목회 선교사. 일제에 의해 반일 인사로 여겨질 만큼 일관되게 한국인 편에 서 친일 성향 선교사나 일제와 갈등을 겪음. 언더우드 가문은 한국에 남아 3대 동안 의료 선교와 교육 발전에 기여. 4대손은 광주민주화운동을 해외에 알려 전두환 정권에 의해 강제 추방당함.

전의로 추천받은 올리버 R. 에비슨, 어비신이라는 한국식 이름의 그는 영국 요크셔에서 출생, 캐나다로 이주해 토론토의 온타리오 약학교를 졸업했다. 토론토대학교 의과대학에 편입한 뒤 1887년 졸업해 교수 생활을 하던 차에 1892년 선교 모임에서 만난 호러스 그랜트 언더우드62)(한국식 이름 원두우·1859~1916)에게서 선교사 제안을 받는다. 교수직을 사임하고 1893년 의료 선교사로 한국에 들어와 있었는데, 고종의 옻 중독을 치료하며 신임과 명성을 얻는다. 돈독한 이 둘의 관계는 이후 15년 동안 계속되었다. 제중원 책임자로도 임명된 그는 1935년 귀국할 때까지 조선 근대 의료와 의학 교육의 개척자로 세브란스 의대, 연희전문학교 등을 맡기도 한다.

　『구한말비록』은 무려 42년 동안 한국에 산 어비신이 직접 겪거나 들은 이야기다. 타이프 용지 총 675매의 수기 형식으로 영문 약 20만 단어에 이르는 방대한 기록이다. 고종이 믿고 의지해 가까이서 부를 수 있는 외국인이었다는 점에서 당시 조선 왕실 관련 기록으로 희소성을 가진다. 그뿐 아니라 윤치호, 이승만, 이토 히로부미, 데라우치 마사타케, 사

언더우드가(家) 기념관

이토 마코토 등 당대 역사적 인물들에 대한 생각과 관련 일화 등이 담겨 있고, 조선의 생활, 휴양지, 농업, 운동경기, 안경, 우유, 시장, 머리카락, 전염병 등 일상에 대한 묘사 역시 상세하다. 그 역시 긔일처럼 긴박하게 돌아가던 1895년 조선의 한 부분이었던 자신을 『구한말비록』에 기술했다.

청일전쟁에서 압도적인 승리를 거둔 일본은 청과 시모노세키 조약을 체결한다. 지난 십 년 동안 조선을 간섭했던 청 대신 일본이 그 자리를 차지하면서 다시금 조선 왕실은 불안과 공포를 느끼기 시작했다. 삼국 간섭으로 일본이 랴오둥반도를 반환하게 된 것을 보고는 러시아의 힘을 빌려 일본을 견제하려 한다. 러시아 공사 베베르와 비밀리에 접촉하는 등 친러 외교의 중심에는 민비가 있었고, 이것이 당시 『한성신보』의 일본인 편집장이 밝혔듯 살해 이유가 되었다.

"조선과 러시아와의 관계를 이대로 방치한다면, 일본 세력은 완전히 한반도로부터 배척당해 조선의 운명은 러시아가 장악하게 될 것이다. 이것은 단순히 반도의 위기일 뿐만 아니라 진실로 동양의 위기이며 또한 일본제국의 일대 위기라고 말하지 않을 수 없다. 이런 형세의 변동을 눈앞에 보는 사람이라면 어찌 분연히 궐기하지 않을 수 있겠는가.……궁중의 중심인물인 민비를 제거하여 러시아와의 결탁할 당사자를 없애는 수밖에 다른 좋은 방법은 없다."[63]

---

[63] H. N. 알렌, 앞의 책, p. 350.

1895년 10월 8일(음 8월 20일) 새벽 귀일은 궁궐 쪽에서 총소리가 나서 잠을 깬다. 무슨 일이 일어났는지 가 보니 광화문이 열려 있고 어수선하게 헝클어진 차림의 사람들이 밖으로 나가고 있었다. 일본 군대 역시 안에서 나오는 것이 보였는데, 조선군 훈련대장 홍계훈이 바로 그가 서 있는 곳에서 반 시간 전에 살해됐다는 얘기가 들려왔다. 당시 상황은 확실치 않았으나 일본인들이 궁궐을 완전히 점령한 것은 분명했다. 그날 늦게서야 왕비가 살해되었다는 소문이 나돌았는데, 시해 사건(을미사변)에 관해 들은 어비신 역시 아연실색했다.

"이 사건은 도성의 조선인뿐만 아니라 거류 외국인 사회를 분기하게끔 했다. 이 사건으로 인해 외국 공관원들은 너무나 혼미하여 황제를 보호하기 위해 거류 외국인 모든 남자들로 조를 편성했다. 매일 밤 두 명의 외국인이 궁궐 내 황제의 부르심에 응할 수 있는 거리에 있다면 황제의 목숨을 노리는 기도는 없을 것이라고 느껴졌다.……나 역시 황제를 보호하기 위해 선발된 외국인 중 한 사람이었다.……거의 모든 외국 공사들은 다 같이 시해 사건을 비난하고 새 내각을 인정하지 않기로 결정했다."[64]

안련 역시 마찬가지였다. 사실 청일전쟁 당시 일본공사 이노우에 가오루는 불안해하는 조선 왕실에 "왕실에 대한 반역행위가 있을 시 일본 정부는 무력을 써서라도 기필코 조선 왕실을 보호할 것"이라 언명한 바

---

64) Oliver R. Avison, 앞의 책, pp. 42~44. 대한제국 이전이므로 '국왕'으로 표기해야 하나, 원 번역 그대로 '황제'를 사용함.

있었다. 이를 전해 들은 민비는 안련에게 그의 말이 거짓이 아닌가 문의한다. 안련은 일국을 대표하는 공사의 발언은 공신력이 있기에 거짓말이 아니라고 전제하면서 "일본이 세력을 잡고 있는 한 왕비와 왕세자는 폭력을 두려워할 필요가 없다"고 단언했던 터였다.

그러나 이노우에가 소환된 대신 부임한 미우라 고로는 호전적 팽창주의자였다. 미우라는 부임 한 달 만에 경복궁에 침입해 민비와 주변 인물들을 무자비하게 학살하는 만행을 저지른 것이다. 만약 안련이 공사의 왕실 보호 발언은 믿지 못할 것이라 진언했다면 민비는 임오군란 때처럼 미리 피신했을지 모를 일이다. 이에 안련과 이노우에 공사는 시해를 도와준 격이 된 셈이니, 안련이 일본의 배신행위와 왕비 시해에 특히 분노한 까닭이다. 그는 사건을 규명해 미우라 공사가 주범임을 폭로했고, 고종과 친러 인물들을 보호하려고 한다.

그일 역시 왕의 거처에 가까이 있어 이 비극적인 사건의 내막을 파악할 수 있었다. 그야말로 절망에 빠진 고종은 일본인들이 왕비를 죽였다고 하면서 보복해 줄 사람에게 자신의 머리털을 잘라내어 신을 삼아 주겠다 할 정도였다. 그러나 강대국이 일본에 선전포고를 하지 않는 이상 그를 구할 수는 없었다. 그저 러시아, 영국, 미국이 이 사태를 비난하고 최대한의 유감만 표명할 뿐, 궁궐은 일본에 의해 철저하게 감시되고 있었다.

"황제께서는 적들이 매수하여 함부로 다루지나 않았을까 하여 궁궐에
서 마련된 음식을 잡수시기를 두려워하셨기 때문에 황제께 드리는 음식

---

65) Oliver R. Avison, 앞의 책, p. 44.

미국·러시아 공사관과 수옥헌
1899년 아펜젤러가 촬영. 왼쪽 끝 흰 탑이 러시아 공사관, 오른쪽 한옥이 미국 공사관. 그 사이가 왕립도서관 경운궁(현 덕수궁) 수옥헌이다. 1901년 화재 이후 2층 벽돌 건물로 바뀌고, 1904년 덕수궁 본궁 화재 후 고종이 이곳에 거하면서 중명전으로 개칭된다.

은 모두 언더우드 씨 집 부엌에서 마련되어 어느 누구도 독을 넣지 못하도록 금고에 담아 자물쇠를 채우고 목사 자신이 궁궐로 운반하여 황제께 직접 진상했었다. 음식에 관한 한 전의인 나 자신도 황제에게 접근할 수 없었다."[65]

연금당한 채 암울한 하루하루를 보내던 고종과 세자는 1896년 2월 11일 이범진의 주도하에 궁녀의 가마를 타고 가까스로 경복궁을 탈출한다. 러시아 공사관으로 이동한 '아관파천'은 1년여 동안이나 이어질 터였다. 괴일은 이로써 땀과 눈물을 바친 일본의 노력이 연기 속으로 사라졌다고 표현한다. 일본 대신 러시아가 조선에 영향을 미치는 자리를 차지하면서, 민비 시해를 통해 달성하고자 했던 그들의 목표가 물거품이 된 듯 보였기 때문이다.

명성황후 국장 행렬(1897년)
현 덕수궁 '대한문'인 '대안문' 앞의 행렬. 경운궁의 정문은 본래 인화문이었으나 덕수궁 화재 이후 1906년 재건하면서 동쪽의 '대안문'을 '대한문'으로 개칭하고 정문으로 삼게 된다.

　　독립협회의 요구 등에 힘입어 이듬해 2월 20일 환궁한 고종은 10월 12일 원구단에서 천제를 올리며 '대한제국'을 선포한다. 창건 직후의 첫 주요 행사는 명성황후로 추존된 민비의 장례식이었다. 1897년 11월 22일. 궁궐에서 동대문 밖 홍릉까지 대규모 장례 행렬이 이어진 그 날은 을미사변 후 무려 2년이 지난 뒤였다.

　　"거류 외국인들은 행차에는 참가하지 않았으나 행렬이 지나가는 것과 그 장엄함을 지켜볼 수 있는 곳을 찾았으며 또 오후에는 많은 사람들이 능 주변에 임시로 세워진 마을로 그들에게 할당된 곳을 찾아갔다. 여기서는 음식을 원하는 사람에게는 능숙한 조선인 요리사가 장만한 최고급 외국 요리가 제공되었다. 이 모든 것이 우리들에게는 놀라운 일이었다. 우리는 관을 안치할 구덩이로 끌어올리기 위한 마무리 작업과 영혼들의 호의를 간절히 빌기 위해 마련된 음식, 꽃, 그 밖의 여러 가지 물건 등 제물을 구경하며 오후를 보냈다.……징 소리가 나자, 나는 일어섰다. 높다란 능위로 올라가는 도중에, 나는 '롤러' 위에 놓인 육중한 관을 많은 사람들이 가파른 능 위로 힘주어 당기고 또 한편 밀고 있는 광경을 보았다. 놀랍게도 황제께서 직접 이 일을 진두지휘하시고, 다른 이들과 같이 수고하고 계셨다."[66]

어비신의 기록에 따르면 민비는 시해된 지 50여 일 지나서야 유해가 확인되었다. 유골 조각이 있는 재를 수습해 관에 넣고 능이 마련될 때까지 궁궐 내 임시 묘소에 안치했던 동안 고종은 매일 그곳을 찾았다고 한다. 당시 입궐과 알현이 허락된 유일한 외국인 어비신이 거의 매일 입궐했던 터였기에 기록으로 남은 것인데, 장례식에도 황제가 하관과 봉분 작업을 직접 지휘했다 한다. 모든 것이 끝난 다음 날 황제와 황태자는 특별히 준비한 다과회 석상에서 외국인들을 직접 만나 감사를 표한다. 돌아오는 길의 외국인들은 비록 슬픈 일이긴 하지만, 다시 볼 수 없는 장면을 아주 가까이에서 목격했다는 사실을 새삼 깨닫는다.

국체를 탈바꿈하고 광무개혁을 실시하기도 했지만 실상 대한제국의 앞날은 어둡기만 했다. 이미 아관파천 이후 러시아를 비롯한 열강의 이

---

[66] Oliver R. Avison, 앞의 책, pp. 60~61.

권 침탈은 심각한 상황이었다. 게다가 당시 세계 곳곳에서 러시아와 '그 레이트 게임(중앙아시아의 패권 차지를 위한 대영제국과 러시아 제국 간의 경쟁)'을 벌이고 있던 영국은 동북아시아에서 러시아의 남하를 막을 파트너로 일본을 택했다. 제1차 영일동맹(1902)을 통해 그동안 외교 방침 이던 '화려한 고립' 정책에서 탈피하면서 말이다. 영국의 이 같은 지원에 힘입어 일본은 제국 러시아와 전쟁을 획책하고 있었다.

안련이 워싱턴행을 단행한 1903년은 이처럼 러일전쟁 직전 긴장이 고조되던 때였다. 그는 당시 미국 대통령 시어도어 루스벨트에게 '친러 반일' 정책을 직접 건의하고자 했다. 러시아에 대한 정확한 정보를 수집하기 위하여, 일본을 경유해 태평양을 건너는 대신 새로 개통된 시베리아 대륙횡단철도 여행 후 유럽을 관통해 대서양을 건너는 길을 택했다.

9월 30일 루스벨트와 벌인 정책 토론에서 안련은 대통령의 '친일 반러' 정책을 반박하며 '친러 반일 친한' 정책을 개진한다. 한국을 '폭풍의 중심'으로 간주한 그는, 강대국이 한국 지배를 위해 치열한 각축전을 벌이는 가운데 미국은 일본의 대륙침략 기도를 봉쇄하는 정책을 취해야 한다고 보았다. 청은 청일전쟁 패배로 종이호랑이로 전락했고, 러시아는 일본과 전쟁을 하더라도 승산이 없다. 러시아의 낙후된 경제, 형식에 얽매인 관료주의로는 신흥 일본을 이길 수 없다고 판단했기 때문인데, 현지 여행을 통해 얻은 날카로운 결론이었다.

러일 양국이 미국의 도움을 바라는 상황에서 일본을 도와준다면 그들은 일차적으로 한

조미조약 제1조 '거중조정' 조항

국을 정복, 지배하고 곧이어 만주에서 경제적 이권을 독점할 것이다. 일본을 돕는다는 것은 물리적 지원만이 아닌 조미조약의 '거중 조정(한쪽이 제3국과 문제가 생겼을 경우 조약 상대국이 나서 원만하게 사태를 처리함)' 조항을 폐기해 한국에 간섭하지 않음으로써 일본의 한국 침략을 '방관한다'는 의미이기도 했다. 안련이 조미조약 제1조 '거중 조정' 조항 준수를 대통령에게 역설한 이유였다.

"한국과 같은 '폭풍우의 중심'에 주답(駐劄)하고 있는 전권공사이지만, 이곳에서 너무 멀리 떨어져 있는 약소국의 공사이기 때문에 워싱턴에서는 중요하지 않은 시시한 인물로 간주되고 있는 것 같다. 그것은 마치 강물과 같아서, 강의 발원지에 가까이 갈수록 물줄기가 가늘어지는 것과 같다."(1903년 10월 2일)[67]

루스벨트가 베푼 환영연에 대한 심정을 이렇게 기록한 그는 정책 대결에서 끝내지 않고 이후 언론에 대통령의 대아시아 정책이 실책이라는 반정부 공개 발언을 했다. 격노한 대통령은 안련을 즉각 파면 조치하려 했으나 당시 국무장관 존 헤이가 만류했다.

"나는 동경에 있을 때 국무성으로부터 전문 훈령을 접수한 바 있었는데, 그 내용은 이 전문에서 '공적 사항에 대해 나의 의견 개진을 삼가라'는 경고 전보였다."(1903년 11월 23일)[68]

---

67) H. N. 알렌, 앞의 책, p. 282.
68) H. N. 알렌, 앞의 책, p. 296.

안련이 한양으로 귀임하는 도중 11월 12일 일본 도쿄에 기착했을 때 접수한 견책 공문에 관한 내용이다. 일기는 여기에서 끝이 났지만 3개월이 채 지나지 않아 발발한 러일전쟁 중에도 일본의 한국 침략을 묵인한 본국에 대한 그의 비판은 계속되었다. 전쟁이 일본의 승리로 향하자 미국 정부는 안련을 해임했고, 포츠머스 조약이 체결되기 3개월 전인 1905년 6월 그는 결국 한국을 떠났다.

안련과 달리 한반도에서 일제강점기도 함께한 어비신이 『구한말비록』에서 19세기 말 조선의 상황에 대해 남긴 평가는 의미심장하다. 당시 조선에는 외교에 능하여 외국 사절을 현명하게 다룰 수 있으며, 도량은 넓으나 부당한 요구에는 확고부동한 지도자가 필요했다. 이를 보필할 현명한 대신들과 결정이 일단 내려지면 이를 지지할 수 있을 만큼 강력한 군대도 마찬가지였다. 그러나 이런 필수조건을 어느 것 하나 갖추지 못하고 있었다고 말이다.

"(조선의) 통치방법은 구식이었고 국왕과 대신들은 서구 문명에 대해서 전혀 무지했으며, 무식하고 빈곤에 찌든 백성들은 나라에 대한 강한 충성심은 있으나 새로운 환경하에 무엇이 필요한지 전혀 알지 못했고 비록 알고 있었다 하더라도 그 지식을 활용할 힘을 가지지 못한 실정이었다. 모든 부는 소수의 양반가가 장악하고 일반 백성들은 부지런히 일하여 이들 양반들을 부양하였으며 따라서 양반들은 한가하고 사치스러운 생활을 영위했던 것이다."[69]

---

69) Oliver R. Avison, 앞의 책, pp. 22~23.

안련의 표현대로 19세기 말 조선은 근대화의 기회를, 양반 측은 도량을 보일 기회를, 군주는 백성이 가진 '정열'의 방향을 이끌고 외국인에 대해 단호하고 분별 있게 대처할 기회를 맞고 있었다. 그러나 이 중 어느 것도 실현되지 못했고, 결국 조선의 역사와 왕조는 피로 얼룩진 실패로 좌초하고 만다. 그리고 그에 대한 '일제강점기'라는 역사적 대가는 고스란히 이 땅의 힘없는 백성이 치르기에 이른다.

제3부

일제강점기를
기록하다

비판과 이해의 갈림길에 서다

윤치호

그는 개화사상을 수용한 한국의 첫 공식적인 도쿄 유학생 중한 사람이다. 갑신정변에 연루되어 중국과 미국에서 유학하고 귀국, 한국 최초로 자기네 노비 문서를 불태웠다. 제대로 된 영어

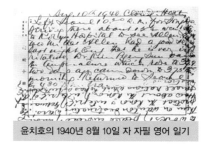

윤치호의 1940년 8월 10일 자 자필 영어 일기

를 구사하면서 주한미국공사 푸트의 통역관 등으로 정부에서 일한 최초의 인물. 3처 2첩에 5남 8녀를 두었고, 1883~1943년 무려 60년 동안 대부분 영어로 쓴 일기를 남겼다. 좌옹(佐翁) 윤치호(尹致昊 · 1865~1945)다.

근대 이후 한국사의 부침 속에서 그는 많은 선택을 해야 했고, 다양한 분야에서 한국 최초라는 수식어가 따라붙기에 줄곧 주목받았다. 역사는 선택의 결과를 말해주며 높임을 받거나 책임을 지게 하는 자리에 위치시켰다. 이로 인해 그의 삶에는 일종의 '주홍글씨'가 새겨졌지만, 결말만으로 행했던 일 모두가 폄하될 수는 없다 할 만큼 그를 둘러싼 역사의

무게는 묵직하다. 더욱이 현재 우리 또한 삶과 역사를 마주할 때 드는 고민의 한 부분으로서 그가 그러했던 이유를 물어볼 만큼의 여유로움은 있는 지금이다.

현대 역사학은 사실의 인과관계를 밝혀내는 것만이 아닌, 과거를 '이해'함으로써 '인간'을 더욱 잘 알려는 데에도 의의를 둔다. 잘잘못의 평가를 넘어 조선의 마지막과 그를 둘러싼 국제 관계의 민낯을 본 그가 쓴 영어 일기 속에, 구한말에서 광복까지 자신의 시선을 어떻게 녹여냈는지 자못 궁금함은 그 때문일 것이다.

개화에서 친일까지 극적 변신

윤치호는 1881년 조사시찰단(일본의 근대 문물 시찰을 위해 파견된 일행, 신사유람단) 어윤중의 수행원으로 일본에 파견되었다. 당시 그의 나이는 불과 16세. 일본의 발전상에 큰 감명을 받은 그는 도진샤(일본 개화사상가 나카무라 마사나오가 설립한 사설 학교)에 입학해 지식인들과 접촉하면서 문명개화론에 빠진다. 김옥균의 권유에 따라 네덜란드 영사관 서기관에게 영어를 배우기 시작한 지 4개월, 1883년 푸트의 통역관으로 발탁되며 국내 정치 무대에 데뷔한다. 18세 윤치호의 승승장구를 예상하는 것은 어렵지 않은 일이었다.

그런 그에게 갑신정변 실패는 변곡점이 된다. 직접 가담하지는 않았으나 개화파로 지목된 그는 신변에 위협을 느껴 해외로 도피해야 했다. 1885년 1월 고종의 허락 아래 중국 상하이로 떠난 윤치호는 갑신정변

푸트와 윤치호
초대 주한미국공사 루시어스 하우드 푸트와 윤치호(오른쪽에서 세 번째)

실패에 대한 실망으로 식음을 전폐하고 방황의 나날을 보낸다. 그런 그
의 생활을 바로잡아 중서서원에서 성공적인 유학 생활을 하게 한 것은
기독교였다. 미국 선교사의 주선으로 1888년 미국 밴더빌트대학 신학부
에서 공부를 계속할 수 있었고, 유학 생활은 3년 뒤 에모리대학으로 이
어졌다. 조선 최초 남감리교 세례교인이 된 그가 상하이를 거쳐 조선으
로 돌아온 때는 1895년 2월. 십 년이 넘는 동안 청일전쟁과 갑오개혁으
로 국내 정세가 변한 덕분이었다.

　윤치호는 학부 협판 등 관직 생활을 하는 한편 1897년 독립협회에 가
담해 계몽을 통한 조선의 개화를 추구한다. 독립협회 회장으로 만민공
동회를 지도하기도 했고 서재필이 추방당한 후부터는 『독립신문』의 사
장을 맡기도 했다. 그러나 근대적 자주 국가 설립의 꿈은 독립협회의
강제 해산과 제2차 한일협약(을사늑약)의 체결로 무너지고 만다. 그는
1905년 11월 18일 "조선의 독립이 포기되었다"라고 기록하며 외교권 박
탈을 사실상의 국권 피탈로 파악했다.

가까운 장래에 국권 회복은 기대하기 어렵다고 판단한 그는 관직에서 물러나 실력 양성을 위한 운동에 투신한다. 1906년 당시 대표적 자강운동 단체였던 대한자강회의 회장을, 2년 뒤에는 안창호와 행보를 함께해 대성학교 교장을 맡는 등 '애국 계몽운동'을 주도한 배경이다.

한일병탄 이듬해인 1911년, 그는 총독부가 민족운동 세력을 일망타진하기 위해 조작한 '105인 사건'의 주모자로 체포되어 재판을 받고 3년간 옥고를 치른다. 이후 한국 YMCA 지도자이자 송도고보, 연희전문학교 등 여러 학교의 교장 및 이사로 기독교계와 서양 지식인층 사이에서 영향력을 발휘한다. 그러다 중일전쟁(1937) 발발 후에는 기독교계의 친일을 주도하면서 친일파의 대부 역할을 했고 그 덕분에 일본 귀족원 칙선 의원에 임명되기도 한다.

그의 이 같은 생애사는 회오리 같이 몰아치던 조선과 대한제국, 일제강점기 격랑 속에 휩쓸리며 일견 모순적이면서 다양한 스펙트럼의 사상이 형성되는 데 영향을 미쳤다. 10여 년의 유학 생활과 아관파천 시기 러시아 황제 니콜라이 2세 대관식에 참여한 사절단 활동은 문명화에 성공한 서구 열강을 우월한 인종으로 평가하게 했으나, 동시에 그들의 인종 차별을 증오하게 했다.

105인 명부 ⓒ국립대한민국임시정부기념관
1911년 조선 총독 데라우치 마사타케가 조작한 '105인 사건'으로 기소된 123명 중 5~10년 형을 선고받은 105명의 이름을 적은 명부

이화여자전문학교 이사회
앞줄 오른쪽에서 세 번째가 윤치호

민중 계몽을 통한 새 시대를 꿈꾸게 했던 독립협회 활동은 결국 고종의 무능과 민중의 무지, 협회원들의 부패로 실망과 좌절을 안겨주었다. 105인 사건으로 수감 생활을 해야 했던 그는 만주사변(1931) 시기까지도 독립운동 진영과 친일 양쪽에 거리를 두고 있었지만, 중일전쟁 이후 결국 일본에 대한 자발적인 협조를 선택한다.

조선의 비참한 현실을 정확히 인식하면서 동정하고 마음 아파했지만, 조선인은 자치할 능력조차 없다 여기며 '독립' 이전에 "실력부터 양성하라"는 목소리를 높인다. 독립운동가들을 고발하지도 않았지만, 적극적으로 활동에 가담치도 않았고 독립운동 무용론까지 주장한다. 광복을 맞은 한국에 "좋든 싫든 일본의 신민으로 조선에서 살아야만 했던 우리에게 일본 정권의 명령과 요구에 응하는 것 외에 어떤 대안이 있었겠느냐"는 기록을 남기지만 얼마 지나지 않아 세상을 뜬다. 스스로 목숨을 끊었다거나 암살을 당했다는 의혹도 남은 마지막이었다.

윤치호의 일기에서 많은 분량을 차지하는 1910년대 말에서 20년대까지의 기록은 그가 이전 개화사상가이자 애국 계몽운동가로서 살아내던 삶의 방향이 굴절되고 있음을 보여준다. 그는 당시 지식인들이 열강에 호소해 독립을 얻겠다는 주장에 동조하지 않고 있음을 강조한다. 1905년 9월 한국에 와 융숭한 대접을 받고 간 앨리스 루스벨트 롱워스(시어도어 루스벨트의 장녀). 가쓰라-태프트 밀약 체결[70] 사실을 몰랐고 21세 나이

---

[70] 앨리스 루스벨트가 포함된 윌리엄 하워드 태프트 아시아 순방단은 1905년 샌프란시스코에서 임페리얼 크루즈호를 타고 아시아로 출항. 하와이를 거쳐 7월 25일 일본에 도착, 30일 마닐라로 이동했는데 이때 고종이 순방단을 초청함. 루스벨트의 전권대사 특명을 받은 태프트는 일본을 떠나기 전날인 7월 29일 가쓰라 다로 일본 총리와 이른바 '가쓰라-태프트 밀약'을 체결, 조선을 일본이 지배하고 필리핀은 미국이 지배한다는 내용에 합의. 포츠머스 조약 체결의 토대가 된 이 밀약은 1924년에 공개됨.

임페리얼 크루즈호의 태프트 아시아 순방단 일행
뒷줄 가운데 윌리엄 하워드 태프트, 앞줄 가운데 앨리스 루스벨트

대한제국에 온 앨리스 루스벨트
앨리스 루스벨트와 남편이 될 롱워스 의원

임을 고려한다 해도 그 행태는 매우 무례했다. 이를 본 윤치호는 세계정세가 이상이나 정의에 따르는 것이 아님을 상기했다. 파리강화회의, 워싱턴회의 등에 참여를 부탁받았을 때 한결같이 거절하는 행보로 이 같은 생각을 드러내는데, 3·1운동에 대해서도 마찬가지였다.

윤치호는 3·1운동에 대해 경찰이 미숙한 학생들에게 허를 찔린다는 것은 있을 수 없는 일이라며 어리석은 소요로 조선인을 더욱 가혹하게 다룰 구실을 주게 될까 두려워했다. 발발 당일 거리를 가득 메운 학생과 시민이 "만세!"를 외치며 종로 대로 쪽으로 달려가는 모습을 보자, 순진한 젊은이들이 애국심이라는 미명 아래에 불 보듯 뻔한 위험 속으로 달려드는 것 같아 눈물이 핑 돈다. 독립선언서 내용은 모두 부실해 보였다고도 덧붙인다. 며칠 뒤 방태영과 『경성일보』(일제하 총독부의 일본어판 기관지) 일본인 대표가 찾아와 시위 소식을 보도하면서 윤치호의 생각을 알고 싶다고 한다.

"나의 입장을 명확히 밝힐 필요를 느꼈다. 내 말에 조금이라도 애매한 점이 있으면 즉시 당국자들의 의심을 사게 될 것이고, 조선의 많은 청년들을 잘못 인도하게 될 것이다. 양다리를 걸칠 수는 없었다. 그래서 이번 운동에 반대하는 세 가지 이유를 밝혔다. (1) 조선 문제는 파리강화회의에 상정될 기회가 없을 것이다. (2) 미국이나 유럽의 어떤 나라도 조선의 독립을 위해 일본과 싸우는 모험을 감행하지 않을 것이다. (3) 약소민족이 강한 민족과 함께 살아야만 할 때, 약소민족이 취할 수 있는 최선의 방책은 강한 민족의 호의를 구하는 것이다."(1919년 3월 6일)[7]

다음 날 대중 소요에 참여하지 않은 이유가 보도되자 그는 입장이 매우 난처해졌지만, 어차피 모든 사람을 만족시킬 수는 없다고 생각했다. 지식과 명망, 재력을 겸비한 조선 최고 엘리트였던 그는 대한민국 임정 참여나 독립운동 지원 등에 대해서도 동포들의 기대와 동떨어지는 선택을 한다. 무장 독립투쟁에 대해서도 어리석은 짓이라 여기며 그 같은 선택의 이유를 일기에 적나라하게 남긴다.

"양주삼 씨가 들은 바에 따르면, 상하이에 있는 '독립운동가들'이 자기들에게 합류하지 않는다는 이유로 나를 욕하고 있으며, 욕을 하는 한편으로는 내가 물질적으로 자기들의 대의명분을 강화시킬 것이라고 믿고 있다고 한다. 그동안 내가 관계했던 대중운동은 모두 실패로 끝났다. 아니 단순히 실패로 끝난 것이 아니라 다시 맞설 수 있는 용기의 상실이라는 개인적 고통을 안겨주었다. 내게는 연로하신 어머니와 연약한 아이들이 있으며, 어머니와 아이들의 행복이 소중하다. 거의 절망적인 사업에 모험을 할 정도로 나는 영웅적인 인간이 아니다. 조선인들은 아직 이토록 혼란스러운 세계에서 독립 국가를 운영하고 유지해나갈 만큼 정치적으로 총명하지 못하다."(1919년 7월 31일)[72]

인간적이긴 하지만

개화사상가로서 동분서주하며 애국 활동에 앞장섰던 윤치호가 이런

71) 윤치호, 박미경 번역, 『국역 윤치호 영문 일기』 6, 국사편찬위원회, 2015, p. 272.
72) 윤치호, 앞의 책, p. 368.

속내를 가지게 된 데에는 결정적인 분기점들이 있다. 독립협회 활동 때문에 체포될 것이라는 소문이 무성해 힘든 나날을 보내던 때도 그중 한 지점이다. 1898년 9월 13일 그는 자신이 체포될까 끊임없이 걱정하시는 부모님 모습을 지켜보는 것이 괴롭다고 기록했다. 어머니는 그가 계속 위험한 상태에 있는 걸 보느니 차라리 미국에 가서 못 보는 편이 낫겠다고 했다. 심지어 그가 먹고 마시기만 하면 충분한, 용기도 없고 명성도 없는 어리석은 인간이었으면 좋겠다는 생각을 자주 한다고, 이런 나라에서 똑똑하고 유명한 사람은 그저 위험과 불안에 떨 수밖에 없다고 하면서 말이다.

사실 이즈음 그의 일기에는 일본에 대한 적개심과 매국한 자들에 대한 분노, 무능한 정부에 대한 한탄이 적나라하게 보인다.

"일본인들은 조선의 피를 빨아먹고 있다. 저주받은 반역자 이용익은 평양의 석탄 채굴권을 일본인에게 팔아먹었다. 또 다른 반역자 현용운은 인삼 독점권을 담보로 제일은행에서 20만 달러를 대출하도록 전하를 설득했다.……일본인들은 우리를 빠른 속도로 악의 구렁텅이로 빠뜨리고 있는 현 정부보다 더 나은 정부가 들어서는 것을 바라지 않는다. 돈 몇백 달러와 샴페인이나 맥주 몇 병만 있으면 일본인, 러시아인, 아니면 어느 나라 사람이든 조선에서 가치 있는 권리를 무엇이든 살 수 있다. 브라운 씨 말에 따르면, 전하는 지금 돈을 빌릴 수 있는 곳이라면 어디에서든 돈을 빌리고 있다고 한다. 국가 재정은 텅 비었다."(1898년 11월 3일)[73]

---

73) 윤치호, 박미경 번역, 『국역 윤치호 영문 일기』 4, 국사편찬위원회, 2016, p. 169.

그러나 몇 개월 뒤인 1899년 초 원산 감리 임명 소식을 듣고 고민하는 그에게 부모는 아들이 아무것도 하지 않는 것이 소원이라면서 독립협회 일을 반대하며 원산으로 가길 원했다. 아들이 자신만을 생각해서는 안 된다고, 소위 애국심 때문에 부모 목숨까지 위험하게 만드냐며, 윤치호의 표현에 따르면 "조금만 두려워도 벌벌 떨고 실제로 경련을 일으키곤" 했다. 독립신문사 일을 고민한 그였지만, 부패한 왕실에 반대하는 시위에 참여한 자신의 행동이 아무리 정당해도 부모님 뜻에 거슬려가면서까지 격렬하게 행동할 수는 없다며 결국 '끔찍한 곤경'이라고 표현한 원산 감리 직을 받아들이게 된다.

1905년 2월 그렇게 사랑한 부인을 잃은 것도 타격이었다. 마애방은 첫 번째 결혼에 실패한 윤치호가 미국 유학을 끝내고 상하이 모교 중 서서원에서 교사 생활을 할 때 결혼한(1894) 중국인 부인이었다. 그는 1898년 11월 5일 집으로 찾아온 경찰에게 체포될 위험에 처한 윤치호를 기지로 도망시킬 정도로 현명한 여성이었다. 도망친 윤치호는 이후 아내를 찾아가 본 아펜젤러 부부를 통해 '그 상냥하고 용감한 작은 여인'이 무사하고, 침착하게 지내고 있다는 사실을 알게 된다. 아내는 남자 열 명보다 더 훌륭한 경호원이었다면서 존경과 애정을 표현한다. 로라, 알렌, 캔들러, 헬렌이라는 서양식 애칭을 붙인 자녀를 낳고 그녀와 자녀들에 대한 애정 깊은 기록을 곳곳에 남기게 한 마애방은 자궁 외 임신으로 수술을 받고 끝내 회복되지 못했다.

"사랑스럽고 참을성 있는 용감하고 상냥한" 아내를 양화진 외국인 선교사 묘역에 묻고 돌아온 밤. 그는 집 안팎 모든 것이 떠나간 아내를 생각나게 한다며, 그녀가 살아있는 동안 평안함이 아닌 슬픔과 곤경만 준

윤치호 가족(1902년)
윤치호와 마애방, 왼쪽부터 광선(캔들러), 영선
(알렌), 봉희(로라)

윤치호와 백매려
왼쪽부터 윤치호의 어머니와 윤치호, 세 번째
부인 백매려

것 같아 몹시 괴로워했다. 이후 어머니가 결혼시킨 백매려와 다시 자녀
를 낳고 살게 된 그는 선택과 행동이 더욱 조심스러워진다. 마치 다시는
가족을 잃거나 가족에게 고통을 안겨주는 일 '따위는' 겪고 싶지 않다는
듯이 말이다.

윤치호가 상심에 빠져 일기조차 "하늘나라에 있는 천사 같은 아내에
게"라며 편지식으로 기록을 남기던 1905년, 러일전쟁은 일본의 승리로
끝나가고 있었다. 일본의 승리를 "조선의 독립이라는 관에 박히는 못"으
로 평가하며 기뻐할 이유가 없다 표현했던 그는 일본의 통치에 부정적
이고 비판적이었다. 1910년대 동양척식주식회사의 정책을 일본의 가장
야비하고 잔인한 범죄라 개탄하기도 했다. 일본이 조선을 가시적으로
'발전'시킨 것은 맞을지 모르지만, 과연 누구를 위한 것인지 물으며 일본

인을 위한 조선 발전에 왜 조선인이 기뻐해야 하는지 모르겠다고 한다. 특히 조선신궁 건립(1925), 이토 히로부미 추모 사찰 건축(1931)과 동상 건립(1933) 모금 등을 한탄하면서, "조선인은 세계 지도에서 자기 나라를 지워버린 장본인을 기리기 위해 가능한 한 많은 액수의 기부금을 희사하라는 요구를 받고 있다"고 자조하기도 했다.

그러나 수양동우회, 흥업구락부 사건과 일본의 지속적 미행 및 내사는 그동안 신사참배나 중추원 참의 제안을 거부해왔던 그가 일제에 적극적으로 협력하는 계기가 된다. 그는 검거된 민족진영 관련자들의 신원을 보증하거나 탄원서를 제출해 석방하게 한다. 그동안 참여를 거부해왔던 황국신민화 실천운동 조직체인 국민정신총동원 조선연맹의 상임이사를 맡는데, 창립식에서 결국 "천황폐하 만세"를 세 번 외치게 된 즈음인 1938년 7월 당시 고민을 기록했다.

조선신궁(1925년) ⓒ서울역사박물관
남산 잠두봉에서 남산 중턱에 자리했던 조선신궁. 본래 한양 공원과 한양 도성이 지나던 자리였다.

"총독부가 조선인들을 홋카이도나 나가사키 주민들처럼 일본 신민으로 만들기로 결정했다. 학교와 교회의 모든 사람들이 '우리는 일본제국의 신민이다'라는 구절을 세 번씩 반복하는 황국신민 서사를 제창하도록 명령이 떨어졌다. 그러므로 우리는 일본 신민이 되고자 결심하여야만 하고, 그렇지 않으면 유럽이나 미국으로, 아니면 천국으로 이민 가야 할 것이다. 양다리를 걸치는 짓은 대단히 위험하다. 조선인의 조직이 특히 외국 위원회들과의 관계에서 독립적으로 별도의 지위에 있기를 바라는 이들은 일본을 말장난으로 속일 수 있다고 생각한다. 그들은 일본인의 심리와 민족주의를 잘 모른다."(1938년 7월 26일)[74]

1940년 1월부터 "조선의 거의 모든 가장(家長)을 애간장 태우게 한" '창씨개명' 문제가 대두되었을 때 윤치호의 행보는 또 주목받았다. 당국자들은 개인의 선택일 뿐 결코 강제적인 건 아니라고 공언했지만, 조선인은 그들이 창씨개명을 원하고 있으며 이를 거부하는 사람에게 불이익을 줄 것을 알고 있었다. 그리고 결국 그렇게 된다. 윤치호의 해평 윤씨 가문은 4월 종친회를 열어 '이토'라는 성으로 바꿀 것을 결정했다. 『경성일보』는 며칠 뒤 이를 보도했고, 다음 날 윤치호는 생애 처음 들쭉주스 6병을 총독으로부터 선물 받는다. 그는 차마 자기 아들들의 이름이 블랙리스트에 오르게 할 수는 없었다고 했다.

윤치호의 변화는 태평양전쟁 발발로 색이 더욱 명확해졌다. 1941년 12월 8일 월요일 흐리고 온화한 그날. "새벽에 일본이 영국, 미국과 전

---

74) 윤치호, 박정신 번역, 『국역 윤치호 영문 일기』 10, 국사편찬위원회, 2016, p. 89.

쟁을 시작했다"는 소식을 들은 그는 서양인의 인종차별에 대한 증오를 가감 없이 드러낸다.

"서울 집, 이른 아침 경성일보 호외가 충격적인 소식을 전했다. 오늘 새벽 일본이 서태평양상에서 영국 및 미국과 교전을 벌였다는 것이다. 이제 옛날은 가고 새 시대의 먼동이 떠올랐다! 진정한 인종 간의 전쟁, 즉 황인종 대 백인종의 전쟁이 시작된 것이다. 제2차 유럽전쟁의 경우 영국과 프랑스에게 50퍼센트의 책임이 있다고 하면, 이번 태평양전쟁에서는 미국에게 100퍼센트 책임이 있다고 할 수 있다. 미국으로서는 일본을 압박해 전쟁을 시작할 필요도 없었고, 또 그럴 의무가 있는 것도 아니었다."(1941년 12월 8일)[75]

다음 날 '진주만 폭격' 신문 보도를 접하고 일본이 인류 역사상 가장 위대한 전쟁을 시작한 이상, 백인종 특히 앵글로 색슨족의 견디기 힘든 인종적 편견과 민족적 오만 및 국가적 침략으로부터 유색인종을 해방시키는 데 성공했으면 좋겠다는 '기원' 또한 적은 그였다.

16세에 시집와 39년을 함께 했던 아내 백매려가 "딸 아들들 데리고 더 살고 싶어"라며 '히틀러의 저주를 받은' 이 세상을 떠난 1943년. 조선인 지원병에게 '제국 해군'의 병사가 되는 것이 허용된 이후 그는 태평양전쟁에 조선 청년 징집을 독려하는 데에도 일익을 담당하는 등 친일의 선두에 서는 인물이 된다. 그러나 '합리적'이고 '이성적'인 그의 예상과는

---

75) 윤치호, 앞의 책, p. 479.

미군 포스터(1943년) ⓒ국립대한민국임
시정부기념관
"Target Tokyo(The War Front)" : 도쿄
를 공격 타겟으로 한 미군 포스터

완전히 다르게, 얼마 지나지 않아, 안
타깝게도(!), 일본은 패망했고 광복은
찾아오고 말았으며 그는 사라졌다.

윤치호의 방대하고 세련된 일기에
는 가족에 대한 애정만큼 나라와 민
족에 대한 마음도 절절하다. 그 애타
는 심정을 헤아리면 애국자가 아니었
다 말하기 어렵다. 하지만 그의 선택
과 상황은 애국자였다 하기에 몹시 마
뜩찮다. 그가 어떻게든 피하고자 했
던 "아들을 전쟁터로 딸을 공장으로"
아니 더 참혹한 곳으로 빼앗기는 마당에, 선택조차 할 수 없던 한국인이
대다수인 시절에 대해 "무슨 수로 군국주의자들의 명령과 요구를 거역
할 수 있었겠느냐"는 그의 물음 역시 그렇다. 화려한 듯하지만 기워놓은

것 같은 그의 사상과 삶이 이해되지 않
는 것은 아니지만, 동의하기 또한 불편
하다. 그는 사라졌지만, 그가 남긴 자녀
들과 그 가문 속 인물들의 삶의 궤적을
바라볼 때는 더더욱 그러하다.

장남은 이승만 정권에서 3대 농림부
장관을 지낸 후 재계로 진출한다. 차남
은 『황성신문』 사장을 지낸 남궁억의
사위였으며, 3남은 샌프란시스코 총영

일본 손수건 ⓒ국립대한민국임시정
부기념관
"Handkerchief(Unconditional
Surrender)" : 미군을 위해 일본이 제
작한 항복 손수건

사, 4남은 미국 피아니스트가 된다. 딸들 역시 외국에 건너가 살거나 걸출한 인물 또는 그런 이들의 부인이 되었다. 윤치호의 막냇동생은 정부 수립 후 초대 주영 공사와 터키 대사를 역임하는데, 부인인 손진실은 초대 해군 참모총장이었던 손원일의 누나다. 이 밖에도 대한민국 수립기의 정·재·교육·예술계에서 만나는 윤치호 가문 사람은 4대 대통령 윤보선(1897~1990)을 비롯해 수십 명에 달한다. 이런 현상이 한국 현대사에서 무엇을 의미하고 있는지 잘 알기에 더욱 씁쓸하다.

그럼에도, 그렇다 하여 이를 버리는 것이 아닌 대한민국에 남겨진 역사 표본 중의 하나로 삼는 것은, 윤치호가 그렇게나 감정적이고 수준이 낮다며 "이 인종의 피는 새로운 교육과 새로운 정부 그리고 새로운 종교를 갖고 변화하지 않으면 안 된다"고 실망했던 '조선인'이 현재 어느 정도 위치에 올라 서 있는지 증명하는 것이 되리라. 그동안 역사가 도야해 놓은 것을 고려할 때 윤치호가 중요시한 합리와 이성, 효율만이 아닌 열정, 비전과 정의로움이 '빨리' 보다 '함께' '멀리' 갈 동인이 될 수 있음 또한 보이면서 말이다.

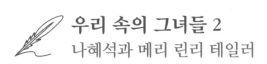
우리 속의 그녀들 2
나혜석과 메리 린리 테일러

영국인 메리 린리 테일러(1889~1982)는 1917년 금광업자인 미국인 남편을 따라 '코리아'에 도착한다. 프랑스의 신부학교를 거부하고 연극배우가 되어 동양 각지를 순회공연하던 중 일본에서 앨버트 테일러를 만나 사랑에 빠졌고 인도에서 결혼식을 올린 터였다. 그가 도착한 곳은 일제의 무단통치가 시행 중이던 생면부지 한국. 테일러 부부는 서울에서 다른 서양인과 어울려 생활하며 일제강점기 한국을 겪는다. 태평양전쟁 발발 후 1942년 강제 추방되어 미국으로 간 그는 자신의 한국살이를 『Chain of Amber』(한국어판 『호박 목걸이』)라는 기록으로 되살렸다.

「모(母)된 감상기」 속 정월(晶月) 나혜석(羅蕙錫 · 1896~1948)은 한국 역사에서 대표적 '신여성'이라 불린다. 나혜석 시기 한국은 17세기 이후 조선과 다르면서도 같았다. 근대 문명의 세례와 일제 침략이라는 복합적인 상황 속에 사회는 여러모로 변했으나 가족제도와 생활에 한해서만큼은 조선 후기의 것 그대로였다. 그 와중에 신식 교육의 세계가 열리면서 탄생한 신여성은 변화된 사회와 가부장적 질서가 여전히 견고한 가족제도 사이의 모순 속에 내던져진다.

　나혜석과 메리 테일러는 같은 시대의 한국에 살면서도 당시의 한국을
전혀 다르게 살았고 다른 모습을 남긴다. 각자의 정체성에 따라 같은 한국
을 다르게 보고 해석하고 반응했기 때문이다. 그리고 그 모든 것 역시 대
한민국 역사의 일부가 된다. 사람을 내고 성장시키는 국가와 그 역사, 사
회 및 문화가 개인의 생각과 삶에 어떤 의미인지, 보편적인 '사람다움'과
어떻게 조화될 수 있는지란 고민 어린 물음도 현재까지 우리와 함께다.

김우영의 부인, 시대와 살다

　'일생을 두고 지금처럼 사랑할 것, 그림 그리는 것을 방해하지 말 것,
시어머니와 전실 딸과 별거하게 해줄 것.' 나혜석이 김우영의 청혼을 받
아들이면서 내걸었던 결혼 조건들이다. 전적으로 양가 부모의 합의로
이루어지던 조선의 관습적 혼인 대신 오빠의 소개로 이루어진 결혼은
김우영만 아니라 본인의 자유의사에 따른 것이었고 결혼 조건도 그랬
다. 나혜석이 요구한 신혼여행지는 전라남도 고흥이었는데, 무려 사망
한 전 애인 최승구의 묘가 있는 곳이었다. 남편 될 사람에게 전 애인의
무덤을 돌아보고 비석을 세워주자는 요구를 결혼 조건과 함께 내건 것
은 지금으로서도 기가 막힌 내용일 수 있다.

　그럼에도 김우영은 모두 받아들여 결혼에 이른다. 1920년 4월 10일
자『동아일보』3면에는 "금 십오일 오후 세 시에 정동 예배당에서 결혼
식을 거행하는 경도제국대학교 출신 변호사 김우영 씨와 동경여자미술

『동아일보』 1920년 4월 10일 자

학교 출신 나혜석 양"이라는 광고가 두 사람의 사진과 함께 실렸다. 당시로는 거의 최초이자 파격적인 공개 청첩장이었던 셈이다. 이들의 연애와 결혼은 세간에 큰 화제를 불러일으켰다.

사실 정월이 이런 요구를 당당하게 할 수 있었던 데에는 개인적 요인이 컸다. 일제강점기였으나 수원 유지의 딸로 부유한 가정에서 자랐던 데다, 진명여고보를 최우등으로 졸업한 사실이 『매일신보』에 사진과 함께 실릴 정도로 총명함에 수려한 외모까지 갖추고 있었다. 도쿄에서 서양화로 유학까지 하며 남녀평등을 주장하는 신문명에 눈을 뜬 그는 화가이자 미술 교사라는 지위도 가지고 있었다. 게다가 그보다 열 살이나 많았던 김우영은 이미 결혼해 딸을 두었고 사별한 이력이 있었다.

그런 정월에게 결혼은, 그의 표현처럼 "공상과 이상 세계에서 살아온

나혜석의 판화(1920년)
'김일엽 선생의 가정생활'

자"의 "공상 세계 범위를 더 넓고 크게 한" 것에 불과했다. 결혼 후 3개월간 경성(서울) 시가를 일주하고, 학교에 출근하며 작품 활동도 활발히 하는 등, 당시의 그에게 거칠 것은 없어 보였다. 그러나 나혜석의 이상세계는 오래가지 못한다. 생각지도 못한 임신 사실을 알게 되었기 때문이다. 이때부터 임신 중 일본 유학과 출산, 1년간 육아를 자신의 심경과 함께 기록하는데, 이는 1923년 1월 잡지 『동명』에 「모된 감상기」로 남겨진다. 그 안에 적나라한 필력으로 기록된 임신과 출산, 육아에 관한 고민은 근 백 년이 지난 지금 봐도 놀랍다. 21세기 워킹맘 대부분이 가질법한 것임에 공감이 가서일까. 앞서간 그의 개인적 능력에 감탄하는 한편으로 그때나 지금이나 여전히 같을 수밖에 없는 영역인가 하는 자조도 함께다.

그에 따르면 첫 딸은 김우영과 나혜석의 기쁨이라고 해 이름이 '김나열'이 되지만 어머니가 되는 것은 악몽에 가까웠던 나혜석이었다. 1920년

경성시가(1926년) ⓒ서울역사박물관
도로 개수가 이루어진 남대문로 조선은행 앞 광장을 담은 경성 시가지 풍경 사진.

9월 주변 부인으로부터 "그것은 태기요"라는 말을 들었던 때부터 시작된 고통. 그녀는 그럴 리가 없다고 생각하거나 다른 사람이 모르기를 간절히 바란다. 시집가라 강권하던 형제들도 괘씸하고, "너 아니면 죽겠다"며 근 6년을 따라다닌 남편도 원망스럽다. 여자가 공부해서 무엇하느냐며 시집가서 아이 하나만 낳으면 볼 일 다 본 거라던 부인들 말에 코웃음을 치며 "그럴 리 없다"했던 자신의 반응도 생각난다.

임신이 장애물 같았던 그는 유산까지 고려한다. 그러나 아이와 자신 둘 모두에게 모욕을 주는 일뿐이라 깨닫고 통곡한 뒤 출산 후에는 공부나 일을 더 못할 것으로 여겨 도쿄로 유학을 결심한다. "1분 1초를 아껴" 공부에 집중한 나혜석이 1921년 3월 경성일보사 내청각에서 한국인 서양화가 최초로 정식 개인전을 열었을 때가 임신 9개월. 『동아일보』가 "여자로서 조선에서는 처음"이라고 대서특필하는 등 대대적인 보도와 함께 엄청난 이목을 끈다.

이틀 만에 5천여 명이 관람할 정도로 성황리에 전시회를 마친 나혜석은 곧 출산을 맞는다. 4월 29일 오전 2시 5분 온갖 병을 앓는 아픔에 비할 수 없는 고통을 근 10시간 겪으며 기진했을 때 딸이 태어난다.

"금세 목숨이 끊일 듯이나/ 그렇게 이상히 아프다가/ 흐리던 날 햇빛 나듯/ 반짝 정신 상쾌하며/ 언제나 아팠는 듯/ 무어라 그렇게/ 갖은 양념 가하는지/ 맛있게도 아파야라/ 어머님 나 죽겠소/ 여보 그대 나 살려주오/ 내 심히 애걸하니/ 옆에 팔짱 끼고 섰던 부군/ '참으시오' 하는 말에/ 이놈아 듣기 싫다/ 내 악쓰고 통곡하니/ 이내 몸 어이타가/이다지 되었던고"[76]

그가 스케치북에 남긴 출산의 고통은 「산욕」이라는 시가 되었다. 나혜석은 시원하거나 아파서가 아니라 다만 서럽고 원통해 까닭 없이 대성통곡했다고 기록했다. 그러나 왜 까닭이 없었겠는가. 가끔은 태어날 아이가 기대감과 설렘을 주었겠지만 그 아이로 인해, 촉망받던 '인간'으로서의 인생이 헝클어져 버린 채 어머니가 되었으니 말이다. '여성'이라는 사실을 강제로 자각하면서 느낀 억울함과 서러움 그리고 앞으로 닥칠 일에 대한 두려움. 출산을 경험한 여성이라면 격하게 공감할 수 있는 바로 그 마음 때문이었으리라.

모유 수유를 비롯한 수많은 육아 과정에 놓인 초보 엄마 정월은 신생아를 둔 모든 엄마가 그렇듯, 하루 한 시간이라도 마음 놓고 잠 좀 실컷 자 봤으면 당장 죽어도 원이 없을 것 같다고 고백한다. "사람에게 잠은 보물인데 이것을 탈취해가는 자식은 모체의 살점을 떼어가는 악마"라고 정의를 내리며 흡족해하기도 한다. 딸 출생에 아쉬운 말을 들은 그녀는 아들과 딸에 대한 차별과 모성애에 대해 고민하다, 모성애는 본능적으로 생기는 것이 아니라는 결론에 도달한다. 장시간의 육아를 통해 아이에 대해 혈육의 사랑이 느껴지기 시작하며 출발하는 것이기에, 관계를 맺으며 쌓아가는 경험적 인간관계라고 말이다. 이로써 모성애를 본성으로 여겨 의무로 간주하던 당시 담론에 정면으로 도전하며 「모된 감상기」가 완성된다.

그러나 자신과 같은 체험을 한 사람이 읽고 소감을 이야기해주면 좋겠다는 그의 바람과 달리 비판적 반응이 빗발친 것은 이론으로만 무장

---

76) 나혜석, 조일동 엮음, 「모된 감상기」, 『나혜석의 말』, 이다, 2020, pp. 66~67.

된 남성 지식인들로부터였다. 특히 '백결생'이라는 논객은 "모성애는 숭고한 것"이라며, 임신은 여성의 거룩한 천직으로 여성의 존귀는 임신에 있기에 여성 최대의 의무 중 하나임을 자각해야 한다고 주장했다. 정월을 속되고 이기적이라고 비난하며 말이다.

이에 「백결생에게 답함」에서 엄마로서의 경험이 없는 남성이 자신을 비난하는 것, 알지 못할 사실을 아는 체하려는 것은 용서하지 못할 일이라고 반박한다. 자신의 글이 임신과 출산을 한 여성의 솔직한 감정이라고 반박한 나혜석은, 분명 일부 여성들에게 공감을 얻으리라 확신한다고 말한다. 물론 그 공감이 백 년 가까운 세월의 너머에서야 가능할 거라 생각지는 못했을 것이다.

나열 출산 후 정월은 사실 일제 치하 한국인의 삶이라고 할 수 있을까 싶을 만큼 안락한 생활을 계속한다. 1921~1927년 김우영은 일본 외무성 외교관으로 만주 안동현 부영사를 역임하는데, 그녀는 가사를 무시한 채 그림을 그린 일이 없었다고 자신할 만큼 살림에 충실하며 많은 이들로부터 인정받는 삶을 산다. 당시 신교육을 받아 직업을 가지되 현모양

나혜석 가족 (1920년대) 앞줄 왼쪽부터 나혜석, 동생 나지석, 친구 허영숙(춘원 이광수 부인), 뒷줄 김우영, 오빠 나경석

처는 기본이어야 했던 바람직한 여성상을 구현했다고나 할까.

정월은 한 남성의 부인, 자녀들의 어머니, 가문의 며느리로서 역할을 충실히 감당해야 직업이 빛을 발하는, 21세기에도 여전히 요구되는 '그 어려운 일'을 해낸다. 그럼으로써, 신여성은 직업뿐 아니라 가정일 또한 효율적으로 수행할 수 있음을 보이려는 듯 말이다. 심지어 그 와중에도 1회 조선미술전람회(선전)에서 5회까지 계속 입선하는 나혜석에게 화가로서의 역량에 관한 칭찬 역시 쏟아졌지만, 본인 스스로는 발전이 없다며 불만족스러워한다. 남편에게 세계여행의 기회가 찾아왔을 때 그가 동행을 결정한 이유였다. 4세 나열, 2세 선, 생후 6개월 진(막내 건은 귀국 후인 1929년 출생)을 시어머니에게 맡긴 채 가야 하는 쉽지 않은 결정을 내리면서 말이다.

나혜석은 "가족을 위해, 자신을 위해, 자식을 위해"라고 외치며 1년 8개월 동안 유럽과 북아메리카 16개국 구미 만유길에 오른다. "사람은 어떻게 살아야 잘 사는 것인지, 남녀는 어떻게 평화롭게 살 것인지, 여자의 지위는 어떠해야 하는지, 그림은 무엇인지" 물음을 안은 채였다. 여성이면서 엄마, 유학생이자 서양화가, 일본제국의 조선인 고위관료의 아내이자 식민지 조선인이라는 그의 복합적인 정체성이 계속 안겨준 고민이었을 것이다.

1927년 6월 19일 출발 당시 사진이 현재 전해질 정도로 세계여행은 결혼식만큼이나 많은 화제를 낳았다. 이들은 시베리아 대륙횡단 열차를 타고 중국, 러시아, 프랑스 등 유럽 10여 개국을 거쳐, 미국 본토, 하와이, 일본, 부산으로 돌아올 터였다.

목표대로 여행지의 박물관과 미술관에 다니며 미술에 대한 안목과 지

영국의 서프레제터(1910년대)
여성 참정권 운동을 펼쳤던 영국의 여성 운동가들

식을 습득한 그는 한편으로 각국의 여성 생활, 여성운동을 접하면서 한국 여성과 비교하고 앞으로의 발전 방향을 생각해보기도 한다. 영국에서는 에멀린 팽크허스트(20세기 영국의 여성참정권 운동인 서프러제트를 이끈 민권운동가)의 여성참정권 운동 단원과 교제하기도 했다.

특히 서구인의 일상에 깊은 관심을 나타내 파리의 가정 생활을 직접 체험한다. 남녀가 성인이 되면 자기 의사를 당당히 주장하고, 남자는 돈을 벌며 여자도 자립적으로 살아간다. 부부는 한시도 떨어지지 않고 아이들이 오히려 따로 돈다. 이런 모습에 깊은 인상을 받은 그는 아이들을 독립적으로 지도할 자신감을 얻고 귀국길에 오를 수 있었다.

나혜석, 시대에 저항하다

그러나 구미 만유 이후 소용돌이치기 시작한 나혜석의 삶에 이상을 실천할 기회는 오지 않았다. 그녀는 귀국 후 경제적 곤란으로 남편과 떨어져 동래에서 시집살이를 하며 어려움을 겪는다. 그러던 중 구미 만유 동안 일어난 최린과의 관계에다 그에게 경제적 도움을 요청하는 편지를 보낸 것 등을 이유로 김우영이 이혼을 요구하기 시작한다. 아이들 때문에 극렬하게 반대했지만 결국 이혼을 받아들여야 했던 정월은 1930년 이혼과 함께 어머니로서의 모든 권리를 박탈당한 채 위자료 한 푼 없이 내쳐진다.

그 와중에도 같은 해 선전에서 입선, 이듬해 작품 「정원」이 선전과 도쿄 제국미술원전람회에서도 입선하는 등 화가로 조명을 받는 것 같았다. 하지만 『매일신보』(1931년 6월 3일 자)가 "불미한" 작품에 특선 딱지를 붙이면 안 된다는 인신공격을 서슴지 않았던 것처럼 그에 대한 한국의 시선은 더는 우호적이지 않았다. 게다가 화재로 그림이 소실되는 사고를 겪고 1933년 선전에서 낙선의 고배를 마시면서 화가로서의 삶에도 적신호가 켜졌다.

물론 나혜석은 그대로 주저앉지 않았다. 1934년 8~9월 잡지 『삼천리』에 발표한 「이혼고백서」를 통해 약혼과 결혼, 이혼에 이른 과정과 최린과의 관계에 대한 입장을 밝힌다. 자신은 남편을 속이고 다른 남성을 사랑하려고 한 것이 아니며, 오히려 남편과의 정이 두터워지리라 믿었다고 했다. 당시 체류하던 서양 생활의 영향이었고, 그들의 행동을 가장 진보된 사람들의 감정이라고 생각한 때문이었다. 그와 함께 여성에게만 정조를 강제하는 한국의 불평등한 남녀관계를 비판한다. 김우영에게는 위자료를 요구하지 않은 대신 자신의 도움 요청을 외면한 최린에 대해 "정조 유린에 대해 위자료를 요구하는 손해배상 청구 소송"을 진행한다. 소송도, 소송 취하 조건으로 2천 원을 받은 것도 당시에는 획기적인 사례였다.

그러나 정월이 발 딛고 숨 쉬고 있는 곳은 '자유'의 파리가 아닌 가부장적 질서가 공고히 자리 잡은 조선이었다. 그녀의 글이나 행동에 비난과 조롱이 쏟아지기 시작했다. 남녀 모두가 가세했는데, 특히 가정 내 전통적 사고방식을 지닌 보수적인 여성층이 오히려 더 매섭게 돌을 던졌다. 필요 없는 폭로는 악취미라며 4남매의 어머니로서 노출증적인 미친 태도를 버리라는 비난이었다.

파리 생활 중 나혜석

사회 전체를 오염시킬 퇴폐의 상징으로 매도하며 그로부터 등을 돌린 조선에서 떠날 결심도 했고, 비록 궁핍한 생활이었음에도 의지만 확고하다면 파리로 떠날 여비 정도는 마련할 수 있던 그였다. 하지만 끝내 한국을 떠나지 못한 채 경제적 궁핍과 냉대 속에 떠돌던 나혜석은 1948년 12월 서울의 시립 자제원 무연고자 병동에서 죽음을 맞는다.

그렇게 그의 발목을 잡은 것은 「모된 감상기」에서 여성의 본능이 아니라며 비판했던 모성애였다. 나혜석은 자식을 사랑하는 것만은 절대적이고, 무보수적이며, 희생적이어서 가장 존귀하다고 고백하는 어머니로 깊어져 있었다. 이혼 성립 전에 이미 외도하고 있던 김우영은 이혼 후 4개월 만에 혼인신고를 했는데, 아이들이 보고 싶으면 언제든 만나게 해준다던 나혜석과의 약속을 지키지 않았다. 심지어 장남 선이 폐렴으로 요절했을 때도 김우영의 거부 때문에, 나혜석은 아들이 입원한 병원에 갈 수도, 임종을 볼 수도 없었다. 그는 대중의 배척보다 우편배달부가 전해주곤 했던 딸 아들의 편지에 살이 에이고 뼈를 긁어내는 듯한 고통을 느꼈다고 한다. "어머니, 보고 싶어"라는 말이 담긴 편지였다. 나혜석은 인간 개인으로서 행복을 깨달은 파리보다 아이들이 살아가는 한국에서의 삶을 선택했다.

김우영과 최린의 결국은 어떠했는가? 그의 이혼과 고소가, 이 둘이 본격적인 친일 행보를 걷기 시작한 시점에 발생했다는 점에 주목해, 모두 독립운동과 관련된 나혜석의 계획이 아닌가 해석하는 의견도 있다. 물론 3·1운동에 참여, 이화학당에서 독립선언서를 배포하다 시위 주도 혐의로 서대문 감옥에서 5개월 옥고를 치르기도 했던 나혜석이었다. 만주에서도 여자 야학을 설립해 가르치고 부영사 부인이라는 직위를 이용해 의열단과 상하이 임시정부에 자금을 대기도 했다. 1930년대 이후 일본의 회유에도 굴하지 않고 신사참배, 창씨개명을 모두 거부해 계속 일본의 감시하에 있었으니 그런 추측이 가능할 법도 하다.

그러나 사실 여부를 떠나, 나혜석의 삶을 달리 해줄 수 있는 위치에 있었음에도 자신들의 체면과 안위 때문에 외면했던 김우영과 최린의 성품은 『친일인명사전』에 이름이 오른 사실로 미루어 짐작할 수 있지 않을까. 그런 마음 그릇을 가진 자들이 '남성'이라는 이유로 나혜석의 방패가

되었다는 것에, 그리고 그것이 사라졌다고 정월을 사회 밖으로 내친 '한국'의 '시대'가 우울하고, 유감일 뿐이다.

같은 여성들의 잔인하고 매몰찬 시선도 비슷한 결이다. 당시 나혜석의 화려한 스펙은 백 년 후인 오늘의 평범한 대한민국 여성들도 얻기 힘든 것일 만큼, 그의 행동과 사상, 목소리는 당대 여성

나혜석의 「자화상」

들에게 상상조차 할 수 없는 이질감으로 다가왔을 것이다. 나혜석이 받고 누린 모든 혜택은 동시대 여성들이 그에게 다가갈 수 없게 만든 '벽'이었다. 그러니 여성들과 공명하길 원했던 그의 바람이 이루어지지 못한 것은 당연하다 할밖에.

하지만 「모된 감상기」에서 한 그의 물음 "그렇지 않습니까, 아니 그랬지요?"에 대한 대답을 '기어코' 해 줄 '신식 모(母)님', 그가 그토록 원했던 같은 경험을 한 여성의 반응은 백 년의 세월을 넘으니 곳곳에서 답으로 울린다. '산후조리원'이라는 엄마들만의 세계가 드라마 등을 통해 공론의 장에서도 서슴없이 보였던 지금이니 말이다. 이제야 그의 자녀교육 이론이 이해가 되고, 남녀평등에 관한 전망이 실제가 되고, 모성애 경험 공유에 대한 바람이 이루어지는 것을 보면 나혜석은 시대를 앞선, 그것도 백 년 넘게 앞서 살았던, 여전히 우리 속에 살아있는, '모던걸(신여성)'임이 틀림없다.

황금 따라 펼쳐진 파란만장 한국살이

1888년 안련은 고종에게 광산을 담보로 미국에서 차관을 얻어 재정난을 타개하는 방법을 제안한다. 당시 조선은 근대화와 청의 재정적 지배에서 벗어나기 위해 막대한 재정이 필요한 상황이었다. 이후 그의 중개로 1895년 고종으로부터 광산 채굴권을 얻은 미국인 사업가 모스와 조선 정부 사이에 동업 관계가 합의된다. 미국이 채굴권을 가져가자 최혜국대우 조항에 따라 다른 나라에서도 요구가 이어졌고, 프랑스, 영국, 독일, 러시아, 벨기에, 이탈리아와 일본까지 앞다투어 광산 채굴권을 소유한다. '열강의 이권 침탈'이라 서술되는 한국사의 장면이다.

> "오늘 오전에 크리인 독일 총영사를 방문했더니 한국 정부가 독일 세창양행에게 강원도 금성 당현 광산 채굴권을 준허했다고 말했다. 그래서 나(안련)는 광산 채굴권 획득을 축하한다고 인사했다. 그랬더니 크리인은 '당치도 않은 말씀입니다. 저에게 축하 인사를 할 일이 아닙니다. 다만 독일이 한국 정부에 광산 채굴권을 신청한 지 얼마 안 되어 그처럼 빨리 인가가 났으니 미안할 뿐입니다'(라 했다). 그는 이번 일로 본국 정부로부터 신임을 받게 되었다고 말하면서, 앞으로 본국 정부가 자기의 제의를 받아들여 조치를 취한다면 보다 유리한 이권을 얻어낼 수 있을 것이라는 내용의 전문을 본국 정부에 타전하는 일에 착수하겠다고 말했다."(1898년 7월 22일)[77]

---

77) H. N. 알렌, 앞의 책, p. 196.

평안북도의 운산 광산

모스에 이어 사업가 헌트가 회사를 설립, 첨단 장비를 투입해 운영했
는데, 1897년 평안북도 북진에 본사를 두고 세워진 동양합동광업회사
였다. 이들이 운영한 평북의 운산 광산은 당시 동양 최대의 금광이었다.
'노다지'의 어원 "No touch!" 푯말이 꽂히기 시작한 바로 그곳이다.

앨버트 테일러는 1895년 아버지와 함께 한국에 들어와 운산 금광 감
독관을 지내고 충청도 직산 금광을 운영한 광산 사업가였다. 그는 굴삭
기 매입차 일본에 갔다가 요코하마 그랜드호텔에서 영국인 배우 메리를
만난다. 1917년 6월 인도 뭄바이 성 토마스 성당에서 결혼식을 올린 부
부는 그해 9월 서울에 정착했고, 외국인이자 광산 기술자의 아내, 화가
이자 연극배우, 서양인 사교모임에서 중심인물로서 메리의 한국살이는
그렇게 시작되었다.

그가 처음 만난 한국은 그야말로 낯설며 생소한 모습이었다. 서울로
올라오는 기차에서 본 광경이었는데 언제나 먼저 차에 오르는 것은 남

자였다. 여자들은 넓은 치마
폭을 쥐고, 머리에는 보따리
를 이고 등에는 아기를 업은
채 그 뒤를 따라 비집고 들어
왔다. 일단 일등칸에 거위 떼
처럼 앉아 있다가 일본인 차

조선 여성의 다듬이질(1910년) ⓒ서울역사박물관

장에게 들키면 쫓겨가곤 했다. 차장이 정해주는 대로 "고분고분하게" 옮
겨가는 그들의 모습은 매우 인상적이었다.

밤새도록 울리는 다듬이질 소리에 여자들은 잠을 언제 자느냐 묻는
메리. 한국 여자는 밤낮으로 일하느라 언제 자는지 아무도 모른다는 앨
버트의 대답에, 기차를 타고 오며 본 한국 남자들이 밭에서 자던 광경을
떠올린다. 앨버트는 여기는 남자들의 나라라며, 이 나라에서 여자들은
아무 권리도 없고 남자들은 뭐든 마음대로 할 수 있다고 대답한다. 비합
리적으로 보이는 한국인 행태를 바꾸고 싶어 하는 메리에게 그는 간섭
하지도, 동양의 방식에 맞서려고도 하지 말라고 단호하게 말한다.

사실 영국인 그것도 부유한 상류층에서 태어나고 자란 메리의 출신도
그렇거니와 앨버트 역시 일제강점기 한국에서 이익을 취하며 삶을 영위
하는 것이 익숙하고 당연한 외국인이었다. 이들을 포함한 150여 명 외
국인은 미국, 영국, 프랑스, 이탈리아, 벨기에, 백계 러시아인까지 국적
도 다양했다. 대개 정동에 모여 산 이들은 을사늑약이 체결된 비운의 장
소 덕수궁 중명전을 임대해 '유니온 클럽(경성구락부:구락부는 클럽의 일
본식 발음표기)'이라는 모임을 열곤 했다. 당구와 카드놀이 등을 즐기거
나 정보를 교류하는 장으로서 말이다. 1918년 제1차 세계대전 종전에

덕수궁 중명전 ©문화재청

남산 위에서 불꽃놀이가 펼쳐지는 광경을 보며 클럽에 도착하니 "마치 요술처럼" 다과와 음료수가 준비되어 있어, 먹고 마시고 노래하고 춤추며 새벽까지 파티를 즐기기도 한다. 겨울의 한강은 이들에게 스케이트장이 되어주기도 했다.

메리는 한국에서 보낸 스물두 번의 여름 동안 한 번도 서울에만 묶여 지낸 적이 없다고 기록했을 정도로 명소들을 다니며 외국인으로서 지위를 누린다. 강원도 고성에 별장이 있었고 금 채취 과정을 남긴 곳은 함경남도 안변의 금광이었다. 아름다운 명사십리가 펼쳐진 갈마 해변에서 휴양을 했으며, 그러다 싫증 날 때면 금강산으로 차를 몰았다. 금강산을 좋아한 그는 그림으로 남겨 놓기도 할 정도였는데, 특히 첫 방문 때 안내를 맡은 한국인 미스터 영과 대화한 기록은 주목할 만하다. 일본인들이 다 빼앗아갔지만, 한국은 언젠간 찾을 것이고 독립할 거라며 목이 메는 그를 본 메리에게 당시 일반 서양인의 시각이 엿보이기 때문이다.

한국에 온 후 처음으로 "한국인의 관점"에서 들은 말이었다고 한 그녀는 그동안 한국에 사는 외국인들에게서 일본이 아니었다면 한국에 살고 있지 못할 거라는 말을 들어왔고, 그 말을 사실로 여겼다고 고백한다. 상황을 "일본인의 관점"에서만 봐왔다 깨달은 뒤 일본이 제공한 효율과 위생, 법과 질서를 빼버린 한국을 상상해보려고 한다. 하지만 그런 상황이라면 소수의 선교사나 모험가만 남으려 할 거라며, 그래서 그녀로서는 미스터 영에게 아무 말도 할 수 없었다고 솔직한 심정을 표현한다.

비록 황금을 따라 들어온 국가에서 외부인으로서 거리를 둔 채 생활한 그였지만, 당시 한국에 존재하던 긴장이 어떻게 안 느껴졌겠는가? 한국에 사는 이상, 메리의 표현에 따르면 "지배자 일본과 이 땅의 주인인 한국 사이의 갈등"에서 빚어진 역사적 소용돌이를 이들 부부 역시 비켜갈 수는 없었다.

"KOREANS DECLARE FOR INDEPENDENCE(한국인들이 독립을 선언하다)"

1919년 3월 13일 자 뉴욕타임스 3면 기사 제목이다. 베이징과 서울에서 타전한 기사 가운데 서울발 AP통신 기사는 앨버트가 보낸 '대한독립선언서'였다. 그가 3·1운동에 관한 기사를 쓸 수 있던 것은 메리가 마침 출산으로 세브란스병원에 있던 덕분이었다. 창을 통해 남대문 거리가 한눈에 들어오는 외국인 전용 병실에 입원했을 때 고종 황제가 승하했다는 소문이 들려왔다. 입원 다음 날 국방색 군복의 일본 군인들이 병원 정문에서 경계를 서고 흰옷의 한국 사람들이 거리에 구름 떼처럼 몰려나와 있는 창밖 풍경에 메리는 깜짝 놀란다.

1919년 2월 28일 메리는 아들 출산 후 의식이 반쯤 돌아온 상태에서 병원의 동요를 감지한다. 방에 누군가 드나들고 간호사가 종이뭉치를 자기 침대 이불 밑에 넣는 것을 본다. 그날 밤 테일러는 그 뭉치가 세브란스병원에서 인쇄된 독립선언서임을 알아보았다. 그가 쓴 기사는 독립선언서 사본과 함께 동생의 구두 뒤축에 숨겨져 AP통신 도쿄지국으로 보내졌다. 그날은 테일러가 우연히 조선호텔에 들렀다 도쿄에서 온 사람에게서 고종 황제의 국장 취재를 맡아줄 사람을 찾는다는 이야기를 듣고 통신원(기자) 일을 시작한 날이었다.

이후 테일러는 3월 3일 국장을 취재하며 경운궁에서 흥인문까지 촬영한 사진으로 당시의 생생한 모습을 남겼고 이후 제암리 학살사건 현장까지 찾는다. 메리의 기록에 따르면 그는 영국과 미국 영사를 대동하고 내려가 마을 전체가 불타버린 현장을 두 눈으로 확인했다. 일본인들이 마을 주민들을 교회 안에 가두고 총으로 사살했다는 사실도 알아냈

세브란스 병원(1918년) ⓒ서울역사박물관
서울 남대문을 막 벗어난 지점에 자리한 세브란스 병원과 주변 전경 사진.

다. 당시 총독 하세가와를 찾아가 무슨 일이 벌어지고 있는지 아느냐 물은 그는 찍은 사진을 보여주며 "총독이 학살을 중단하라고 명령했으며 벌어진 사태에 대해 유감을 표했다고 보도해도 되겠느냐"라고 다그쳤고 결국 응낙을 얻어낸다.

3·1운동 이후 이들에게 위협적으로 다가왔던 한국인의 적의도 비슷한 결이다. 결혼 3주년 기념일을 맞은 부부와 친우들이 한강으로 피크닉을 가 밤늦게 전차로 돌아오는 길이었다. 한 한국인이 공격적인 태도로 부부 사이에 끼어 앉았다. 그로 인해 결국 시비가 붙어 주먹이 오가는 난장판이 벌어졌다. 모두가 주위를 빙빙 돌며 소리를 질러댔다. "외국놈들 죽여라. 우리를 배신한 미국놈들 죽여!" 여자들은 전차에서 뛰어내려 경찰 초소로 달려갔지만, 일본 경찰은 바라보기만 했다. 큰 소란 속에 주모자들은 도망간 대신 다른 한국인 두 사람이 목숨을 잃었고, 부

'대한문'을 지나는 고종 황제 국장 행렬(1919년 3월 3일)

부는 외무부로 찾아가 경찰의 행동에 대한 공식 항의서를 제출, 이후로
는 경호를 받게 된다.

　메리는 3·1운동 발생 무렵 한국에서 미국은 높은 인기를 누렸다고 기
록했다. 일본인들도 미국인에게 우호적이고 협조적이어서, 고철부터 비
스킷까지 온갖 것들을 수입하는 각종 사업을 장려했다. 한국인은 민주
주의 이념을 직접 전해준 미국인을 자연스럽게 의지했고 선교사들에 대
해서는 더욱 그랬다. 윌슨 대통령의 민족자결주의도 문자 그대로 받아
들였다. 그래서 미국이 독립운동을 도와주지 않은 것 역시 그대로 받아
들여 지독히 실망했고 심지어 비열한 배신행위라고 생각한 것이라며,
비록 상황에는 놀랐을지라도 자신들을 공격했던 한국인에 대한 무조건
적이고 감정적인 비판에는 거리를 둔다.

　이익을 위해 일본의 편의를 이용하던 그들이 한국의 편에 서게 된 데에는, 1923년 부부가 서울 종로구 행촌동에 짓고 생활한 저택 '딜쿠샤(페르시아어로 '마음의 기쁨')'에서 추억을 만들어준 한국인들의 역할이 컸다. 거기에 함께 상회를 맡고 있던 '김 주사(김상언)'의 영향은 더 결정적이다. 광산업 외에도 현 웨스틴조선호텔 맞은편에 '테일러 상회'를 연 부부는 한국 특산품을 외국인에게 팔고, 외국 물건을 들여오는 사업을 했다. 당시에도 1년에 두 번 외국에서 관광객들이 몰려오는 시기가 있었기 때문이다. 물론 일본인들은 영어를 할 줄 아는 한국 사람과 외국 관광객이 접촉하지 못하게 최대한 노력한다.

김 주사는 대한제국 시기 주미 공사관 견습생으로 일해 영어에 능했는데, 의정부 주사로 일하다가 테일러를 만난 것으로 알려졌다. 메리를 만난 지 얼마 안 되어 단군에 대해 들려주고 미국 방문 경험과 한국이 개화로 나아갈 수 없던 상황에 대한 회한 등을 이야기한 터였다. 미일 간 긴

1926년 화재 전의 딜쿠샤

장이 고조되던 1940년. 한국을 떠나라는 본국의 명령과 경고장이 계속 날아드는 와중에 김 주사의 환갑잔치에 초대받은 부부. 김 주사는 이날 관복을 입고, 아끼던 고종 황제의 홍옥수 각대를 찬 채 말한다. 한국인이 원하는 것은 독립만이 아니며 그 독립을 유지할 힘과 능력이라는 것을. 민족의식이 투철했던 그가 결국 일제에 의해 체포되어 거의 죽기 직전에야 지게에 실려 돌아온 것은 테일러 부부가 추방된 뒤의 일이었다.

1941년 12월 태평양전쟁이 발발하자 일제는 적국 관계의 서양인들을 구금했다. 5개월간 감금되었던 테일러 부부도 금광 등 재산을 일본에 빼앗기다시피 한 채 포로 신분으로 추방된다. 송환선에 실려 포르투갈령 동아프리카의 중립 항구 로렌수 마르케스항(모잠비크 마푸투)까지 갔고 그곳에서 포로교환 형식으로 자유의 몸이 된다. 그들은 지구 반 바퀴를 돌고 나서야 뉴욕에 도착할 수 있었다. 메리가 한국으로 돌아가겠다고 했던 남편의 유해를 안고 미군 수송선으로 다시 입국한 것은 해방 후인 6년 뒤 1948년 일이었다.

"5킬로미터쯤 더 가자 남대문에서 멀지 않은 넓은 길 한가운데에 붉은 벽돌과 흰 벽돌로 지은 서울역이 서 있었다. 우리 오른쪽으로 세브란스 병원이 지나갔고, 저 멀리로 회색 성벽도 보였다. 모든 것이 너무나 눈에 익은 풍경이었다. 하지만 거기엔 뭔지 모를 기이함이 있었다. 수많은 인파가 인도와 도로에 복잡하게 몰려서 초조하게 무언가를 기다리고 있었다."[78]

---

78) 메리 린리 테일러, 송영달 옮김, 『호박목걸이』, 책과함께, 2014, p. 449.

양화진 외국인 묘역에 남편을 묻기 위해 돌아온 메리가 본 광복 후 한국 풍경에 대한 느낌은 '기이함'이라고 서술되었다. 당시 38선 이북에서 서울로 내려와 먹을 것과 몸을 뉠 곳을 찾아 기다리던 수많은 인파에 그가 느낀 혼란함의 표현일 수도 있다. 미군정 아래 일본이 사라진 뒤 한국인에 의해 돌아가고 있던 한국. 일제강점기 한국에서 일본이 제공한 근대적 '편의' 내지 '질서'에 내내 익숙했던 그에게 한국인에 의한 한국이 세워져 가는 모습은 이질적으로 다가왔을 수도 있겠다 싶기도 하다.

하지만 그의 남편도, 3·1운동 즈음 한국에서 출생해 유년 시절을 한국에서 보낸 그의 아들도 심지어 메리 자신도, 마지막까지 한국을 그리워했던 것은 비단 딜쿠샤에서의 추억 때문만은 아닐 것이다. 그들이 직접 겪은 한국인의 독립을 향한 열망에 대한 감탄이 더해졌을 터다. 어쩌면 『호박 목걸이』에서 한국의 역사와 긍지를 말하곤 했던 김 주사를 가리키며 표현한 "아주 조용하고 무어라 꼭 집어 말할 수 없는 어떤 힘", 메리가 '정신의 힘'이라 표현한 한국인의 힘, 그것 때문일지도 모른다.

그 힘은 결국 국민이 주인이 되는 대한민국의 건설 과정에서 겪을 격렬한 혼란과 시행착오 중에도 기어이 한국인이 앞으로 나아가는 원동력이 될 것이니, 우리 역사를 배우고 익혀 물려주는 것의 쓸모가 여전히 유효한 까닭이 여기에 있지 않을까.

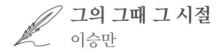

그의 그때 그 시절
이승만

1945년 10~11월, 중도파 단체 '선구회'에서 정당·언론사·문화단체·학교 등 105개 단체를 대상으로 여론조사를 했다. 해방 정국 지도자에 대한 이 여론조사 결과는 잡지 『선구』 12월호에 실렸다. '조선을 이끌어 갈 양심적 지도자'나 '내각이 조직될 경우 적당한 인물' 등 4개 항목에 대해 실시했는데 가장 높은 점수를 받은 사람은 여운형이었다. 광복 직전부터 국내에서 건국준비위원회를 주도해왔던 그의 인기도를 보여주는 지표다. 그다음으로 많은 표를 얻은 사람은 우남(雩南) 이승만(李承晚·1875~1965). 특히 그는 내각 조직 시 대통령 후보로 가장 많은 득표를 기록했다. 무려 44퍼센트였다. 당시까지 생애 대부분을 미국에서 보냈음을 감안하면 놀라운 지지도였다.

사실 이승만은 광복 이후 모습, 특히 대통령에서 하야하는 장면까지 과정이 워낙 압도적이라 광복 이전 행보를 살피는 것은, 심지어 궁금해하는 것조차 마음이 편하지 않은 것 같다. 마치 민주주의에 죄를 짓는 듯한 기분이라고나 할까? 그러나 여론조사 결과가 말하는 것처럼 광복 직후 그에 대한 국민의 지지는 열렬했고, 모든 일이 그러하듯 거기에는 이유가 있다. 조선의 조일수호조규 체결 1년 전부터 대한민국 제3공화국까지 이어진 시간 속에서 그 삶은 분명 파란만장하고 깊었을 터다.

대한민국 대통령으로서가 아닌 우남의 그때 시절은 어떠했을까? 그가 1904~1944년 영어로 수첩과 노트에 일지식으로 기록해놓은 일기는 그에 대한 실마리를 제공한다. 당시 한국 외교 독립운동이 처했던 암울한 상황들과 그 와중에도 빛을 찾으려 애쓰던 한국인의 삶에 대해서도 역시 그렇다. 그 길 위에서 행해진 수많은 선택이 대한민국 역사에 가져온 결과는 현재 우리가 무엇을 알고, 기억하고, 지키길 원하는 것일지.

애국 계몽운동가에서 유학생으로

1904년 11월 5일 미국행을 위해 증기선 오하이오호로 제물포항을 출발하면서 이승만의 영문 일기는 시작된다. 고종 폐위 음모에 가담했다는 혐의 때문에 당한 6년에 가까운 수감 생활이 3개월 전에 끝난 터였다. 김구가 감옥에서 그의 흔적을 만난 감격을 『백범일지』에 기록한 데에서 알 수 있듯이, 그 시절 이승만은 주목받는 애국 계몽운동가 중 한 사람이었다.

1875년 황해도 평산군에서 양녕대군(조선 태종의 장남)의 16대손으로 태어난 우남은 아들 교육에 열성을 다한 어머니의 뒷받침으로 탁월한 문재(文才)를 보인다. 14세부터 매년 과거에 응시했으나, 몰락한 양반 가문의 출신이 합격하기는 불가능에 가까운 시절이었다.

제물포항(1900년대)

청일전쟁에서 청의 패배로 세상이 바뀐 것을 깨달은 그는 1895년 배재학당에 들어간다. 어비신의 기록에 따르면, 이승만은 당시 물밀 듯이 고국에 들어오던 서양인들의 '속셈'을 알기 위해 입학했다고 한다. 그러나 그들에게 조선어를 가르쳐주고 신학문과 서양문물에 눈을 뜨며 삶의 전기를 맞는다. 을미사변 이후 제4차 김홍집 내각에 의해 단발령이 시행되던 시기의 이승만을 어비신은 기억했다.

"모든 국민에게 상투를 없애라는 명령이 공포되었을 때, 궐내의 사람들도 예외일 수는 없었다.……폐하는 시종을 불렀으며, 시종이 들어오자 갓을 벗기게 하고는 내게 '보시오. 그들이 우리 모두를 중으로 만들어 놓았소'라고 하셨다. 이 말은 폐하께서 쓸 수 있는 가장 모멸적인 말이었다.……국왕이 머리를 깎은 직후 어느 일요일 리 씨(이승만)가 우리 집을 찾아와 상투를 잘라 달라고 하여 나를 놀라게 했다. 내가 '정말 상투를 자르고 싶습니까?'하고 묻자 '물론 싫지요. 그러나 잘라야 하기 때문에 친구가 자르게 하고 싶습니다. (이 일을) 재미로 아는 자들에게 잘리고 싶지는 않습니다'라고 대답했다. 우리는 시약소로 갔는데, 나는 여기서 그의 상투를 단번에 잘라 테이블 위에 얹어두고는 남은 머리카락을 내 기술껏 조발해주었다. 내 기술이래야 대단하지도 않았으나 적어도 폐하의 머리를 깎은 자보다는 더 잘 깎았다. 끝나자 리 씨는 (잘린) 상투를 집어들어 가제에 쌌는데 두 뺨에 눈물을 흘리면서 집에 가져가 어머님께 드리겠다고 했다."[79]

독립협회에서 열성적인 활동을 벌이다 수감된 이승만은 1899년 탈옥 시도 실패 후 사형이 확실시되어 고통스러운 시간을 보낼 때 기독교를 믿게 된다. 그동안 당한 고문은 40년이 지나서야 붓글씨를 다시 쓸 수 있게 될 만큼 심한 후유증을 안겨주었다. 종신형의 판결을 받고 옥중에서 기독교 전도와 도서관 운영, 기고 활동 등을 하던 그가 석방된 데는 당시 선교사들의 적극적인 구명 활동이 힘이 되었다. 그러나 결정적인 것은 민영환의 역할이었다.

이승만의 『독립정신』
ⓒ국립대한민국임시정부기념관
활문사 출판부에서 발행(1948)한 이승만의 순 한글 정치사상서. 1904년 한성감옥에서 집필했다. 독립 대의, 대한제국과 세계정세, 동아시아 사건 평가 등이 내용

당시 조선 독립 보전을 위해 미국에 도움을 요청하는 밀사로 이승만을

---

79) Oliver R. Avison, 앞의 책, p. 148, 150.

선택한 그가 고종에게 특별 사면을 요청했기 때문이다.

이승만이 하와이 호놀룰루, 샌프란시스코 등을 거쳐 워싱턴에 도착한 것은 출발한 지 56일만인 1904년 12월 31일. 일본까지의 여비와 긔일 등 선교사 친구들이 써준 소개장 열아홉 통만 쥔 채 출발했던 그. 이후 1945년까지 그의 삶은 대부분 미국을 배경으로 한 도전과 실패의 연속이었고, 국제 관계의 냉혹함을 깨닫는 속에서 정치 감각을 체득하는 과정이었다. 그 여정의 시작은 그가 공식 직함이나 직위가 없어 밀사 임무에 실패하면서부터였다.

1905년 7월 미국 육군장관 윌리엄 태프트 일행은 아시아 순방길에 하와이에 들른다. 앞으로 도쿄에서 어떤 만남이 예비된 지 모르고 독립에 도움이 될까 해서 그의 환영대회를 연 하와이 한인 동포들. 가쓰라-태프트 밀약으로 필리핀, 한국 문제를 흥정하게 될 것이면서도 태프트는 한인 대표에게 소개장을 써주었다. 윤병구와 이승만은 그걸 들고 루

포츠머스 해군 조선소
미국 항구 도시 포츠머스에서 1905년 8월 10일부터 러일전쟁 강화 회담이 열렸다. 9월 5일 포츠머스 조약이 체결된 곳은 미국 최초 해군 조선소인 이곳의 86동.

스벨트 대통령을 찾아간다. 포츠머스 회담을 일주일도 남기지 않은 8월 4일 그들을 면담한 루스벨트는 공식 외교 통로를 통해 문서를 접수하라 답변했다.

안련이 이미 알고 대립했던 것처럼 루스벨트의 기본적인 방침은 '반러 친일'. 이를 알 리 없던 이승만 등은 대한제국 주미공사 직무대리 김윤정을 통해 전달하고자 했으나 거부당한다. 공식적 정부 훈령이 없다는 이유였다. 후에 밀약이 드러나기까지 우남은 자신이 승진에 도움을 주었다고 생각했던 김윤정의 배신으로 거부당했다 여겼으니 필연적인 실패였다.

공식적 외교접촉이 불가능해진 후 그는 귀국 대신 미국 체류를 결심한다. 사실 독립협회 활동에 적극적으로 참여했던 양반 출신으로 기독교 신자가 되고, 풍전등화 같던 조선에서 애국계몽의 소리를 높였던 점은 우남과 윤치호의 비슷한 결이다. 춘생문 사건, 협성회, YMCA 활동, 105인 사건 등 둘 사이 교집합도 꽤 된다. 그러나 광복 즈음 이들의 모습은 판이했으니, 어쩌면 이 지점이 그 결정적 갈림길이었을지 모를 일이다.

유학 생활을 선택한 그는 조지 워싱턴대학 학사와 하버드대 석사를 거쳐 프린스턴대학에서 박사학위를 취득한다. 한국인으로는 처음 받은 미국 대학의 박사학위는 인종과 언어, 30세의 나이 등 극도로 불리한 조건만이 아닌 5년여 동안 여러 역경을 넘은 결과물이었는데, 아들을 잃은 것이 그 첫 번째였다. 학사 과정 중인 1906년 이태산(봉수)은 디프테리아로 사망했다. 감옥에서 데리고 자기도 할 만큼 아꼈던 이승만의 7살 된 외아들이었다.

"(병오년 정월 18일 하오 7시) 오후 7시, 태산아가 펜실베이니아주 필라델피아 시립병원에서 숨을 거둠 (1906년 2월 25일)/ 오후 5시, 옷펠로 묘지에서 장례식이 거행됨 (1906년 2월 26일)/ 기록 : ……2월 25일 일요일 오후 2시경, 전보가 또 왔다. '태산아 위독. 아치가 1520으로 속히 오라'고 보이드 여사가 보냈다. 여사에게 9시 30분 워싱턴을 출발한다고 전보를 보낸 후 그 시각에 출발했다. 26일 새벽 2시 반, 보이드 여사 집에 도착했다. 그녀는 태산아가 3일 동안 아팠는데 의사가 디프테리아라고 말했다고 전했다. 디프테리아는 끔찍한 전염병이다. 시립병원에 입원했으나 아무도 면회할 수가 없었다. 태산아를 보러 병실에 들어가면 방역법에 의해 최소한 한 달간 병원에 격리되어 있어야 했다. 나는 격리 조치를 받겠다고 했다. 그러면 오전에 들어갈 수 있을 것이라고 그녀가 말했다. 역에서 날이 밝기를 기다렸으나 모든 노력이 수포로 돌아갔다.……편지 한통이 왔다. 태산아가 25일 저녁 7시에 숨을 거두었다고 적혀 있었다. 필라델피아시, 브루덴버크스가, 옷펠로 묘지에 안장했다."[80]

태산은 동갑이었던 박승선과 1890년 결혼해 얻은 7대 독자 외아들로 박용만을 따라 미국으로 왔었다. 이승만이 공부 때문에 위탁가정 등에 맡겼고 이들을 지원하던 보이드 부인은 그가 아들을 "태산아!"라고 부르자 이름으로 여겨 묘비명에도 '태산아'라고 적었다.

"1908년 8월 하버드에서 석사 과정 수료", "1910년 2월 23일 하버드대학에서 석사학위 수여"라고 기록된 석사 관련 일기는 간단하지만, 그

---

80) 이승만, 『국역 이승만 일기』, 대한민국역사박물관, 2015, pp. 25~26.

행간에도 역시 어려움이 숨어 있다. 사실 이승만은 1908년 9월부터 박사 과정을 밟아 1910년 6월 학위를 취득한다. 그런데 석사 과정 수료와 석사학위 사이에 시간 공백이 있는 것은 당시 장인환·전명운의 스티븐스 사살과 관련이 있다. 이승만은 이들 재판에 선임된 변호사들의 통역을 부탁받았지만 거절해 재미 한인사회에서 많은 비판을 받았다. 그의 선택은 폭력적인 행위가 오히려 미국 내 여론을 악화시킬 것이라 생각했던 때문이고, 실제로 그의 하버드대 지도교수는 한국인을 테러리스트로 간주해 논문 심사 자체를 언급하지 않았다. 결국 후일 추가 과정을 이수한 뒤에야 학위를 받을 수 있었다.

항상 겪었던 경제적 곤란은 말할 것도 없다. 그는 미국 공중을 상대로 한 강연 활동을 통해서 생계를 유지할 수 있었다. 강연 시간, 장소, 단체 및 이름과 받은 의연금 등을 일기에 꼼꼼하게 기록해놓은 덕분에 당시 상황 추측이 가능하다. 1905년 1월 8일 스미스의 교회에서 시작해 5년 7개월간 주로 기독교 네트워크를 통해 다양한 계층의 사회 인사와 일반 시민 등을 상대로, 그가 한 강연은 약 2백 회에 달한다. 그동안 받은 사례비는 총 677.1달러로 월평균 약 10달러 정도. 그즈음 하와이 농장 노동자들의 월수입이 16~18달러 정도였을 때다.

우남에게 당시 강연은 생계유지 방편을 넘어 독립운동의 장(場)이기도 했다. 한국의 공식적 외교창구가 폐쇄된 뒤 그는 한국의 문화, 역사와 함께 일본의 침략 상황을 전하고 한국의 독립을 호소했는데 당시 언론기사에 그의 강연이 실리면서 미국 대중에게 '한국'의 존재와 독자성 및 정체성을 알리는 계기가 되기도 했다. 독립협회 활동 시절 뛰어난 연설로 이름을 날린 강연 실력이 일취월장 되었음은 물론이다. 강연으로

주미대한제국공사관 외관과 내부
미국 워싱턴 D.C. 로건서클에 위치한 주미대한제국공사관 건물. 1889년 2월 이곳에 외교공관을 개설한 조선은 을사늑약으로 외교권을 피탈하기까지 외교 활동을 벌였다. 일제가 국권 강탈 후 단돈 5달러에 강제 매입해 되판 것을 2012년 매입. 당시 모습대로 복원해 박물관으로 재개관했다.

알게 된 70여 명의 이름이 일기에 남았는데, 미국 대통령이 된 우드로 윌슨의 가족을 비롯해 각계각층의 주요 인사들의 면면이 보인다.

외교 독립운동가에서 대통령을 향해

'이승만 박사'가 되어 1910년 귀국한 그는 이듬해 가을 3주 동안 전국 3천 6백여 킬로미터의 거리를 순회한다. 33곳의 모임에서 7천 5백여 명에 달하는 청년에게 서양문화를 소개하고 기독교를 전파하면서 말이다. 36세 YMCA 학생부 간사로 멋진 신사복 차림의 우남은 지금의 아이돌을 연상시킬 만큼 인기몰이를 했다고 한다. 하지만 일본은 그런 그를 내버려 두지 않는다. '105인 사건'에 연루되기 직전 선교사들의 도움으로 가까스로 빠져나온 그는 하와이에 정착해 교육 활동에 집중한다. 이후 일기는 파리 강화회의 한국 대표와 대한민국 임시정부의 대통령, 대한인 동지회 총재로 활동한 1932년까지 그리고 제네바 국제연맹에서 활동과 모스크바 방문, 1944년 대한민국 임정 주미외교위원부 위원장 활동 등 그가 선택한 외교 독립운동의 시도와 실패의 흔적을 곳곳에 담고 있다.

> "월요일. 한국이 독립을 선언했다고 안창호가 보낸 전보를 서재필이 가지고 옴. 이상재, 길선주와 손병희가 파리로 파견됨. 그들을 도우러 나도 파리로 갈 계획. 상해의 현순도 합류할 예정"(1919년 3월 10일)[81]

당시 파리에 있던 윌슨 대통령에게 탄원서를 쓴다. 영국의 로이드 조지에게 전보를 치고 미 국무성에 전보를 발송하고 관리들을 찾아다닌다. 갖가지 시도를 해보지만, 미국 정부는 끝내 여권을 내주지 않았다. 이승만의 파리 강화회의 참여가 불발로 끝난 이유다. 오직 김규식만이 파리에 도착해 활동을 벌였으나 국제 정치상황은 제1차 세계대전의 승리에 일익을 담당한 일본 편이었다. 윌슨이 주장한 민족자결주의는 승전국의 전략적 이해관계라는 현실에

이승만과 김규식(1919년 워싱턴)

---

81) 이승만, 앞의 책, p. 89.

부딪혔고, 결국 패전국 식민지에만 적용되었기 때문이다.

　이승만은 적극적인 언론 활동과 대통령 윌슨과의 친밀한 관계 등을 이유로 3·1운동 이후 세워진 상하이 임시정부의 대통령으로 선출된다. 그러나 대한민국 임정과의 합류를 위해 정식으로 중국에 입국하는 것은 불가능했는데, 파리 강화회의 경우와 같은 이유였다. 일본의 눈을 피해 시체 운반선으로 상하이에 밀입국한 그는 1920년 12월 5일에서야 체류를 시작할 수 있었다. 대통령 자격으로 업무를 수행하려고 했지만, 쟁쟁한 독립운동가들 사이에서 노선 차이가 컸던 임정의 통합은 그에게 힘겨웠다. 이승만은 결국 "외교상 긴급과 재정상 절박으로 인하여 상하이를 떠난다"는 교서를 남기고 6개월 만에 미국으로 돌아간다.

　그러나 이후 '외교상 긴급'의 이유였던 워싱턴 회의에서 한국 문제를 공식적으로 상정시키지도 못하자, 외교 독립운동노선의 정당성마저 상

이승만 임시대통령 환영회(1920년 12월 28일)
가운데 이승만을 중심으로 왼쪽 이동휘, 오른쪽 안창호

실되는 타격을 입으며 임시정부 대통령에서 탄핵되기에 이른다. 3·1운동 발생 사실을 몰랐던 그가 국제연맹 위임 청원을 작성해 미국 대통령에게 제출했던 것이 "없는 나라를 팔아먹은 격"이라는 비판을 받으며 탄핵에 힘이 실렸다.

다시금 이승만을 국제무대로 불러낸 것은 만주사변과 상하이 사변 등으로 중일 간 충돌이 격화되던 1930년대 국제정세였다. 중국이 일본의 만주 침략을 국제연맹에 제소하자 김구가 주석을 맡고 있던 임정은 우남에게 국제연맹에 독립을 탄원할 '특명 전권수석대표'의 직함을 준다. 제네바로 가야 했지만, 이번 역시 여권 발급이 여의치 않았다. "나라가 없는 무국적의 시민에게 여권을 발급해 주기 어려우니 여권 발급을 요청하는 성명을 발표하라"는 혼벡[82]박사의 충고에 따라 천신만고 끝에 외교관 여권을 발급받아 출발에 성공한다.

1933년 1월 런던을 거쳐 국제연맹 본부가 있던 제네바에 도착한 이승만은 중국 대표와 AP통신 특파원 등을 만나 한국의 입장을 설명하고 도움을 요청했다. 당시 주요 의제가 만주국의 지위 문제였으므로 그곳의 한국민들을 중립국민으로 대우해달라는 내용이었다.

"1910년 강대국들은 일본의 세계 정복 계획을 알지 못했다. 단지 한국을 희생하면 일본이 이에 만족하고 만주에서 개방정책을 펼칠 것이라고만 믿었다. 그러나 언젠가는 전 세계가 속았다는 것을 알게 될 날이 오리라

---

82) 미국 교육가 겸 외교가. 1919년 파리 강화회의에 파견된 미국대표단 일원. 1922년 이승만이 '워싱턴에서 혼벡은 한국인들의 진실한 친구 가운데 한 사람'이라고 언급했을 정도로 절친. 1928년 미 국무성 극동 담당 국장에 임명, 사임 후 국무부 극동국 특별 정치고문을 역임.

는 것을 알고 있다. 이제 지구상의 모든 나라가 한국은 일본의 침략 야욕의 첫 번째 단계이고, 만주가 다음 단계이며, 이것이 결코 끝이 아니라는 사실을 분명하게 알게 될 것이다."(1933년 1월 13일)[83]

일기에 이 같은 의견을 기록한 이승만은 일본 주장에 대한 반박 글을 국제연맹에 제출한다. 내용이 논리적으로 치밀해 각국 신문들은 이를 대대적으로 보도했고, 많은 이들은 "위엄 있고 노련한" 방식으로 현 상황을 언급했다고 우호적으로 논평한다. 그러나 이승만은 사태의 진전을 묻는 호놀룰루의 전보에 이렇게 답장을 보내야 했다.

"국제연맹은 일본이 국제연맹에 남기를 여전히 바라고 있어서 우리의 주장을 지지할 수 없음. 후에 기회가 올 것임. 기금을 좀 더 송금해 주길 바람. 「리튼 보고서」 발췌본을 출판해야 함"(1933년 2월 20일)[84]

이후 그는 생애 전체를 통틀어 처음이자 마지막으로 소련(러시아)과 연대를 추진한다. 국제 관계상 일본의 만주 침략이 소련에 위협일 것이라 여겼기 때문이다. 빈에서 친구인 중국 대사가 소련 대사와 그를 초청해 만찬을 주선했고, 어렵사리 비자를 발급받아 소련으로 들어갈 수 있었다. 그러나 모스크바에 도착한 그는 하루 만에 쫓겨나며 다시금 실패를 맛본다.

83) 이승만, 앞의 책, pp. 164~165.
84) 이승만, 앞의 책, p. 182.
85) 이승만, 앞의 책, pp. 209~210.

"러시아 외무성 직원은 내 말이 끝나기가 무섭게 '외무성은 당신과 당신의 방문을 알고 있습니다. 비자는 실수로 발급된 것이지 비자 발급에 문제가 있었던 것은 아닙니다. 하지만 지금은 외무성이 러시아를 떠나라고 요청할 수밖에 없는 상황이 되었습니다'라고 말했다. 그렇다면 '비자가 발급된 후 그런 결정을 내리도록 내가 뭘 잘못했냐?'고 질문을 했더니, 그는 '당신한테 무슨 문제가 있었다면 정부 당국이 벌써 군인들에게 당신을 강제 추방하라고 지시했을 것입니다. 그런 경우는 아니므로 외무성이 이번 상황에 대해 유감을 표시하고 이런 상황에서 비자를 발급한 데 대해 사죄를 하러 보낸 것'이라고 답했다.……이제 보니 일본이 나를 계속 추적하여 내가 모스크바에 도착하자마자 러시아 정부에 압력을 넣었고, 러시아 정부는 일본과 어떠한 마찰이나 자극을 피하려고 노심초사하고 있음이 분명해졌다."(1933년 7월 19일)[85]

다음 날 이승만은 3등 열차를 타고 파리로 돌아왔다. 미국으로부터도 냉대를 받았지만 당시 모스크바에서 받은 모멸은 그가 일평생 소련에 대한 거부감을 갖는 원인이 되었을 것이다.
그는 이 모든 도전과 실패를 통해 국가 대외정책의 실제는 현실주의적 속성에 좌우된다는 것을 깨달았고, 점차 여론의 중요성을 절감하게 된다.
임정의 주미외교위원장으로 임명된 1941년 그는 『Japan Inside Out』을 저술해 미국과 일본 간의 충돌과 전쟁을 예고했다. 저술 당시

『일본내막기』(1941년)

전쟁을 유도한다며 맹비난을 받았던 그는 태평양전쟁이 발발하자 엄청 난 주목을 받게 되었고, 이때부터 이승만의 위상은 재미 한인사회뿐 아 니라 미국인 사이에서도 높아진다. 이를 기회로 미국 정부에 대한민국 임정의 승인을 요구하고, 무기대여법에 따라 광복군에 대한 군사적 지 원을 얻기 위해 본격적으로 활동한다. '미국의 소리' 방송으로 해외에서 독립운동이 여전히 벌어지고 있음을 한국인에게 알리는 일도 함께였다.

20세기 초 무국적자가 국제무대에서 받는 대우는 얼마나 형편없었고, 한국이 처한 상황은 또 얼마나 비참했는지. 감정 표현 하나 없이 담담하 게 적어 내려간 기록의 행간을 추론해보면 '국제 관계'와 '외교'라는 그 럴싸하게 세련된 포장 밑 진흙탕 싸움이 현재라고 뭐 다를까 싶어, 정신 을 바짝 차려야 할 이유를 본다. 윤치호가 부정적 결과를 예상하며 참여 하기를 거부했던 모든 것에 몸으로 부딪친 이승만이 배신당하며 깨지는 속에 다져지는 순간들을 보며 말이다.

1945년 10월 16일. 이승만은 해외 독립운동가 중 가장 먼저 광복을 맞 은 조국으로 귀국한다. 70세로 접어든 그였지만, 젊은 날 독립협회 만민 공동회 활동과 한성 감옥에서의 고초, 70~80퍼센트 국민이 문맹인 와중 의 미국 박사, 대한민국 임정의 초대 대통령 등 수십 년에 걸친 경험과 스펙, 탁월한 연설 능력은 국민을 그의 유세장에 모으고 열광케 한 힘이 되었을 것이다.

게다가 동시대 한국인 누구보다 국제 정치에 해박하고 경험이 풍부 한 그였다. 워싱턴에 있던 연락사무실은 우남 귀국 후에도 유지되었다. 미국 내 동향을 정확하게 파악했기에 당시 미소 양국간 관계의 향방도 추측할 수 있었다. 1947년 3월 트루먼 독트린 발표로 개막될 냉전은 예

경성시민 주최 연합군환영회(1945년 10월 20일)

상하기 힘든 세계사적 흐름이었다. 그러나 이를 미리 간파한 이승만은 1946년 6월 3일 "남측만이라도 임시정부 혹은 위원회를 조직할 것"을 강조하는 '정읍 발언'을 통해 단독정부 수립을 본격적으로 주장하기 시작한다. 우남에 대한 역사적 비판의 칼끝이 본격적으로 향하기 시작하는 지점이자, 해방 정국에서 우익의 3영수로 불리며 함께 했던 김구, 김규식과 결별로 이어지는 순간이었다.

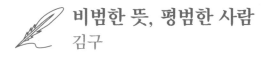

비범한 뜻, 평범한 사람

김구

평생 논밭 일을 한 늙은 농부의 손이 있다. 오랜 세월 흙과 만나 자연스레 빚어진 손가락. 수많은 노동 끝에 손톱은 자랄 새 없이 바짝하고 마디마디는 계절의 풍상에 맞서 투박하다. 고움과 거리가 한참이다. 그런데 잡아 쥐면, 그렇게 아름다운 손이 세상에 또 있을까 싶게 마음이 울컥한다. 『백범일지(白凡逸志)』 속 백범(白凡) 김구(金九 · 1876~1949)가 딱 그와 같다.

그가 남긴 『백범일지』 상권은 인과 신 두 아들에게 남기는 유서 격으로 1919년 상하이 망명 이전까지 그의 삶이, 하권은 망명 이후 중국에서 대한민국 임시정부와 함께 직접 겪고 만났던 사람들과 사실들을 담고 있다. 매일 써 내려간 일기가 아니기에 발생 날짜, 사건 전개, 인물 등에 오류가 있기도 하고, 한 국가의 공식적인 역사로 삼기에는 중국 상하이와 충칭(중

김구의 『백범일지』 ⓒ국립
대한민국임시정부기념관
김구 자서전 백범일지 출
판사무소가 편집 발행한
초판본(1947년)

경)이라는 국가 외부에서 기록(1929/1942)되었다는 한계도 있다. 그럼에도 대한민국은 그의 기록을 '공식적'인 독립운동의 기억으로 정했다.

조선이 저물고 국권을 빼앗긴 시대를 지나는 역사의 모든 소용돌이 속에 서 있던 그가 '대한민국'을 확신하며 버틸 수 있게 한 힘은 무엇일까? 본인 스스로와 가정이 극한 고난을 겪는 와중에도 끊임없이 국가와 민족을 먼저 생각할 수 있었던 그의 마음 판은 어떠했던 걸까? '백정 범부 같은 보통 사내'의 '높이 뛰어난 뜻'과 '일상의 평범한 이야기'가 함께 어우러져 있는 『백범일지』 속에 그에 대한 해답이 숨어 있다.

배움, 실천 그리고 성장

『백범일지』는 한국 근대 민족 운동사의 큰 줄기를 따라 흐른다. 동학 농민운동과 민비 시해, 을사늑약과 의병, 신민회와 애국 계몽운동, 만주의 독립군 기지 건설, 3·1운동과 대한민국 임정 수립, 의열단과 한인애국단, 한국국민당, 민족혁명당의 활동, 그리고 한국광복군 창설 등 무수한 역사가 담겼다. 더불어 나라와 민족을 위해 주저 없이 자신의 생을 걸었던 애국지사들 또한 어우르며 간다. 안중근을 비롯해 안창호, 양기탁, 이동녕, 나석주, 이재명, 김좌진 그리고 김규식, 이승만, 박은식, 장덕진, 이동휘, 이봉창, 윤봉길 등 수많은 이들이다. 역사적 파도를 쟁쟁한 인물들과 끊임없이 교차하며 헤쳐나갔던 김구의 기억이 대한민국 역사가 된 셈이다.

해주 상놈을 그리 만들어낸 힘은 '배움'을 향한 진정과 열심에 있다.

공부할 마음이 간절해 아버지께 졸라 간신히 12세부터 시작한 서당 학동 시절, 시험에서 일등을 도맡았던 그는 늦게 오는 동학(同學)들에게 자신이 먼저 배운 것을 가르치곤 했다. 그때부터 시작된 배움은 도피와 수감 생활 중에도, 중국에서 장제스의 협조를 받는 상황에서도, 심지어 암살당하기 3개월 전까지도 계속되었고, 그가 떠난 이후 현재까지도 대학들을 통해 정신이 계속 흐른다.

사실 그가 배움에 뜻을 두었던 시작은 당시 백성들과 다름이 없었다. 공부로 입신양명해 몰락한 자신의 집안을 괴롭히던 향반 강 씨, 이 씨의 압제에서 벗어나고자 가진 마음부터였기 때문이다. 1892년 경과(조선 마지막 과거)를 치르려고 해주에 갔을 때까지만 해도 그는 신분 상승을 위해 과거라는 제도적 방법에 기대를 걸었던 평범한 백성이었다. 하지만 십대 소년이 경험한 과거장은 혼돈과 무질서 그 자체였다. 돈이나 권력 없이 과거에 합격하거나 입신양명하는 것은 불가능했다. 그는 불쾌한 마음과 비판을 품었고 결국 과거를 단념한다. "마음 좋은" 사람이 되는 것이 모든 억압을 이겨낼 방법임을 깨달은 김구에게 이후 시작된 배움의 여정은, 배운 것을 몸으로 실천하다 부딪치면서 자라나는 '현실' 속 성장이었다.

문중 아이들의 훈장을 하던 17세에 신분차별 철폐를 주장한 동학사상을 접한 김구는 마치 별세계에 온 것 같다 느끼며 깊게 매료된다. 수천 명의 같은 상놈 출신 연비(동학에서의 부하 또는 제자)를 모아 접주가 되었고, 동학농민운동 당시 동학군을 훈련하고 교전에 참여하기도 한다. 하지만 일본군의 추격과 내분으로 실패하며 피신해야 했고, 그런 그를 양친과 함께 숨겨준 것은 청계동의 안태훈 진사였다.

안태훈의 큰아들 중근은 김구보다 세 살 연하였지만 벌써 결혼했는데, 아버지와 달리 글공부보다 수렵을 좋아했으며 사격술이 출중했다. 1909년 10월 26일 하얼빈에서 이토 히로부미를 암살하고 사형을 당하게 되는 안중근의 한창 시절이었다. 이때의 만남으로 김구와 중근의 사촌 동생 명근, 동생 공근과의 관계는 망명지까지 이어진다.

김구는 당시 안태훈을 방문하곤 했던 성리학자 고능선을 만나며 위정척사 사상을 접한다. 고능선은 위정척사 사상의 주창자 이항로의 학맥을 이은 인물이었다. 이를 따라 '척왜척양(斥倭斥洋)'을 조선인의 소명이라 생각하게 된 그가 1896년 벌인 치하포 사건은 그의 자부심이 되었다. 민비 시해와 단발령, 아관파천으로 민심의 흉흉함을 체험하며 청국행을 포기한 그는 청계동으로 돌아오기 위해 안악군 치하포에 머물렀다. 그곳에서 일본인 쓰치다 조스케를 타살해 인천 감리서에 수감된다. 재판정에서 "신민의 한 사람 된 의리로", "국가가 치욕을 당해 대낮 맑은 하늘 아래 그림자가 부끄러워서" 한 명 왜구를 죽였다며 '국모보수(국모의

인천 감리서 원경

원수를 갚다)'를 외친 그의 의기는 많은 사람을 탄복시키고 애국심을 불러일으켰다.

이와 동시에 김구에게는 다른 세계로의 문도 열린다. 인천은 당시 개화 문물이 가장 빨리 수용되던 개항장이었다. 일찍이 신지식에 눈을 뜬 감리서 직원들은 김구를 영웅시했고 개화사상을 불어넣기 위해 중국에서 발간된 세계 역사, 지지(地誌) 책자와 국한문 번역본을 주며 읽을 것을 권한다. 프랑스 혁명 등 19세기 근대국가를 형성한 유럽사를 다룬 『태서신사(太西新史)』 역시 개중 하나였다. 이들을 종일 탐독하면서 서양 사정을 익혀나가던 그는 결국 성리학적 세계관의 폐쇄성을 절감하게 된다. 인천까지 장거리 전화선 완공 덕분에 고종에게서 전화로 사형 중지 칙령을 받았고, 삼남 지방을 돌다 집으로 돌아온다. 이후 고능선에게 위정척사 사상의 한계와 신교육의 필요성을 설파하면서 이전의 자신을 넘어선다.

1905년 김구는 오인형의 집 사랑방에 학교를 세워 교육하며, 인천 감리서에서 배우고 결심한 것을 실천에 옮기고 있었다. 신앙심과 애국 사상을 전파하던 기독교에 2년 전 입문한 터였다. 을사늑약이 체결되자 그 무효와 폐기를 위해 이준이 지은 상소를 올리는 운동에 참여했고 격렬한 시위운동도 전개한다.

그러나 김구와 동지들은 이 모든 운동이 결국은 실패할 것이라 예견하고 전략을 새로 구상했다. 전국에 흩어져 교육 사업에 힘쓰기로 정한 이즈음부터 황해도 서북부 지방을 중심으로 전력을 다했고, 국권 회복 후 공화정체를 주장하던 비밀결사 신민회는 그런 그에게 힘을 더해주었다.

그러다 일제강점기를 맞게 된 이듬해 1월 '안명근 사건(안악 사건)'에

황해도 장련 광진학교 교사 시절 김구(1906년)

연루되어 체포된 이후의 옥중생활로 모든 교육 활동이 무산되고 만다.
15년 판결을 받고 서대문 감옥에 수감된 그의 형기는 105인 사건에 연
루되며 17년 형으로 늘었다. 가혹한 고문과 악형을 당하는 가운데 동지
들 또한 하나둘씩 죽어 나간 시기. 그는 또 다른 길을 결심하게 된다.

　김구는 교육 구국 활동을 해온 근 십여 년간 무엇에서나 스스로 책망
할지언정 남은 원망하지 않고, 다른 이의 허물은 언제까지나 용서하는
그런 부드러운 태도로 살기 위해 노력했다고 했다. 그러나 정신을 잃은
후에야 유치장으로 끌려 돌아와야 했던 악랄한 심문을 당하면서 일본에
대한 것이면 무엇이나 미워하고 반항하며 파괴하겠다는 결심이 서게 됐
다 회고했다. 어떠한 경우라도 굴복하지 않고 견뎌 반드시 국권을 회복
하겠다는 결심을 확인하면서, 본격적인 독립운동가로의 실천이 준비되

고 있던 것이다.

1912년 5년으로 감형되는데 사회에 나가 일본과 싸울 결심을 하면서 그 표시로 이름을 '구', 호를 '백범'으로 지은 것이 이때다.

> "'백범'이라 함은 우리나라에서 가장 천하다는 백정과 무식한 범부까지 전부가 적어도 나만한 애국심을 가진 사람이 되게 하자 하는 내 원을 표하는 것이니 우리 동포의 애국심과 지식의 정도를 그만큼이라도 높이지 아니하고는 완전한 독립국을 이룰 수 없다고 생각한 것이었다. 나는 감옥에서 뜰을 쓸고 유리창 닦을 때마다 하나님께 빌었다. 우리나라가 독립하여 정부가 생기거든 그 집의 뜰을 쓸고 유리창을 닦는 일을 하여 보고 죽게 하소서 하고."

이후 인천 감옥으로 이감되어 쇠사슬에 묶인 채 인천항 축항 공사에 차출당했던 그는 1915년 가석방 후 학교 교원으로 있던 아내를 보조한다. 농촌 계몽 운동 계획을 세우고 추진하기도 하며 말이다. 하지만 역사는 그를 그렇게 두지 않았다.

사십 세가 훨씬 넘어서야 기다리던 첫아들 인[86]을 얻는데 얼마 지나지 않아 3·1운동이 일어난다. 사찰을 받는 가석방 처지와 국내 상황이 탄압으로 다가오면서 그는 결국 독립운동을 위해 상하이 망명이라는 결단을 내린다. 1919년 3월 하순 사리원에서 경의선 열차로 평양과 신의주, 단둥(안동)을 거쳐 이륭양행 배를 타고 상하이 황푸 동마두에 도착.

---

86) 金九, 白凡金九先生記念事業協會 譯, 『金九 自敍傳: 白凡逸志』, 白凡金九先生記念事業協會, 1947, p. 241.
87) 『백범일지』에는 1918년생으로 기록되었으나 실제는 1917년생.

1945년 칠십 세가 다 되어 조국으로 돌아올 때까지 이어질 그의 긴 망명 생활은 그렇게 시작되었다.

대한민국에 대한 부심, 인간 평등에 대한 확신

1919년 4월 11일 당시 한인이 5백여 명 정도였던 상하이에 대한민국 임시정부가 세워졌다. 김구는 교육 활동 중 순사 시험을 쳐봤는데 합격할 실력이 안 되었다며, 서대문 수감 시절의 소원까지 내놓으면서 내무총장 안창호에게 임시정부 문지기를 청한다. 이에 안창호는 국무회의 결과라며 경무국장 임명장을 주었고, 고사하던 김구는 결국 받아들여 활동한다.

그러나 국내에서 연통제가 발각된 후 납임금이 줄어 임정 직무 수행은 곤란을 겪게 되고, 임정 내의 분파와 일본에 투항으로 인물들이 빠져나가 사정은 점차 열악해졌다. 김구에 의하면 1920년대 후반 임정은 외국인은 말할 것도 없고 한인들도 국무위원들과 열 몇 명의 의정원 의원 외에는 묻는 이가 아무도 없어, 이름만 있지 실제는 없던 그야말로 유명무실한 상태였다. 심지어 집세 30원을 내지 못해 집주인에게서 여

대한민국 임시정부 경무국장 김구(1920년)

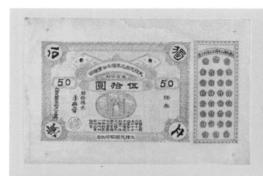

1920년대 임시정부 ⓒ국립대한민국임시정부기념관
좌) 대한민국임시정부 독립 채권
임정이 독립운동 자금 마련을 위해 발행한 공채(1922년 4월 1일)
우) 『독립신문』1925년 3월 1일 자
삼일절 기념호. 기미독립선언서 전문과 삼일절 기념 기사 등이 주요 내용. 특별히 독립공채 기한이
경과해 발행을 폐지하고 법률로 정한 인구세 외에 일제 재정을 강제징수하지 않겠다는 내용이 들어
있다.

러 번 송사를 겪었고, 김구 자신은 잠은 정부청사에서 자고 식사는 직업을 가진 동포들의 집에서 걸식하며 해결했던, 그 자신의 표현대로 "걸인 중의 상 걸인" 시절이었다.

미국, 멕시코, 쿠바, 하와이 등지 동포들의 경제적 도움으로 겨우 유지해오던 임시정부에 대한 국내외 태도가 변한 것은 1932년 도쿄에서 이봉창, 상하이 홍커우 공원에서 윤봉길이 일으킨 의거가 계기였다. 이후 재정 수입도 증가하는 등 입지가 강화되기도 하지만 그 의거들을 계획했던 김구 자신은 쫓기는 신세가 된다. 그동안 프랑스 조계 내에서 보호받으며 활동했던 터였으나, 프랑스는 그를 더는 보호할 수 없음을 통지했다. 결국에는 임정 식구 백여 명까지 상하이에서 나와야 했고 난징과 창사(장사), 충칭 등으로 이동했으며 그 와중에 일본인의 암살 시도와 추격은 계속된다.

"이 모양으로 임시정부의 상태는 상해에서 이 책(백범일지) 상권을 쓸 때 보다 나아졌지마는 나 자신으로 말하면 일부일 노병과 노쇠를 영접하기에 골몰하다. 상해 시대를 죽자고나 하던 시대라 하면 중경 시대는 죽어 가는 시대라고 할 것이다. 만일 누가 어떤 모양으로 죽는 것이 네 소원이냐 한다면 나의 최대한 욕망은 독립이 다 된 날 본국에 들어가 영광의 입성식을 한 뒤에 죽는 것이지마는 죽더라도 미주와 하와이에 있는 동포들을 만나보고 오는 길에 비행기 위에서 죽어서 내 시체를 던져 그것이 산에 떨어지면 날짐승 길짐승의 밥이 되고 물에 떨어지면 물고기의 뱃속에 영장하는 것이다."[88]

그에도 불구하고 김구는 흔들리지 않는다. 심지어 많은 독립운동가가 저마다 다른 방략으로 단체를 만들다 흩어지곤 했던 이합집산의 와중에도 임정을 지켜낸다. 그것은 망명 이전부터 다잡았던 국권 회복에 대한 신념에 이미 시작된 '대한민국'에 대한 존경과 부심, 그리고 무엇보다 자유롭고 독립된 대한민국을 이루어낼 '평등'에 대한 확신이 그를 굳게 붙들었기 때문일 것이다.

백범은 인간 평등을 추구했다. 향반에게 억압받으며 자란 출신 때문에 더 그랬을지 모른다. 그에게 인간은 계급을 떠난 문제였고 남녀 구분은 더더욱 그랬다. 사실 전근대 한국 사회의 남성들에게 여성들로부터 인정받는다는 사실은 자랑할 만한 일이 아니다. 근대 이후라고 달라졌을까마는, 당시에는 그런 말조차 꺼내지 않는 것이 당연했다. 더군다나

---

88) 金九, 앞의 책, p. 268.

아이를 안아주는 일과 같은 육아와 가사 노동은 남자의 체면을 깎는 행동으로 간주 되었다.

하지만 김구는 이봉창 의거 이후 동포들로부터 많은 동정을 받았는데, 특히 부인들의 애호가 깊었다. 어느 집에 가든지 아이를 안아주면 아이들이 잘 잔다고, 부인들이 아이가 울면 그에게 안겨주면서 맛있는 음식을 해 드리마 하곤 했다. 당시 그는 오십이 넘은 나이에 임정의 주요 인물로 권위 의식을 가질 만한 위치의 남성. 그럼에도 이런 상황을 가능케 할 만큼 소탈하고 친근했을 뿐 아니라, 그런 내용까지 기록함으로써 그가 여성들과 관련된 영역 또한 소중하게 여겼음을 보인다.

『백범일지』에는 중국에서 독립운동에 참여한 여성들에 관한 기록이

엄항섭과 피치 부부
1946년 한국 방문 중 경교장을 찾은 피치 부부와 함께한 김구. 앞줄 가운데 김구, 오른쪽 피치 부부, 왼쪽 프란체스카 도너, 뒷줄 왼쪽 첫 번째 엄항섭, 세 번째 이기붕.

상세한데, 분량과 내용 면에서 남성 독립운동가 못지않다. 임정을 오래 도록 지킨 엄항섭의 첫 부인 임 씨, 윤봉길 의거 이후 시작된 도피 생활에서 최초의 피신처를 제공한 미국인 조지 A. 피치의 부인과 자싱(가흥) 도피길에서 도운 중국인 저한추의 부인 주 씨 등 자신을 도운 여성들의 친절한 행적과 그에 대한 존경, 감사 표현은 세세할 정도다.

자싱 도피 시절 보호자였으며 난징으로 돌아와서는 일본군의 추격을 따돌리기 위해 동거했던 뱃사공 처녀 주애보에 대한 마음도 마찬가지였다. 중일전쟁 발발 후 난징이 위태로워져 임시정부도 떠나야 했을 때 김구는 주애보를 자싱으로 돌려보내게 되는데, 그 뒤 후회하는 마음을 기록으로 남겼다. 헤어질 때 그녀에게 여비를 백 원밖에 주지 못한 것에 대한 미안한 마음이었다.

> "내가 남경서 데리고 있던 주애보는 거기를 떠날 때에 제 본향 가흥으로 돌려보내었다. 그 후 두고두고 후회되는 것은 그때에 여비를 백 원만 준 일이다. 그는 오 년이나 가깝게 나를 광동인으로만 알고 섬겨 왔고 나와는 부부 비슷한 관계도 부지중에 생겨서 실로 내게 대한 공로란 적지 아니한데 다시 만날 기약이 있을 줄 알고 노자 이외에 돈이라도 넉넉하게 못 준 것이 참으로 유감천만이다."[89]

『백범일지』 속에서 이봉창을 대한 태도에서도 보이듯 김구에게 있어 돈을 준다는 것은 상대를 소중히 여기고 고마워한다는 뜻이다. 일본 천

---

[89] 金九, 앞의 책, p. 327.

엄항섭의 『김구선생혈투사』
ⓒ국립대한민국임시정부기념관
원제목은 김구의 『도왜실기』. 김구가 이봉창, 윤봉길 의거 등 한인애국단 활동에 대해 약술한 것을 엄항섭이 정리해 1932년 12월 상하이에서 중국어로 간행. 후에 엄항섭이 내용을 추가해 1946년 3월 국내에서 한글로 번역 간행했다.

황에게 폭탄을 던지러 떠난 이봉창도, 자신에게 헌신한 주애보도 똑같이 귀하고 미안한 존재들이었다.

"'일전에 선생님(김구)이 내(이봉창)게 돈뭉치를 주실 때에 나는 눈물이 났습니다. 나를 어떤 놈으로 믿으시고 이렇게 큰 돈을 내게 주시나. 내가 이 돈을 떼어 먹기로, 법조계 밖에는 한 걸음도 못 나오시는 선생님이 나를 어찌할 수 있습니까. 나는 평생에 이처럼 신임을 받아 본 일이 없습니다. 이것이 처음이오 또 마지막입니다.……' 그길로 나는 그를 안공근의 집으로 데리고 가서 선서식을 행하고 폭탄 두 개를 주고 다시 그에게 돈 삼백 원을 주며 이 돈은 모두 동경까지 가기에 다 쓰고 동경 가서 전보만 하면 곧 돈을 더 보내마고 말하였다. 그리고 기념사진을 찍을 때에 내 낯에는 체연한 빛이 있던 모양이어서 이씨가 나를 돌아보고, '제가 영원한 쾌락을 얻으러 가는 길이니 우리 기쁜 낯으로 사진을 찍읍시다'하고 얼굴에 빙그레 웃음을 띄운다. 나도 그를 따라 웃으면서 사진을 찍었다."[90]

상하이 망명 이전에도 그랬다. 김구가 끝까지 관철한 결혼 조건은 신분 차별 없이, 결혼 당사자 여성이 승낙해야 하며 공부 또한 해야 한다는 것. 세 번의 실패를 겪은 뒤 우여곡절 끝에 아내가 되는 신천 예수교

---

90) 金九, 앞의 책, pp. 296~297.

회 여학생 최준례는 그래서 결혼 전 경인학교로 유학을 다녀와야 했다. 또한 그는 옥중에 있을 때 그런 젊은 아내가 도망갈 수 있었음에도, 자신이 가정을 제대로 돌보지 못해 딸 셋을 모두 잃은 아픔을 겪었음에도, 의리를 지키며 가족의 보호자가 되어준 것에 고마움과 함께 미안함을 표현한다.

이처럼 김구가 남성과 같이 여성을 인격체로 존중하고 나아가 보호자로 의지할 수 있던 데에는 어머니 곽낙원의 영향이 컸던 것 같다. 17세에 어렵사리 김구 하나를 낳은 그는 용감하고 배포가 컸다. 김구의 어린 시절 남편이 전신불수가 되자 집과 밥솥까지 판 뒤 아들은 큰집에 맡기고 유리걸식하다시피 하며 고명한 의원을 찾아 결국 병을 고쳐 돌아올 정도였다. 아들의 옥바라지도 그의 몫이었다. 7~8개월 만에 외아들을 면회하면서도 태연하게, 경기감사 하는 것보다 더 기쁘다며 가족 근심 말고 몸이나 잘 지키라고 말한다. 상하이에서 둘째 신이 태어난 뒤 '민국 6년'에 아내를 잃은 김구를 돌보고 두 손주의 양육을 맡은 이도, 일시 귀국했다가 돌아올 때 팔았던 세간 살림을 다시 사들여 일본 경찰의 눈을 속이는 등 담대하게 일을 꾸며 손주들과 함께 중국 입국에 성공한 이도 그였다.

소년 시절 이후 김구는 스승들을 모시고 따르기를 원했지만, 관계는 대부분 이어지지 못했다. 인생의 지도자로 삼을 법한 사상가들을 만났음에도 그랬다. 김구의 신념과 끈기는 결국, 임정이 마지막으로 옮겨 간 충칭에서 82세를 일기로 세상을 뜰 때까지 옆에서 아들을 믿고 지지한 어머니로부터 배우고 물려받은 부분이 컸던 셈이다. 그랬기에 김구는 여성을 남성에 비해, 한 인간을 다른 인간에 비해 열등하다 폄하할 수 없었던 게 아닐까?

당시 한국 내 많은 지식인은 일제의 '내선일체(內鮮一體·일본과 조선은 한 몸)', '일시동인(一視同仁·누구나 평등하게 똑같이 사랑함)'이라는 허울 좋은 통치정책 속에 일본인처럼 사는 것을 바라고 있었다. 그들은 사라져버린 조선 왕조 따위와는 비교할 수 없는 일본의 문명화된 모든 것이 자신들에게 평범한 생활이 되기를 꿈꾸며 살았다. 그 때문에 중일전쟁이 발발해 '민족말살 정책'으로 불리는 정책과 함께 전장으로 부름받는 것을 그토록 반겼는지 모른다. 드디어 한국인과 일본인의 차이가 사라지는 때가 왔다고 생각했을 테니 말이다.

그런 시기 한반도의 외부에 있던 김구에게 조선은 없어진 것이 아니었다. 대한민국 임시정부에 의해 이어졌고, 그래서 그는 일본에 계속 전쟁을 걸며 여전히 살아 있음을 알렸다. 망명정부도 아니오, 조선을 이은 왕통도, 심지어

대한민국임시정부 연하장 ©국립대한민국임시정부기념관
1939년 발행. "새해에 새로운 정신으로 인류 평화의 새 세계를 세우자"는 내용

영토도 국민도 없는 정부였지만, 1919년 거족적인 3·1운동의 결과 명망 있는 독립운동가들이 모여 민족운동의 구심점으로 수립되었기에 김구는 존경하는 마음으로 참여했고 자부심을 느꼈다. 『백범일지』에서 김구는 대한민국 임시정부 조직에 관해 기록한다.

"임시정부의 조직에 관하여서는 후일 국사(國史)에 자세히 오를 것이니 약(생략)하거니와 나는 위원의 한 사람으로 뽑혔었다."[91]

임정 환국 봉영회 시가 행렬
1948년 12월 19일 서울운동장에서 대한민국임시정부 환국 봉영회가 열렸다. 임정 요인들은 꽃 전차를 타고, 환영인파는 행렬을 이루며 이동

    짧은 문장이지만 뜻은 태산처럼 무겁다. 국권 회복에 대한 확신과 실천이야말로, 임시정부가 현 대한민국 정부의 법통으로서 높임 받게 된 이유일 것이다. 그를 중심으로 임시정부를 지키지 못했다면 대한민국 정부의 정통성은 어디에서 찾을 것인가.

    1945년 이승만을 필두로 해외 독립운동가들이 속속 한국으로 돌아오기 시작했다. 12월 19일 성황리에 열린 '대한민국 임정 요인 환국봉영(귀인이나 덕망이 높은 사람을 맞이함)회'는 당시 한국인의 미래에 대한 희망과 기대를 보여주는 듯했다. 그러나 11월 23일 귀국한 김구 등을 비롯해 12월 2일 귀국한 임정 요인들은 모두 '개인' 자격으로 귀국한 것이었다.

---

91) 金九, 앞의 책, p. 257.

당시 미 군정이 임정의 정부 자격을 승인하지 않았기 때문이다. 국내에서 건국준비위원회가 조선공산당의 주도로 확대, 개편된 조선인민공화국(인공)에 대해서도 마찬가지였던 미 군정은, 대신 조병옥과 김성수 등이 우익을 통합해 결성한 한국민주당을 적극 지지한다.

한국인은 귀국한 임정 요인들이 좌우를 단합시키고 친일파의 대두를 막아 통일된 민족국가를 수립하기 원했다. 그러나 김구는 임정의 법통성을 중시해 인공과 대등한 합작은 있을 수 없다고 생각했고, 인공 측에서도 대중의 지지를 받는 자신들이 임정 아래로 들어갈 수는 없다고 주장했다. 임정은 결국 모스크바 삼국 외상회의의 결정이 왜곡 보도되어 신탁통치를 둘러싸고 정국이 소용돌이치게 되는 12월 말까지 뚜렷한 비전을 제시하지 못했다.

서울에서 반탁투쟁은 12월 31일 최고조에 달했고 김구는 반탁의 초기 국면을 주도하면서 남북협상에 노력했다. 정치적 감각이 떨어진다는 비판에도 불구하고, 마지막까지 "38선을 베고 쓰러질지언정 단독정부를 세우는 데는 협력하지 아니하겠다"며 남북협상을 추구했던 김구의 외침은 한국인이라면 누구나 기억하는 대목이다.

1948년 8월 15일. 광복을 맞은 3년 뒤 대한민국은 태어난다. 식민지배에서 벗어났으나 끝내 서로를 부정하는 두 정치 세력이 38선을 사이에 두고 빚어낸 결과물. 그들의 '부정'은 냉전이라는 세계사적 현상과 맞물

김구의 「삼천만동포에게 경고함」
ⓒ국립대한민국임시정부기념관
1947년 김구가 "독립진영의 재편성, 합작위원회, 신탁, 삼팔선, 국제관계"의 다섯 가지 문제에 대해 국민의 협력을 구하기 위해 작성한 글.

김구의 국민장 행렬
1949년 7월 5일 국민장으로 거행된 김구의 장례식 행렬

렸고, 끝까지 통일을 추구하던 김구는 이듬해 6월 26일 경교장에서 총
탄에 스러진다. 그리고 사망한 정확히 일 년 뒤 그가 그렇게도 근심하고
우려하던 전쟁이 벌어진다. 한국전쟁(1950년 6월 25일~1953년 7월 27일)
이었다.

장례식에 50만 인파가 모여 오열했을 만큼 사랑과 존경을 받은 김구.
해주 상놈에서 대한민국 임정의 주석이 된 그의 삶이야말로, 양반과 상
놈이 사라지고 이윽고 국민이 주인이 된 대한민국의 상징이 아닐까.

그는 마지막까지 소망했다. 우리 국민 하나하나가 자유롭게 평등하게
문화 강국 대한민국을 이루며 세계 평화에 이바지할 날을 말이다. 그날
이 성큼 와 있는 현재이기에 김구의 꿈이 더욱 빛나는가 보다.

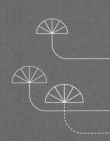

제4부

대한민국을
기록하다

엇갈리는 진실, 밟히거나 밝히거나
푸랜시스카 또나

"우리 땅에 미국과 소련의 힘이 겯고 트는 것도 우리가 이 두 힘을 얻어서 우리의 독립을 완성하고 그런 후에 시급히 우리의 실력을 길르기에 힘써서 하로라도 속히 그들의 후원이 필요하지 않도록 한다면 우리에게 그런 다행이 없으려니와 만일 조선사람이 다시 이조(李朝) 말년의 잘못을 되푸리해서 큰 세력에 현혹하여 제정신을 가누지 못하고 사대주의로 그를 섬기고 체면도 돌보지 않고 이에 빌붙어서 치사스러이 자기 당파와 자기 개인의 이익을 도모한다면 민족 백 년의 대계를 그릇쳐서 천추만대의 자손들에게 누를 끼치게 될 것이다."[92]

『(고쳐 쓴)조선역사』는 4판까지 무려 6만 6천 부가 판매된 『조선역사』의 개정판이다. 일본어로 된 책 대신 읽을 것이 없어 재미없어하는 소년들에게 초라한 선물이나마 보낼 수 있어 기쁘다는 머리말이었지만, 실제

---

92) 김성칠, 『(고쳐 쓴) 조선역사』, 大韓金融組合聯合會, 1950, pp. 252~253.

광복 직후 서울 종로 네거리 풍경 ⓒ서울역사박물관
국제보도연맹 발행 엽서. 왼쪽은 화신백화점 본관과 동관, 오른쪽 끝이 보신각이다. "사람은 왼편으로 차마는 오른편으로"라는 교통안내 현수막도 보인다.

광복 후 한글로 된 변변한 역사서 하나 없던 때 한국사에 목말라하던 사람들의 갈증을 풀어준 한국 최초의 슈퍼 베스트셀러였다. 펄벅의 『대지』, 박지원의 『열하일기』 등 번역서와 저서, 교과서, 수십 편의 논문과 기고문 등을 낸 광복 이후 대표적 역사학자 김성칠(1913~1951)의 역작이다.

67장 「독립에의 길」 마지막에서 피력했듯 김성칠을 비롯한 당시 지식인은 남과 북의 단절이 민족에 해가 될 것이라 우려했다. 단선 단정을 꺼리고 '남북협상'을 성원했던 것은 특히 '분단 이후에는 민족 상호의 혈투가 있을 뿐'이라며 전쟁을 예상했기 때문이다. 그리고 많은 이가 예견했던 대로 정부 수립 2년도 안 된 1950년 6월 25일 기어이 전쟁은 벌어지고 만다.

한국전쟁 동안 행해진 한국 정부의 선택들은 극단적으로 엇갈리는 기억과 시선에 의해 가엾이 추앙되거나 지독할 정도로 폄하 받는다. 그나마 남아있는 기록들도 서로 '왜곡'이라 비판받는 실정이다. 한국 현대사가 그만큼 비극적이었다는 증표일까?

대통령의 전쟁 비망록 성격을 띠지만, 이승만 서거 약 18년 후에야 공개된 푸랜시스카 또나(1900~1992 · 프란체스카 도너 여사의 한국 공식 호적 이름)의 『프란체스카 일기(Mrs. Rhee Diary)』는 그 한쪽 끝에 선 기록이다. 전쟁 발발부터 1951년 2월 25일까지 남편이자 대통령인 이승만과 함께 한 영문 기록은 신생 대한민국이 살아남기 위해 몸부림쳤던 순간으로서 한국전쟁을 기억한다.

전쟁이 발발했습니다만

한국전쟁은 한반도 전체를 휩쓸었고 전선은 38선만 세 번을 오르내리며 요동쳤다. 발발 당시 여느 때와 같은 38선 부근의 충돌로 여겼던 분위기에서 그해 한반도 전역을 훑게 되는 전면전이 벌어지리라고는, 심지어 미국을 비롯한 연합군과 중공군까지 참전한 국제전으로 확대될 것이라고는 누구도 감히 추측할 수 없었다. 더더군다나 전쟁이 38선을 사이에 두고 참호와 언덕에 자리 잡은 채 싸우는 진지전 형식으로 바뀌어 3년 1개월 2일 만에 끝날 것이라거나, 정부 수립 몇 년 안 돼 잿더미로 변한 대한민국이 초강대국 미국으로부터 '한미상호방위조약'과 '한국군 증강', '경제원조'라는 '약속'을 받아내고 전쟁에서 빠져나오게 되리라는 것도 물론이다.

전쟁 발발 당일 미국이 군대 투입을 결정하고, 다음 날 유엔안전보장 이사회에서 북의 행위를 침략으로 규정한 데는 이승만 대통령의 초기 대응이 결정적이었다. 국방장관 신성모의 낙관적인 보고와 불확실한 전황 정보로 전쟁 첫날을 사태 파악으로 보내야 했던 이승만은 심각성을 인지한 즉시 가장 긴급한 것이 '미국의 참전'이라 판단한다.

26일 새벽 3시 도쿄의 맥아더에게 전화를 걸자, 전속 부관은 장군을 깨울 수 없으니 나중에 걸겠다 대답한다. 한국에 있는 미국 시민이 한 사람씩 죽어갈 테니 장군을 잘 재우라며 이승만이 화를 낸 뒤에야 연결된다. 미국이 좀 더 관심과 성의를 가졌으면 이런 사태까지는 이르지 않았을 것이라 무섭게 항의하는 그에게 맥아더는 무기 긴급지원을 약속한다. 곧 워싱턴의 주미 한국대사 장면(1899~1966)에게도 트루먼 대통령에게 긴급히 지원을 요청하라는 지시를 내린다. 가톨릭 신자였던 장면은 미국 가톨릭계의 도움을 얻어 미국과 유엔군의 신속한 한국 파병을 끌어내는 데 공을 세우고 그로 인해 국무총리, 이후 야당 출신의 부통령이 되기에 이른다.

서울 상공에 적의 야크기가 뜰 때마다 방공호로 피신했던 26일을 보내고 다음 날 27일 새벽 2시 신성모, 이기붕, 조병옥이 대통령의 남하를 권유한다. 떠날 수 없다는 이승만에게 프랜시스카는 국가원수에게 불행한 일이 생기면 대한민국의 존속이 어렵게 되니 일단 수원까지만 내려갔다가 곧 올라오자며 침착하게, 간절하게 부탁한다. 수원까지만 내려가 주시면 작전하기가 훨씬 쉽겠다며 머리를 숙이는 국방장관과 수원은 멀지 않다며 넌지시 거든 프랜시스카. 이승만은 결국 그들의 의견을 따른다. 차창이 깨지고 좌석 스프링이 튀어나온 3등 객차로 서울역을 출발한 시각이 오전 3시 30분.

11시 40분 도착한 곳이 대구라는 사실을 안 대통령은 평생 처음 판단을 잘못했다면서 대구까지 오는 게 아니었다는 자책감에 서울로 가자며 기차를 되돌리게 해 대전에 도착한다. 남편과 20년 가까이 지내는 동안 이때처럼 회오와 감상에 젖은 음성을 들어본 적이 없다고 기록한 푸랜시스카는, 앞을 예견할 수 없는 상황에서 국가원수에게 무슨 일이 생긴다면 나라가 불행해진다는 생각에서 남하를 권했던 것이지 목숨이 아까워서 한 짓은 아니었다고 남긴다. 이승만이 후회하는 표정을 짓거나 자신을 원망하는 듯한 말을 할 때는 자기 마음을 몰라주는 것 같아 아내로서 외로움과 설움이 왈칵 몰려왔다는 심정도 함께였다.

푸랜시스카가 어머니와 유럽 여행 중 제네바의 호텔 드 루시의 식당에서 25살 연상 이승만을 만난 것은 1933년 2월 21일. 반대를 무릅쓰고 이듬해 9월 뉴욕에서 결혼하면서, 독립운동가의 아내가 된다. 한인 지도자의 외국인 신부를 탐탁지 않게 여긴 교포들은 그를 '호주댁'이라는 별칭으로 불렀다. 오스트리아를 하와이에서 익숙한 오스트레일리아로 착각한 때문이었다. 점차 교포사회에서 신망을 얻어

이승만과 프란체스카(1934년)

나간 그는 광복을 맞은 남편의 나라에 들어왔고, 1948년 대한민국 최초 퍼스트레이디가 되었다. 출중한 속기, 타이핑 실력으로 이승만의 비서 혹은 참모, 조력자 역할을 해왔는데, 그 밑바탕에는 남편에 대한 무한한 존경심이 자리하고 있었다.

반면 이 같은 내용을 사실이 아니라 보는 시선들은 당시를 다르게 기억한다. 이승만은 주한 미국대사 무초의 강력한 반대에도 불구하고 서울을 떠났다. 이미 25일 밤에 서울을 떠날 결심을 하고 있었다고 전한다. 대구까지 내려갔다가 "각하, 너무 많이 내려오셨습니다"라는 참모들의 건의에 다시 대전으로 올라왔다고 한다. 같은 결과일지라도 전혀 다른 설명. 지도자에 대한 평가가 판이할 수 있는 시각들에 '공식적이고 정확한 기록의 쓸모'가 새삼스럽다.

대전 도착 무렵 "이제 전쟁은 우리 미국의 전쟁이 되었다"라는 무초 대사로부터의 전화로 이승만이 학수고대하던 미국의 개입이 확인된다. 암담하던 분위기는 활기를 얻고, 임시정부를 대전으로 옮기기로 한다. 고무된 이승만은 "수도 서울을 사수하니 시민들은 동요하지 말고 생업에 종사하라!"는 취지의 대국민 담화 방송을 내보낸다. 좌절에 빠진 국민에게 희망을 안기기 위한, 마치 광복 이전 '미국의 소리'를 통해 백성에게 힘을 주고자 했던 것과 같은 의도의 방송이었을지도 모른다.

그러나 결과는 비극적이었다. 27일 밤 9시경 대전방송국으로부터 이승만 담화를 전화로 받아 방송하라는 연락을 받은 서울중앙방송국은 대통령이 서울에서 하는 것처럼 방송을 내보냈고, 이는 밤 10~11시 서너 차례 녹음으로 방송되었다. 이를 믿은 많은 시민이 집에 머물렀는데, 그 결과 대한민국의 수도 서울시민 대다수는 6월 28일부터 3개월간 김성칠

한국전쟁 피란민

의 표현처럼 울래야 울 수 없는 '인민공화국의 백성'이 되어버린다. 당시 서울대 문리대 사학과 전임강사였던 김성칠은 전쟁 발발 후 대한민국 정부로부터 '버려진' 서울에 '남김을 당했고', 그의 날카로운 안목과 필력은 서울시민 생사의 고비를 고스란히 담은 일기로 남게 된다.

게다가 6월 28일 새벽 2시 30분경 한국군은 경고 없이 한강교를 폭파했다. 북한군의 도항을 막기 위해서였지만, 이를 모르고 현장에 있던 수많은 피란민은 폭사하거나 익사한다. 방송과 한강교 폭파로 인해 결국 당시 서울시민 144만 6천여 명 중 40만 명 정도만 피란할 수 있었다. 후일 대중가요 「굳세어라 금순아」의 탄생으로 유명해진 12월 '흥남 철수'에서 '한국의 쉰들러'로 이름을 남긴 현봉학은 그 시각 가까운 현장에 있었기에 이에 대한 기억을 기록으로 남겼다.

"새벽 두 시가 조금 지나 병원(세브란스) 문을 나섰다. 한강 쪽으로 가는데 서울역 앞에서 용산으로 가는 길은 피난민으로 아수라장이었다. 우리도 그 속에 휩쓸려 걸어가는데 갑자기 '꽝'하는 요란한 소리가 들렸다. 무슨 소리인지 알 수 없었다. 한강 다리 근처에 가니 이제는 돌아오는 사람들로 대혼란이 일어났다. 한강 다리가 폭파되어 건너갈 수 없다고 했다.……서빙고 쪽으로 올라갔다. 한강에는 이미 배가 없었다. 서빙고 근처에서 구멍 난 작은 배 하나를 찾아냈다. 노도 없고 구멍이 뚫려 물이 새는 배여서 사람들은 그냥 지나쳤다. 그 배를 타고 한 사람은 물을 퍼내고 한 사람은 엉덩이로 구멍을 막고 팔로 노를 저어 한강을 건너갔다."[93]

당시 전황상 6~8시간 여유가 있었기에 조기 폭파는 이해할 수 없는 일이라고 한다. 한 국군 장성이 한강교 폭파를 북한군 작전이라 생각해 과연 적이지만 전술을 아는 놈들이라 감탄했다 하니 말이다. 인명 피해뿐 아니라 병력과 물자 수송에 막대한 타격을 입혔다는 비판이 대두되면서, 당시 폭파 책임을 맡았던 대령은 사형당해야 했다.

푸랜시스카 또한 훗날인 10월 16일 이 일에 관해 기록을 남긴다. 서울 수복 후 대통령을 찾아온 친척 조카 심 씨 형제는 이야기한다. 피란 갈 틈도 주지 않고 한강 다리를 폭파해버려 석 달 동안 온갖 고생 다 겪은 것도 억울한데 이제 와 죄인 취급까지 당하게 됐다고 서울시민들이 무척 분노하고 있으며, 이에 대한 원성이 높다고 말이다. 실제 서울 사람들은 북한군 점령 이전에 서울을 빠져나갔는가 아닌가에 따라 피란에서

93) 현봉학, 『현봉학』, 북코리아, 2017, pp. 151~152.

서울 수복 시가전

돌아온 '도강파'와 그렇지 않은 '잔류파'로 양분당했다. 잔류파는 도강파에 의해 '불순분자', '부역자'라 의심받으며 혹독하게 검증당한다.

김성칠의 일기에도 남하하지 못한 교수들이 모두 심사대상에 오르고, 자술서와 투서 등을 참고하면서 심사가 진행되는 일에 기막혀 함이 보인다. 눈치 빠른 사람들은 약삭빠르게 피란에 나선 것이 그럭저럭 가다 보니 우연히 정부와 행동을 같이하게 되어 이른바 "정부를 따라 남하한" 것이 되었다. 반면 "어리석고도 멍청한" 많은 시민은 정부의 말만 믿고 서울을 고수하다 갑자기 적군을 맞이해 90일 동안 굶주리고 생명의 위협에 떨다가 천행으로 목숨을 부지하여 눈물과 감격으로 국군과 유엔군의 서울 입성을 맞이했다. 그런데 뜻밖에 많은 '남하'한 애국자들의 호령이 추상같아서 자신들만 애국자이고 그대로 남아 있던 사람들은 모두가 불순분자라고 하니 억울한 노릇이 또 있겠느냐는 울분이었다.

이승만은 이런 소식에 몹시 침통한 음성으로 서울시민들을 먼저 피란시키지 못한 자신이 죄인이라고 답한다. 그러나 이런 그의 마음과는 별개로, 이전에도 이후에도 그 어떤 일에 관해서도 이승만이 국민 앞에 공식적인 '사과'를 한 적은 없다. 물론 28일 아침 무렵 서울이 북한군 손에 완전히 넘어가 버렸으니, 그때 피란하지 않으면 국가원수가 포로로 사로잡히는 아찔한 상황이 펼쳐질 수도 있었다. 평양 공격 때 김일성이 그 일주일 전에 빠져나간 것과 비교해도 훨씬 위험했다. 어쩌면 27일 서울을 빠져나올 수 있었던 것도 상당한 행운이 따른 것이었고 그마저 창동과 미아리 전선을 방어하던 국군의 영웅적인 저항 덕분이었다고 한다. 그러나 자신은 피란 간 상황에서 수도 사수를 호언한 녹음 방송 송출과 서울시민을 북한군 치하에 방치한 것이나 다름없는 한강교 폭파에는 비판 시선이 압도적이다.

7월 1일 오전 3시 미국대사 무초는 빠른 북한군 남진에 다시 이승만의 대전 탈출을 권유한다.

"대통령은 차라리 대전에서 죽는 게 낫지 더 이상 남쪽으로 내려가 경멸을 당하지는 않겠다며 대전 사수를 고집했다.……그러나 그에게는 당장 상황을 뒤바꿀 어떤 대책이 있을 수도 없었다. 대통령은 노트를 꺼내 내게 주며 메모를 부탁했다.……'죽음이 결코 두려운 것은 아니다. 다만 어떻게 죽느냐가 문제다. 나는 자유와 민주 제단에 생명을 바치려니와 나의 존경하는 민주 국민들도 끝까지 싸워 남북통일을 이룩해야 할 것이다. 다만 후사 없이 죽는 게 선영에 죄지은 불효자일 뿐이다' 나는 최후에 대비한 유서라고 생각했다. '후사 없는 불효자'란 대목은 곧바로 비수가 되어 내 가슴을 갈기갈기 찢었다."(1950년 7월 1일)[94]

이는 미군이 대전 북방에서 북한군의 공격을 저지해야 한다는 강력한 의사표시였다. 그러나 전라도를 거쳐 목포에서 해로로 부산에 도착해 당분간 머물러 있어야 한다는 데 결국 동의한다. 경부가도는 미군의 보급로로 사용할 예정이기 때문이었다. 정부가 이후 대구에 자리 잡게 됨으로써 전쟁 발발 직후 이승만의 피란길은 수원에서 대전을 거쳐 대구로, 대구에서 대전으로 이어졌고, 다시 대전에서 이리, 목포, 부산을 지나 그리고 대구로 옮겨간 셈이 되었다. 6월 27일~7월 9일 15일간의 행

---

94) 프란체스카 도너 리, 조혜자 옮김, 「6 · 25와 이승만: 프란체스카의 난중일기」, 기파랑, 2010, pp. 31~32.

적. 푸랜시스카 또한 기록은 남겼지만 그리했던 '이유'의 진실은 구체적으로 적지 않았고 그에 대한 후대의 시선은 역시 엇갈린다.

그동안 도쿄 미 극동군사령부는 유엔군사령부가 되고 7월 10일 맥아더 장군이 초대 유엔군 사령관에 임명된다. 이로써 참전 유엔군에 대한 작전통제권을 행사하게 된 셈이지만, 전황은 계속 불리해졌다. 이런 가운데 이승만은 7월 15일 맥아더에게 편지로 한국군의 작전지휘권을 위임한다. 이는 한국군을 맥아더의 지휘 아래 둠으로써 유엔군의 일원으로 전쟁을 수행하는 의미를 지녔다. 당시 유엔 회원국이 아닌 한국에 회원국 자격을 부여하는 절묘한 효과를 지니는 선택이었으나, 반면 주권의 포기로도 보는 시선은 이 또한 극렬하게 비판한다.

피란 중, 전쟁을 끝내야 합니다만

푸랜시스카는 대구 시절 정부 요인들의 형편을 애정 어린 눈으로 표현했다. 피란길 너나없이 단벌 신사들이던 그들은 모두 양복이나 와이셔츠를 아끼려고, 임시 경무대가 된 지사 관저에 들어오면 팬츠만 입고 윗옷은 옷걸이에 모셔놓곤 했다. 간혹 서울에서 비참한 소식이라도 들려오는 날이면 두고 온 이들 생각에 팬츠 차림으로 둘러앉아 울었다. 지사 관저 앞 양조장과 큰 건물은 공동합숙소였는데, 방이 부족해 새우잠 자는 것은 다반사였고 차례가 늦으면 앉아서 자기도 했다. 화장실에 다녀오면 자던 자리는 빼앗겼다. 너나없이 등허리에 땀띠가 나도록 정신없이 뛰어다녔지만, 누구 하나 불평하는 사람이 없었다.

반면 완전히 판이한 지도자들의 행태에 관한 서술은 또 다른 시선이다. 피란민이 운집한 부산에서의 모습들. 특히 1·4 후퇴 이후 부산은 인구 백만 명을 돌파하면서 사정이 매우 열악해진다. 도로 양측은 물론 산비탈, 공지, 하천 변 심지어 남의 집 마당까지 피란민들의 움집과 판잣집이 없는 곳이 없을 정도였다. 그마저도 못 구한 사람들은 노천에서 잠자리를 해결한다. 식수, 식량, 주택 모두 부족한 상황. 전장의 상황만이 아닌 임시 수도의 상황도 정부에게는 해결해야 할 과제였다.

　　그러나 더 심각한 것은 부산이 가진 상반된 얼굴. 푸랜시스카의 기록은 당시 부산이 상당수 고위층과 부유층 인사들, 그리고 그 자제들로 술집들이 붐비고 댄스홀은 만원을 이루며 호화판 비밀 요정은 스물네 시간 휘황하게 불 밝히기도 할 정도였다는 기억들을 뒷받침해준다.

임시수도 정부청사 ⓒ문화재청
부산은 1950년 8월 18일~10월 27일, 1·4 후퇴로 1951년 1월 4일~1953년 7월 27일 대한민국 정부의 임시수도였다. 현 동아대학교 석당박물관은 1920년대 경상남도청으로 건립되었다가 한국전쟁 중 임시수도 정부청사로 사용되었다.

임시수도 부산의 모습

"부산은 가장 어지러운 곳으로 변했다. 부유한 사람들은 그들이 가진 재산에 관한 걱정이나 하면서 오직 나라 밖으로 떠날 마음뿐이다.……신문은 '전쟁을 망각한 부산?'이라는 제목하에 이들을 향해 '보이소, 피난을 왔습니까? 유람을 왔습니까?'하고 경고했다. 하지만 그들은 일선에서 혹한과 싸우며 목숨을 희생하고 있는 우리 장병들의 고통이나 부상병들의 참상, 전쟁고아들의 애처로움은 아랑곳없이 유흥과 호의호식을 일삼고 있어 사람들의 눈살을 찌푸리게 만든다."(1951년 1월 13일)[95]

부산에 결집했던 고위층들은 전쟁 발발 직후부터 배를 부산항에 대놓고 전황이 여의치 않을 시 일본으로 탈출할 계획을 세워놓는다. 이미 일부는 제주도로 피란 가 있었음은 물론이다. 일본으로 밀항하여 해외 도피를 꾀하는 자들을 엄중 처벌할 것이며, 제주도 피란을 금지한다는 정부 발표가 있었다는 내용의 기록은 그런 일들이 비일비재했음의 반증일 것이다.

그뿐 아니다. 당시 외무부에는 일본행 여권 신청자 수가 계속 증가하

---

95) 프란체스카 도너 리, 앞의 책, p.383.

고 있었는데, 대부분 권력층과 부유층 인사들이었다. 여권 업무를 담당하는 책임자와 직원들은 그럴듯한 여행 이유를 대곤 하는 그들의 청탁과 압력에 시달리기 일쑤였다. 한번 외국에 나간 이들은 당연히 돌아오려 하지 않았고, 그들의 자녀들은 더욱 그랬다.

한편 이승만은 미국 유학 시절 잃은 태산 외에 자녀가 없었다. 그래서인지 푸랜시스카의 기록 속 이승만은 아이들을 상당히 사랑하고 아끼는 모습이다. 특히 조재천 당시 경북지사의 아이들과는 대구 임시 집무실에서 딱지치기나 종이배 접기를 하며 놀아주거나 일일이 껴안고 귀여워하면서, 지사는 복도 많은 사람이라고 연발한다. 그때마다 죄스럽다 느끼는 푸랜시스카에게 대한민국의 청년이 모두 아들이라면서 많은 아들을 두었으니 할 일이 많다고 위로하곤 했다.

그러나 1950년 9월 8일 푸랜시스카의 기록에 따르면, 무초 대사에게서 한국 정부 요인들이 자기 아들들의 유학 비자를 부탁해 와 골치가 아프다는 소리를 듣고 몹시 괴로워한 이승만은 이럴 때 아들이 있어 군에 입대시켜 직접 모범을 보일 수 있다면 좋겠다고 한탄한다. 어린 시절 큰 신세를 진 종가댁의 장손 '황'이를 군대 보내라고 했는데, 그가 입대하지 않은 데다 심지어 대통령 임시 관저를 찾아왔다. 비서들은 이승만의 호통이 떨어질 것에 질겁해 그를 뒷방에 숨겼다가 김홍일 장군에게 보내 훈련소 입소를 부탁해야 했다.

그런 이승만이었기에 군 복무를 피해 자식들을 해외로 도피시킬 생각만 하는 듯 보이는 야당 정치인들이 눈에 찰 리 만무했을 것이다. 물론 야당 정치인들만 그리했을까 싶지만 말이다. 게다가 푸랜시스카에 의하면 그들은 전쟁 와중에도 장관과 국무총리 자리를 요구하며 권력의 분점을 주장해오고 있던 터였다. 이런 야당 지도자들에 대한 이승만의 불신이 극에 달하며, 결국 '부산 정치파동', '발췌개헌' 등으로 이어졌다고 보는 시선이 한쪽 편이다.

이와 상반된 인식 역시 있다. 당시 타이완 대사의 증언과 같이 이승만은 우방국 대사들에게조차 아무런 통고 없이 서울을 떠나 피란해버린 데다, 독단적으로 전쟁을 수행하는 데 대해 야당 인사들의 불만과 분노가 정점에 다다랐다고 보는 시선이다. 사실 한강교 폭파 등의 결정으로 국회의원 62명이 행방불명되었다가 32명만 살아 돌아오는 비극적인 일이 발생하기도 한 참이었다. 그런 상황에서 이승만에 대한 국회의원들의 실망과 저항이 심해지는 것은 당연하지 않겠는가? 둘 사이 충돌은 개전 초기 이미 예고된 것이었는지도 모른다.

한편 9월 28일 서울을 수복한 국군과 유엔군은 9월 말 38선까지 진격하는 데 성공하며, 유엔이 최초 결의했던 전쟁목표를 달성한다. 10월 1일 동해안 지역 국군은 38선을 돌파한 후 통일을 목표로 북진을 시작했다. 뒤따른 유엔군의 10일 원산 점령, 19일 평양 탈환으로 북진은 절정에 달한다. 이즈음부터 이승만의 북진 통일 주장에 대한 날 선 비판은 계속되는데, 이승만은 독립운동 당시 듣던 미치광이 소리를 또 한 번 들어야겠다고 한다. 그는 이번에는 소위 우방 정치 지도자들에게서 올 것이라고 하며, 통일만 된다면 그것이 얼마나 감수하기 좋은 욕이냐고 푸랜시스카를 향해 웃는다.

"이제 대통령은 몹시 화를 잘 내는 고집 센 동맹자로 알려지기 시작했다. 심지어는 부패하고 돈 많은 사람이라고 거짓 소문을 퍼뜨려 고의적으로 대통령의 이미지를 흐리려고 한다. 미국은 온갖 방법과 수단을 동원하여 한국 통일을 염원하는 대통령을 뒤에서 공격하기 시작했다. 심지어 그들 중에는 대통령을 통일 한국의 초대 대통령이 되고 싶어 하는 야심가로 비꼬는 측도 있었다."(1950년 10월 19일)[96]

하지만 이승만의 바람과 달리 중공군이 참전하면서, 그들의 대규모 공세에 국군과 유엔군은 철수해야 했다. 다시금 서울을 빼앗겼다가 재탈환한 후 전쟁은 휴전협상에서의 설전과 고지 쟁탈전으로 그 양상이 변한다. 1951년 7월 10일 개막된 휴전회담은 중단, 휴회, 재개 등을 반복한다. 유엔군 보도진 출입문제, 공산군 측 중립협정 위반 날조 사건, 휴전회담 장소 이전, 세균전, 포로교환 문제 등등 이유도 갖가지. 2년 17일간 159번의 본회의 동안 생산된 문서는 성인 키를 훌쩍 넘는다. 그러나 협상테이블에서 유리한 위치를 점유하기 위해 38선 부근 교착된 전선에서는 전투가 계속되며 양측 젊은이들의 꽃다운 목숨이 무수히 사라져갔다.

협상 과정 중 최대 난관은 포로교환 문제. 양측의 모든 포로를 즉각 교환하자는 중공 측 제안에 미군과 유엔군은 포로 본인 의사에 따라 송환하자는 의견을 내세웠다. 그 과정에서 1953년 휴전협정 체결 직전 중공군이 공세를 퍼부은 것은 충격적인 소식을 접했기 때문이다. 포로로 잡힌 중공군 2만 1천여 명 중 3분의 2 이상이 타이완행을 선택한 것. 상실한 포로 수만큼 한국군의 인명을 살상하려는 의도에서 시행된 작전은

---

96) 프란체스카 도너 리, 앞의 책, p. 219.

이승만 정부가 반공 포로 석방이란 초강수를 둔 것에 대한 보복이었다.

1952년 직선제로 2대 대통령에 당선된 이승만은 이듬해 6월까지도 휴전에 반대하며 휴전 전에 한미상호방위조약을 체결해야 한다고 선언하고, 미국 원조 없이도 싸우겠다는 입장까지 발표한다. 그러나 한국의 안전에 대한 보장 없이 휴전을 강행하려는 미국과 유엔에 의해 휴전협정이 가시화되던 상황. 1953년 6월 8일, 이승만은 헌병 사령관을 불러 6월 18일 새벽을 기해 모든 반공 포로들을 일제히 석방할 것을 지시한다. 당시 포로수용소의 전반적인 관리책임은 미군이 담당했지만, 철조망 밖 경비 임무는 한국군이 맡고 있었기 때문에 가능한 일이었다.

한국군 헌병사령관은 비밀리에 대통령의 명을 포로수용소 경비 헌병대에 하달한다. 당시 반공 포로들은 거제도에서 분리 수용된 후, 부산을 비롯해 광주, 논산 등지에 분산 수용되어 있었다. '거제도 83 수용소'의 포로 김태일은 석방되던 날을 회고하며 기록을 남겼다.

"1953년 6월 17일 밤 10시경, 수용소 밖의 한국군 헌병대에서 긴급연락이 왔다.……우리들은 모든 사물은 다 버리고, 신발끈을 단단히 매고 긴장과 초조한 마음으로 약속된 시간을 기다리고 있었다. 1953년 6월 18일 대망의 시간 새벽 1시가 되어 일제히 지정한 철조망으로 달려가 보니 정말 철조망이 대문짝만큼 크게 뚫어져 있었다. 우리는 뚫린 철조망을 빠져나와 가야산 쪽을 향하여 온 힘을 다해 정신없이 뛰기 시작했다. 금방이라도 미군들이 총을 쏘며 뒤따라올 것 같은 위기감을 느끼면서 죽을 힘을 다해 뛰었다.……부산의 가야산을 넘어 처음 도착한 민간인 집은 부산시 동대신동 산 중턱의 어느 자그마한 집인데 대문이 활짝 열려 있어서 나를 기다리고 있는 듯싶었다. 무턱대고 들어가니 중년층의 그 집 내외는 나를 반기며 수고했다고 격려해 주었다. 내가 입고 있던 아래위 미제 새 사지 군복을 벗어주고 집주인 남자의 줄무늬 헌 와이셔츠와 헌 바지로 바꿔 입었다.……기다리고 있던 부산경찰서 소속의 경찰관이 나를 안내해 영도다리를 건너 영도의 봉래동 1가 동회 동창 집에 인계한 후 사라졌다.……이리하여 2만 6천 명의 반공 청년들은 석방 일주일 후에 전원을 경찰이 소집해 전부 한국군에 예외 없이 자동 편입되었으며, 대부분의 북한 대학생 출신들은 간부후보생 훈련을 받은 후 한국군 장교가 되었다."[97]

이승만의 반공 포로 석방은 그에게 커다란 정치적 승리를 안겨준다. 휴전을 하루라도 빨리 성사시키려던 미국 정부는 한미상호방위조약 체결 등을 약속하고 나서야 그에게서 휴전에 대한 양해를 받아낼 수 있었다. 제퍼슨 대통령 이래 "아시아 국가와 군사동맹은 없다"던 미국. 그와의 방

정전 협정문

위조약 체결은 내부의 수많은 정치적 비판을 잠재우고 결국 이승만을 인정받게 한다. 그러나 그 같은 승리가 국민이 이승만의 지도력에 의문을 품게 만드는 '독선'으로 향하는 확실한 발판이 되었을지도 모른다.

이승만 자신이 그토록 소리높여 부르짖었던 조국의 미래는 자유민주주의 국가였음에도, 이에 대한 그의 부정은 '부산 정치파동' 이래 이미

97) 김태일, 『거제도 포로수용소 祕史』, 북산책, 2011, pp. 167~169.

한국전쟁 정전 협정 조인 장면(1953년 7월 27일)
왼쪽 연합군 측 대표 해리슨 중장, 오른쪽 인민군 측 대표 남일 대장이다.

시작된 터였다. 대한민국 3대 대통령으로 당선된 이승만에 대해 더는 조선 왕실 아래 존재하는 '백성'이 아닌, 일제강점과 분단, 전쟁이라는 천신만고 끝 민주주의 새싹으로 자라나게 된 '국민'은 소통을 요구하기 시작한다.

하지만 여든을 훌쩍 넘기게 되는 이승만의 건강을 걱정한 프랜시스카는 부정적인 내용은 남편에게 알리지 않으면서, 이승만을 옹위하는 세력으로 만들어진 '인(人)의 장막' 속에 보호하는 것으로 남편에 대한 변함없는 존경과 애정을 표현한다. 이로 인해 세상과 격리되고 국민의 요구로부터

한미상호방위조약 가조인
1953년 8월 8일 서울 경무대에서 외무장관 변영태와 미국 국무장관 존 포스터 덜레스가 대통령 이승만 등의 참관하에 조약에 가조인하고 있다. 1953년 10월 1일 워싱턴 D.C.에서 체결, 1954년 11월 18일 발효.

차단된 이승만은 독립협회 운동 시절 이래, 그리도 근심하며 밤새 기도하곤 했던 대한민국 국민으로부터, 그들과 함께하는 자유민주주의 미래로부터 점점 멀어져갔다.

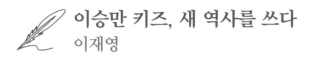

이승만 키즈, 새 역사를 쓰다
이재영

1948~1960년 한국에서는 대선과 총선이 2년마다 번갈아 가며 있었다. 1948년 국회의원에 의한 간접선거로 초대 대통령에 당선된 이승만은 '발췌개헌'으로 직선제를 통해 2대 대통령에 당선된다. 『더 타임스』의 기자 허그로프는 1952년 한국전쟁 중 개헌을 전하는 기사를 썼다. "한국에서 민주주의를 기대하는 것은 쓰레기통 속에서 장미가 피기를 기대하는 것과도 같다." 이 같은 신랄한 조롱 때문에 한국은 전 세계의 웃음거리가 되었다.

그러나 2년 뒤 이승만은 다시 3선 제한 철폐를 핵심으로 하는 '사사오입 개헌'을 통해 1956년 3대 대통령 선거에서 당선된다. 야당인 민주당은 역사에 길이 남을 "못 살겠다 갈아보자!" 구호를 등장시켜 파란을 몰고 왔다. 하지만 인기가 높은 대통령 후보였던 신익희가 대선을 열흘 앞둔 5월 5일 새벽 호남선 열차 안에서 뇌일혈로 급서하면서, 장면만 부통령에 당선될 수 있었다. 선거에서 약진이 두드러졌던 진보당 후보 조봉암은 평화통일론을 주장한 죄로 1959년 사형당한다. 이듬해 이승만은

3대 대통령·4대 부통령 선거 민주당 포스터

4대 대통령에 다시금 당선되나 나이가 문제, 85세 고령이었기에 유고 시 자유당 정권 연장을 위해서는 이기붕의 부통령 당선이 중요했다.

1960년 3·15 부정선거로 참고 참았던 민심은 기어이 폭발하고 만다. 그 뜨거운 역사 속에 당시 서울의 명성여고[98] 야간에 재학 중이던 이재영 또한 있었다. 그는 "역사의 봄을 되살린" 4·19혁명 상황을 포함한 일기를 남겨 당시 수많은 이의 여망을 대신 전한다. 자유당 천하의 '민주적이지 못한' 세상이 한 번쯤은 제대로 돌아가길 바란 대한민국 국민의 애끓는 마음들, 그리고 그를 위해 함께 목소리를 내 결국 새 가치관과 질서를 세우며 역사를 나아가게 한 실천의 순간들을 말이다.

1960년 봄, 그날들

민주당 대통령 후보 조병옥은 대선을 앞둔 1월 29일 미국 월터리드 육군병원으로 위장 수술을 받으러 떠났다. 자유당은 조병옥이 떠나자, 원래

---

98) 현 동국대학교 사범대학부속 여고. 이재영은 1960년 3월 서울 창신동의 배성 고등공민학교를 졸업하고 4월 6일 명성여고 야간부 2학년으로 전학, 4·19혁명 발발 당시 재학 중이었던 것으로 보임. 고등공민학교는 중학교 과정 교육을 받지 못하고 취학연령을 초과한 사람 또는 일반 성인에게 중등 및 직업교육을 목적으로 설치되었던 교육기관으로, 1970년대에는 전국 학생 수가 7만 명에 달했으나 점차 중학교 무시험 전형, 의무교육화가 진행되면서 2021년 현재 전국에 3개소만 남아 있음.

5월 실시 예정이었던 대선을 농번
기를 피한다는 구실로 3월 15일에
실시한다고 발표했다. 2월 15일
밤 조병옥이 병원에서 사망했다는
소식이 들려온다. 신익희에 이은
대통령 후보의 두 번째 돌연사. 국
민은 망연자실했다. 2월 21일 유

4대 대통령 선거 민주당 대통령 후보 조병옥

해가 운구되어와 국민장으로 장례가 치러진다. 국민 사이에는 조 박사 추
모곡이 불린다. "가련다 떠나련다/ 해공 선생 뒤를 따라/ 장면 박사 홀로
두고/ 조 박사도 떠나갔네/ 가도 가도 끝이 없는/ 당선 길은 몇 굽이냐/ 자
유당에 꽃이 피네/ 민주당에 비가 오네" 당시 유행하던 「유정천리」를 개
사한 노래였다.

당시 배성 고등공민학교 졸업을 앞두고 있던 18세의 이재영은 조병옥
의 빈소를 방문한 2월 22일 일기에서 본격적인 혁명의 기록을 시작한다.
조 박사의 사망에 대한 그의 아쉬운 마음은 다른 이들과 매한가지였다.

"오늘은 조 박사님이 이 세상에서 마지막 밤을 보내시는 날이다. 이대
로 지내기에는 너무 아쉬워 가만히 있을 수 없어 마지막으로 조 박사님
앞에서 부르짖고 싶었기에 밤늦도록 조사를 썼다. 나의 작은 마음을 행
동으로 보이기 위해 혈서를 쓸 것을 결심하고 계획을 세워 준비를 하였
다."(1960년 2월 24일)99)

99) 이재영, 『4·19혁명과 소녀의 일기: 역사의 봄을 되살려낸 민주주의 이야기』, 지식과감성, 2017, p. 31.

다음 날 돈암동 빈소에서 실행에 옮긴 혈서 소식은 『동아일보』에 났고, 3월 5일 장면 후보 서울 연설장에서 여성 정치인 박순천이 지지연설을 할 때 이재영은 또 혈서를 써 그 역시 신문에 언급된다. 60여 년이 지난 현재로서는 고등학생이 몸을 해치며 '국가를 위한 희생'이라 생각한다는 상황 자체가 극도로 무겁게 느껴진다. 그러나 목소리를 내려면 그 정도의 필사적인 방법은 써야 했던 것이 그즈음 대한민국의 사회 분위기였다. 이승만이 3대 대선 후보 출마 결심의 이유로 "3백만 명 이상의 민의들이 날인한 탄원서 혈서가 들어왔고……"라고 밝혔듯이, 당시 혈서는 의사 표현의 수단으로 간주 되었고 심지어 혈서를 직업적으로 쓰는 사람들도 있었다. 일기 곳곳에서 이재영만이 아닌 다수의 혈서에 관한 내용이 자연스럽게 보이는 까닭이다.

4·19혁명은 대구 학생시위가 첫 불씨였다. 대구에서 자유당 유세가 있던 2월 27일 토요일. 행정 당국의 허가가 필요한 모든 영업체는 휴업했다. 학교는 단축 수업을 해 12시 전에 수업을 마쳤고 대구시 주변 군민에게는 교통 편의가 제공되었다.

자유당 유세를 적극적으로 지원하는 이 같은 행태는 다음 날 장면 후보의 정견 발표에 대해서는 온갖 창의적인 형태의 방해로 나타난다. 2월 28일은 일요일. 하지만 대구 모든 섬유공장은 정상 가동해 직원들은 출근해야 했다. 군인은 친목 도모를 위한 체육대회, 노래자랑 대회에 참가해야 했고 학생들은 등교해야 했다. 학기말 시험과 토끼사냥, 임시 수업, 졸업생 송별회, 무용발표회 등 명분도 다양했다.

이 같은 강제 등교 지시는 경북고를 비롯한 수많은 고등학교 학생을 학교 밖으로 뛰쳐나오게 했다. 거리에서 마주친 학생들은 자연스럽게 합세해 "학원의 자유를 보장하라!!" "학생을 정치 도구화하지 말라!!"라는 내용을 외치며 시위를 벌였다. 경찰이 학생들을 연행하면서 시위는 더욱 확대된다. 이날 소식은 라디오 방송을 통해 전국으로 퍼져나갔고 이후 여러 도시에서 중고등 학생들의 시위가 발생했다. 물론 이 시점의 학생시위는 부정선거라는 정치적인 문제에서 발생했을지라도, 당국의 학원에 대한 간섭과 통제에 대한 항의가 초점이었다. '정권 교체'나 '이승만 퇴진' 같은 구호가 등장하기까지는 시간과 안타까운 희생이 더 필요했다.

부정선거 유세는 대구 한 지역만의 문제가 아니었다. 이재영이 있던 서울에서도 마찬가지였다. 장면은 유세 장소로 서울운동장을 겨우 허가받았는데, 2시 연설회가 시작되기 세 시간 전부터 사람이 갈 수 있는 곳은 빈틈없이 꽉 차 있어 이재영도 간신히 운동장으로 들어간다. 그런데 2시 반쯤 유세가 한창 진행되는 중 원인 모르게 정전이 되면서 차질을 빚었고, 그런 방해 공작에 분개한 사람들의 고함은 하늘을 찔렀다.

이재영은 일기에 민주당이 폭로한 '3·15 부정선거를 지시한 비밀지령[100]'을 기록해놓았다. '4할 사전 투표', '3인조 또는 4~5인조 공개투표', '완장부대 활용', '야당 참관인 축출' 등 방법도 갖가지. 각 지방 특히 농촌에 집중적으로 실시할 수 있도록 교육했다는 내용이다. 사실 이는 내무부장관 최인규가 세운 '부정투표 계획 전략'의 일부였다. "지령 실행에 방해물을 제거하기 위해서는 유혈도 불사하라"는 최후의 방법까지 알려주는 매우 '치밀'하고 '친절'한 전략이었고, 3월 15일 그대로 시행된다.

---

100) '警察官 및 公務員에 指令된 不正選擧敢行方法 民主黨 發表', 「동아일보」, 1960. 3. 4.

선거 당일 일부 지방 민주당 조직들은 일찌감치 선거 무효와 포기를
선언했고 일부는 항의시위를 했다. 서울 민주당 중앙지도부는 선거 종
료 30분 전인 오후 4시 30분 선거 무효를 선언하고, 개표에 참관인을 참

『동아일보』 1960년 3월 4일 자
맨 위 "경찰관 및 공무원에 지령된 부정선거 감행방법 민주당발표" 기사가 보인다.

여시키지 않겠다고 발표한다. 마산에서 부정선거에 항의하는 대규모 시위(1차 마산봉기)로 8명이 사망하는 유혈 사태가 발생한다. 17일에는 신문마다 1면 머리기사로 "이승만 대통령 당선 판명" "이 대통령 4선 확정"을 다룬다.

선거 후 한 달여 가까이 지난 4월 11일이었다. 마산 합포만 중앙부두에 시신이 한 구 떠올랐다. 전북 남원이 고향인 17세 고등학생 김주열. 1차 마산봉기 때 실종돼 어머니가 사방을 찾아 헤매던 중이었다. 최루탄이 눈에 박힌 채 부패한 그의 참혹한 모습에 마산은 격분한다. 『부산일보』마산 주재 기자 허종이 찍은 사진은 다음 날부터 전국 신문, 통신사, AP 통신을 통해 전파되며 대한민국을 강타한다.

"이날의 마산 제2차 시위와 주열이의 시체가 떠오른 사실을 저(김주열 어머니 권찬주)는 다음 날인 12일 남원 집에서 신문을 보고야 알았습니다. 이날 경찰지서에서 주열이의 인상착의를 물으러 왔으며 주열이의 소식을 알게 됐다고 말했습니다. 지프차가 오더니 경찰관이 나를 어디론가 데리고 가는데 가서 보니 검찰청이었습니다. 시체 인수증에 손가락으로 지장을 찍으라고 했습니다. 거절했습니다. 그랬더니 시체가 마산으로 넘어가면 또 데모가 나고 (시위대가) 막 부술 것이라고 했습니다. 그래도 나는 '시체를 못 받겠으니 이기붕이 집에 갖다주라'고 말했습니다."(1960년 5월 8일)[101]

---

101) 국가보훈처, 「부산일보 1960년 5월 8일 자」, 『(4·19혁명 60주년) 민주 열사들을 만나다』, 국가보훈처·국립 4·19민주묘지, 2020, pp. 20~21.

전국으로 시위가 확산하던 4월 19일. 아침이 밝았다. 조간신문을 든 서울시민은 아연실색했다. 전날 시위를 벌이고 돌아가던 고려대생들이 정치깡패들에 습격당한 참혹한 내용의 1면 머리기사. 중·고등학생, 대학생들은 거리로 쏟아져 나왔고, 오후 1시경 이들이 중심이 된 서울 시내 전역의 시위 군중은 10만을 넘어섰다. 대통령 관저인 경무대로 향한 시위대 2천여 명이 그 어귀에서 경찰과 대치한 시각은 오후 1시 40분. 학생들이 그곳으로 간 것은 미리 계획된 것도, 이승만을 몰아내기 위해서도 아니었다. 그저 요구사항을 전달하고 대화 또는 항의하러 간 그들. 대치한 경찰은 간격이 10여 미터로 좁혀지자 민간인인 그들을 향해 발포했다.

"모였던 데모 군중은 모두는 어리둥절하며, 떠들던 소리도 멈추고 순간 조용해졌다.……총알이 우리 옆에까지 날아오기 시작하였다. 순간에 분위기가 살벌해지면서 사람들은 처음으로 날아오는 총알을 보더니 웅성대며 어떻게 행동해야 할지 몰라 몸을 더 웅크리고 앉아 있었다. 이곳저곳에서 총알이 떨어지는 소리가 들렸다."(1960년 4월 19일)[102]

오후 2시경 세종로 네거리에는 시체와 부상자를 실은 구급차들이 사이렌을 울리며 오갔다. 대낮 수도 서울 한복판에서 22명 사망, 170여 명이 중경상을 입은 유혈 사태에 국민은 아연했고 분노했다. 성난 시위대는 서울신문 사옥과 반공연맹 건물에 불을 질렀다. 파출소들을 습격해

---

102) 이재영, 앞의 책, pp. 185~186.

돌을 던지거나 사무 집기를 파괴하고 서류를 불태웠다. 이기붕의 집으로 몰려가는 이들도 있었다.

　이재영은 시위에 참여해 구호를 외치고 대열을 이끌기도 하면서, 아들도 아닌 딸자식이 거리를 누비며 다니고 있으니 부모님에게는 얼마나 걱정을 끼쳐드리는 건가 생각이 들기도 했지만, 이미 각오하고 나선 몸이기에 힘과 목숨이 다할 때까지 투쟁하리라 마음먹는다. 아마 그날 그 거리에 나섰던 수많은 이들은 모두 같은 다짐이었을 것이다. 딸을 찾느라 온 식구가 혼비백산해 있던 집으로 돌아와, 품에 지니고 다니던 묵주가 세 조각으로 끊어진 것을 발견하고서야, 그는 자신이 얼마나 위험했는지 깨닫는다.

"아들(4월 19일 경무대 앞 희생자 김창필)은 1960년 4월 18일 고려대생 데모 대열에 섞여 국회 의사당에서 시위를 했다. 다음 날인 4월 19일 해무청 앞에서 동국대생들에 합세하여 최루탄 세례를 무릅쓰고 선봉에 서서 경무대로 향했다. 아들은 경무대 앞에서 경찰의 무차별 사격에 심장과 복부에 관통상을 입고 생을 마쳤다. 동아일보 취재 지프차는 창필의 시신을 싣고 중앙청 앞을 지나며 피 묻은 옷을 흔들었다. 나는 그곳에 서 있으면서도 그 옷이 아들의 옷이라는 것을 몰랐다. 이날 많은 희생자들이 이어졌고, 계엄령이 선포됐다. 귀가해서 온 식구와 함께 밤새도록 아들을 기다리며 뉴스에 귀를 기울였으나 끝내 돌아오지 않았다. 이튿날 새벽부터 눈에 띄는 대로 시내 병원으로 달려가 신원이 확인되지 않은 시신들을 정신없이 살피며 아들을 찾았다. 오전 9시경에는 적십자병원에서 서대문서 사찰계 형사들로부터 매를 맞기도 했다. '폭도를 찾으려는 놈도 같은 놈이다'라며 나를 폭행한 뒤 서대문경찰서로 연행한 경찰의 폭거는 신문에도 보도됐다. 오후 늦게 마지막으로 간 수도육군병원에서 아들의 시신을 만났다."[103]

'피의 화요일'이라 불리게 된 이날 정부가 비상계엄령을 내리자 시위는 주춤한다. 그러나 주말 동안 행한 이승만과 자유당의 수습 조치는 여전히 오만해 국민의 분노를 증폭시켰다. 23일 이기붕은 부통령 당선자 신분 사퇴를 "고려"하고 내각제 개헌을 하겠다는 성명서를 낸다. 같은 날 계엄사령관과 함께 학생들이 입원한 서울대병원을 방문, 금일봉을 전달하는 '격려'를 한 이승만의 모습은 마치 학생 저항쯤은 쉽게 넘어갈 수 있다고 자신하는 것 같았다. 다음 날 그는 자유당 탈퇴 등을 언급한 성명서를 내지만, 부정선거는 언급조차 하지 않는다.

25일 월요일. 대부분 시위는 이제 정권 타도 운동으로 바뀌었다. 오후 1시 15분경 마산, 할머니들이 "죽은 학생 책임지고 리 대통령은 물러가라!"라는 플래카드를 들고 시위를 벌인다. 『동아일보』 추산 3만 명, 대규모 시위는 다시 불붙었다. 오후 3시 서울대 의과대학 구내 교수회관에서 서울 지역 대학교수 모임이 열린다. 월급날이었기에 많은 사람이 의심받지 않고 모이기 적합했던 날, 27개 대학 258명 교수는 선언문을 발표하고 거리로 나가 시위를 벌인다. 그들의 손에는 "학생들의 피에 보답하라!"는 플래카드가 들려 있었다.

다시금 촉발된 대규모 시위가 사실상 철야 시위로 이어지며 밤이 가

---

103) 국가보훈처, 「김홍돈, 고 김창필 열사의 부친, '4·19의 민중사'에서」, 앞의 책, p. 47.

고 26일이 밝았다. 7시 45분경 그 이른 아침 동대문 부근에 집결한 군중은 이미 1만 5천이었다. 한 시간도 못 돼 순식간에 7만 5천가량으로 늘어난 시위대. 동대문과 세종로 사이에 집결한 이들이 오전 10시경 경무대로 육박할 땐 10만이 넘었다. 시위대는 '재선거', '이승만 퇴진'을 요구하고 있었다.

19일 발포로 6학년 전한승을 잃은 수송국민(초등)학교 학생들까지 "국군 아저씨들, 부모 형제들에게 총부리를 대지 말라!!"는 플래카드를 들고 나왔다. 이재영은 이 어린이 시위대를 인솔하면서 역사적 순간에 참여한다. 19일 발포 경험을 겪은 터라 어린이들을 경무대로 데리고 갈 수 없던 그는 국회의사당, 덕수궁, 내무부 등을 지나 미국대사관, 을지로 2가 방향으로 가며, 「애국가」, 「나가자 씩씩하게」, 「6·25 노래」, 「전우가」 등을 어린이들과 함께 부르고 구호도 외치면서 행진했다. 일명 '어린이 데모대'와 이재영을 향한 어른들의 힘찬 격려가 기자들의 사진 세례와 함께 쏟아졌다.

서울 시내 대학 교수들 시위(1960년 4월 25일)

시위하는 초등학생들(1960년 4월 26일)
교복을 입고 초등학생을 인솔하는 뒷모습이 이재영

"방금 만난 어린이들인데도 내가 말하는 대로 나를 잘 따라 주었다. 아
이들과 마치 한 가족이 된 듯 호흡도 잘 맞았다. 어린 학생 데모대와 열
심히 구호를 외치며 걷다 보니 광화문 사거리를 지나고 있었다.⋯⋯중앙
청을 지나 경무대 쪽으로 방향을 바꾸어 가고 있을 때 그 넓은 거리를 꽉
메운 사람들은 말 그대로 인산인해였다."(1960년 4월 26일)[104]

오전 9시 30분경 이기붕 집 가재도구가 불탔고 45분 즈음에는 서울
탑골 공원의 이승만 동상이 끌어 내려져 세종로까지 끌려다니고 있었
다. 마침내 10시 30분경, 이승만의 하야 성명이 계엄군 사단장 마이크를
통해 광화문에 모인 군중에게 전달된다. 시위를 계획하던 학생들은 이

---

104) 이재영, 앞의 책, p. 276~277.

를 듣고 시위를 취소한 대신 '질서유지 데모'에 나선다. 4시경부터 차량 통행이 재개되었고 거리는 청소되었으며 질서도 회복되었다.

무너져야 서는 꿈

"이승만 대통령은 청년 시절부터 애국심이 강하여 일제 치하 강점기에 독립운동에 앞장서서 나라를 지킨, 누구도 부인할 수 없는 애국자였다. 6·25사변 이후 정부를 수립하고 초대 대통령이 되었다. 국민들로부터 추앙과 존경을 받으며 나라를 다스렸던 시절도 많이 있었다. 그러나 대통령은 그를 에워싼 정치 간신배들의 인의 장막에 가려 독재체제를 유지하였다. 그러나 자유 민주와 사회정의가 구현될 수 없어 나라는 암흑의 길로 빠져들었다."(1960년 3월 20일)[105]

이재영이 일기에 남긴 이승만에 대한 평가는 당시 그에 대한 국민의 심경을 추측케 한다. 이승만은 '근대국가 건설', '한국전쟁 수행', '미국과의 동맹 체결' 등을 위해 헌신했다고 평가받았고, 국민은 그의 지도력을 인정해왔다. 그러나 이승만은 점차 자기가 직접 만들었다고 해도 과언이 아닌 민주공화국의 자유민주주의 제도와 충돌하는 지도자가 되어버렸는데, '사사오입 개헌'이 결정적 계기였다. 이후 민주적 제도와 과정이 본격적으로 조작되거나 무시되는 일이 많아졌고, 그의 정치적 정당성은

---

105) 이재영, 앞의 책, p. 125. '6·25사변'은 '광복'의 착오로 보임.

흔들렸다. 국민은 그를 공공의 이익이 아닌 개인의 이익을 추구하는 인물로 여기게 된다. 1954년 총선만 해도 자유당이 의석 수의 3분의 2를 획득할 정도로 여전했던 지지는 급격히 하락했고, 3대 대통령 선거에서 야당 후보들의 약진은 이를 증명했다.

역사 속 어느 시대와도 비할 수 없이 높아진 국민의 교육수준 역시 변화의 물꼬를 튼 중요한 요인이었다. 이승만은 정치인, 행정가이기 전에 교육자이자 학자였다. '리 박사'라는 명칭이 자연스러웠던 그는 국가 지도자로 등극 이전, 이미 지식과 해외 견문이 가히 국내 최고 수준이었다. 무엇보다 열심을 보였던 교육은 심지어 한국전쟁 와중에도 계속될 정도였다.

이 당시 헌법, 교육법을 포함한 법적 준비로 '의무교육', '교육자치제', '기본 학제'를 구축한 것은 이후 어떤 교육의 변화도 넘을 수 없는 중

한국전쟁 중 부산의 천막학교

요한 의미다. 1952년부터 실질적으로 시작된 의무교육 결과 전체 아동 95% 이상이 초등학교에 다니게 되고, 고등교육을 이수한 인구 수도 폭발적으로 는다. 문맹률 역시 기록적으로 하강했다. 1945년 시점 대략 80%에 육박했던 13세 이상 인구 문맹률이 1958년에는 불과 4.1%로 떨어졌다. 엄청난 교육 성과였다.

이렇게 들어간 학교에서 학생들은 민주주의 교육이념을 학습했다. 분단국가로서 전쟁을 치르고 북한과 첨예한 대결 과정에 있던 당시 국가적 상황상 교육은 필시 반공과 권위주의적인 내용을 추구했을 것이다. 그러나 아이러니하게도 북한 공산주의에 대해 남한 민주주의 체제의 우위를 강조하는 교육과정은 학생을 '동질적인 국민'으로 키워냈고, 여기에 더해 민주주의 발전이라는 '뜻하지 않은' 결과를 낳게 된다. 학교에서 배운 대로 자유민주주의를 위해 투쟁을 벌이는 것은 학생들에게 당연한 일이 된 것이다.

"시간이 없는 관계로 어머님 뵙지 못하고 떠납니다. 끝까지 부정선거 데모로 싸우겠습니다. 지금 저와 저의 모든 친구들 그리고 대한민국 모든 학생들은 우리나라 민주주의를 위하여 피를 흘립니다. 어머니, 데모에 나간 저를 책하지 마시옵소서. 우리들이 아니면 누가 데모를 하겠습니까. 저는 아직 철없는 줄 잘 압니다. 그러나 국가와 민족을 위하는 길이 어떻다는 것을 잘 알고 있습니다. 저의 모든 학우들은 죽음을 각오하고 나간 것입니다. 저는 생명을 바쳐 싸우려고 합니다. 데모하다가 죽어도 원이 없습니다. 어머닌 저를 사랑하시는 마음으로 무척 비통하게 생각하시겠지만, 온 겨레의 앞날과 민족의 해방을 위하여 기뻐해 주세요. 이미

저의 마음은 거리로 나가 있습니다. 너무 조급하여 손이 잘 놀려지지 않는군요. 부디 몸 건강히 계세요."106)

당시 서울 한성여중 2년생 진영숙은 어머니에게 뵙지 못하고 시위하러 간다는 내용의 편지를 써 재봉틀 서랍에 넣어 두었다. 연필로 쓴 작은 글씨의 편지였다. 걱정하시지 말라는 글이었지만 그가 경찰의 총탄에 희생돼 돌아오지 못하면서 유서가 되고 말았다.

그동안 일제강점기에 인생 대부분을 보낸 기성세대가 이승만에게 권위를 부여해왔던 것은 그가 독립운동에 일생을 바치고 '민주공화국'을 통해 신분질서를 없앤 공을 인정했기 때문이다. 그러나 광복 후 교육받은 이들은 달랐다. 신분질서 혁파는 사실이고 혁명적이었으나, 출생부터 그런 질서에서 비교적 자유로웠던 이들에게는 지극히 당연한 현상이었다. 그 때문에 이승만에 대한 존경심 역시 기성세대에 비해 덜했다. 양반이나 지주, 일제가 이전 세대의 타도 대상이었다면 학생들에게는 이승만을 중심으로 한 관료 집단과 자유당 세력 등이 무너뜨려야 할 부패 세력이 되어 있었다. 이승만 정부의 교육하에서 자라난, 이른바 '이승만 키즈'라 불릴 수도 있을 학생들은 결국 이승만 정부가 제시한 자유민주주의 기치 아래 이승만 정부에 대해 반기를 든 것이다.

4월 28일 이기붕 일가가 스스로 생을 마감한 다음 날 이승만은 경무대를 떠나 이화장으로 향했다. 대규모 군중이 거리마다 도열하여 천천히 행진했는데, 이재영은 대통령 부부가 말 한마디 없이 침통한 분위기였

---

106) 국가보훈처, 「진영숙 "죽어도 원 없습니다" 유서가 된 편지」, 앞의 책, p. 51.

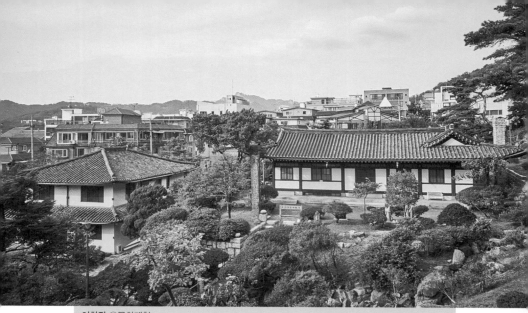

이화장 ⓒ문화재청
해방 직후 귀국한 이승만이 실업인 등의 도움으로 1947년 11월부터 대통령 당선까지 기거한 사저.
하야 후 이곳에서 거하다 하와이로 떠났고 사망 후에도 유해가 안치되었다가 국립묘지에 안장된다.

고 끝내는 눈물을 보였다고 기록한다. 이승만 부처는 5월 29일 3개월 계획으로 정양을 위해 하와이로 출국했다. 그들 편에서는 '망명'이 아니었기에, 하와이에서 이제나저제나 고국으로 돌아갈 날만 기다렸다.

1960년 11월 제2공화국 정부는 전국 유권자 가운데 3천 명을 무작위로 추출하여 여론조사를 했다. 이 중 이승만의 하와이 '망명' 관련 설문이 있었는데, 대다수 사람은 형벌을 가하길 원치 않았고, 그가 국내에 거주하기를 바랐다. 처벌을 원하는 사람은 8.8%에 지나지 않았다고 한다. 이화장으로 가는 부부의 모습을 보며, 그 자체로 한국 현대사의 일부인 팔순 노인의 퇴장에 눈물을 흘린 이들 역시 많았던 사실과도 일맥상통하는 결과다. 이는, 4·19혁명이 분명 사람들로부터 압도적인 지지를 받은 것은 사실이지만, 혁명을 주도한 세력과 다르게 상황을 이해하고 인식한 사람들도 상당수였음을 보여준다.

그러나 지금의 대학교 졸업에 해당하는 중졸 이상의 학력을 소유한 이들 즉 학생, 청년 및 도시 지식인의 감정은 이승만에 대한 동정적이고 우호적인 반응과는 완전히 거리가 멀었다. 그리고 허정을 비롯해 장면과 윤보선, 이후 박정희(1917~1979)는 모두 이 같은 지식층의 견해를 수용, 1965년 7월 19일 하와이에서 이승만이 사망할 때까지 재입국을 허가하지 않았다. 4·19혁명은 결국 당시 '학생'으로 대표되던, 새로운 가치관과 사회 질서를 지향하는 세대와 집단이 역사를 이끌어가기 시작하는 계기가 된 셈이다.

이승만은 교육이 이런 역사 전개를 불러올 것이라고 예상하지 못했을 것이다. 그 교육의 수혜자가 다름 아닌 민주당이 될 것도. 하야하면서 "군정은 절대 안 된다" 단언했다 알려진 그였으니 이후 군인에 의한 민주주의 역사의 질곡이 예정됨 역시 상상조차 할 수 없었을 것이다. 그럼에도 자신이 키워낸 것과 다를 바 없는 '학생'에 의해 무너짐을 인정했기에, 그리하여 자유민주주의 국가를 향한 대한민국의 전진이 가능할 수 있었기에, 그의 꿈은 그 스스로가 무너지며 결국은 이루어진 것이리라.

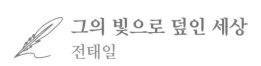

그의 빛으로 덮인 세상
전태일

1960년 대한민국 1인당 국민소득은 79달러. 전쟁의 폐허 속에 허우적대던, 세계에서 가장 못사는 나라 중 하나로 꼽히던 후진국이 2021년 3만 5천 달러 안팎을 기록하는 국가로 변모했다. 근 440배에 달하는 성장은 말 그대로 기적. 1970년대는 그 놀라운 과정 중 대한민국 경제의 얼굴이 바뀐 결정적 분기점이며, 이 시기를 관통하는 경부고속국도는 개발을 대표하는 아이콘으로 서슴없이 꼽힌다. 그러나 1970년 경부고속국도가 개통되고 4개월여 뒤 벌어진 사건으로 기적 뒤에 숨겨왔던 민낯이 드러났고, 그를 접한 대한민국은 적이 충격에 빠진다.

스스로 '바보'라고 부르던 청년이 있었다. 그는 자신을 그렇게 부르는 것도 모자라, 같이 모인 사람들의 모임을 '바보회'라 칭했다. 국가에서 근로조건을 법으로 보장하고 있는데도 그것을 "몰라 죽은 듯이 혹사당하고만 있었던" 자기들의 기막힌 형편에 대한 일종의 자조였다. 노동운동하겠다 '설치는 놈'은 고통만 자초하는 것이니 "약아빠지지 못한 바보"라 하던 선배 재단사의 호통에 대한 반항이기도 했다. 그의 소망은

「근로기준법」 등의 법률 용어와 개념을 설명해줄 수 있을 법한 대학생 친구가 한 명이라도 있었으면 하는 것이었다.

그가 가고 난 뒤, 사람들은 그를 '아름다운 청년 전태일'이라고 부르며 기억했다. 스스로를 태워 세상의 어둠을 드러낸 빛. 대한민국의 눈부신 경제발전에는 그동안 수많은 어린 톱니바퀴 인생들의 희생이 필요했음을, 힘없는 이들이 치르는 혹독한 대가가 필수적이었음을 드러낸 스물 두 살 청년. '인간이 인간답게 살 수 있는 사회'에 대한 '공동'의 '생각'과 '담론'이 빚어지기 시작한, 변화의 걸음이 드디어 내디뎌진, 모든 것의 출발이었다.

철빈(鐵貧)에서 발버둥 치며

1948년 9월 28일. 대한민국 정부 수립 약 한 달 뒤 대구에서 전태일은 태어났다. 그의 아버지는 솜씨 좋고 부지런한 봉제공. 그러나 소규모 피복 제조업은 수요 변동, 외상 거래 등의 영향으로 늘 미래가 불안하고 불투명했고, 아버지의 평생은 어두웠다. 실패, 좌절, 폭음, 술주정과 폭행, 가출, 복귀, 새 결심, 그러다 다시 실패, 좌절…… 태일이 20세 되던 해 별세할 때까지 가장의 이 같은 삶의 궤적은 가족 역시 극심한 가난 주변을 맴돌게 했다. 문전걸식, 광주리 행상, 식모 등 닥치는 대로 노동을 하며 남편과 2남 2녀를 먹여 살리려 한 몸부림은 그의 아내, 태일 어머니의 몫이었다.

4·19혁명은 전태일 가족에게 더 잔인하고 뜨거웠다. 1954년 부산에

전태일이 태어났던 해의 대한민국 정부 수립 경축 퍼레이드(1948년)

서 빈손으로 무작정 상경한 태일의 부모는 미친 듯이 일했다. 자리를 잡아 백화점에 가게를 낼 정도로 사업을 벌이게 된 덕분에 태일도 남대문 초등공민학교에 편입, 처음으로 학교생활을 하던 중이었다. 혁명이 일어나기 직전 태일의 아버지는 브로커를 통해 어느 고등학교 체육복 수천 벌을 단체 주문받는다. 여기저기 빌려 겨우 자금을 마련해 일을 마치고 옷도 납품했지만, 혁명이 일어난 뒤 학교에서 옷값을 받은 브로커는 자취를 감춰버렸다.

태일의 가족은 또다시 알거지가 되었고 주변의 도움으로 간신히 판잣집 셋방에 살게 된다. 폭음하며 하루하루 허송하는 아버지와 충격으로 건강이 급속히 나빠진 어머니. 장남 태일이 신문팔이를 시작해 여섯 식구의 가장 노릇을 하게 되면서, 당시 편입했던 남대문 초등학교는 그만두어야 했다. 1960년의 일이다.

이후 용두동 개천가 판잣집으로 쫓겨나 살게 된 그는 동대문시장에 나가 부엌에서 쓰는 삼발이 등을 위탁받아 파는 장사를 하며 혹독한 시간을 보내지만, 그것이 병을 앓는 어머니와 어린 동생들, 나락으로 떨어진 아버지를 위하는 길이라 여겼다. 그러나 물건을 팔아 원금을 입금하고 남은 이문으로는 식구 입에 풀칠하기도 힘겨웠다. 입금해야 할 돈이 식구 국숫값이 되면서, 위탁판매소에 내야 할 돈은 쌓여갔다.

그로 인해 어린 가슴을 태우던 태일은 1961년 처음 가출한다. 대구로 서울로 다시 부산으로, 구두닦이 생활로 버티던 시절. 부산 해안 구정물 위에 떠다니던 양배추 속 고갱이를 보고 먹으려 바닷물에 뛰어들었다가 죽을 뻔했을 정도로 처절한 삶을 산 열세 살 소년. 육군 소장 박정희가 일으킨 5·16 군사쿠데타로 정권이 바뀌고, 제1차 경제개발 5개년계획이 시작되고, 서울의 평화시장이 완공된 그즈음 대한민국의 격변은 3~4년 뒤 소년의 삶을 바꾸어 놓는다.

이후 대구에서 가족과 다시 만난 태일은 재기한 아버지 옆에서 재봉일을 돕게 되고 1963년 대구 청옥 고등공민학교에 입학한다. 초등학교 4학년 중퇴 학력이 전부여서 학습 진도 쫓아가는 것도 힘들었는데 재봉일도 도와야 했던지라, 아침마다 세수할 때 코피로 세숫대야를 벌겋게 물들였을 정도로 곤한 시간이었다. 그래도 그는 행복했다. 구두통을 메고 거리를 서성일 때 곁눈질로 보며 그렇게나 부러워했던 '학생'이 되었기 때문이다. 훗날 그가 생애에서 가장 행복했던 시절이라고 회상하게 되는 열다섯

5·16 군사쿠데타 직후(1961년)
박정희 당시 소장과 차지철 대위

살의 날들. 그 마음은 일기 속 체육대회 기록에 행복과 감사로 절절하게 남았다.

> "맑은 가을 하늘은 구름 한 점 없이 깊어으며 그늘과 그늘로 옮겨 다니면
> 서 자라온 나는 한없는 행복감과 인간만이 누릴 수 있는 특권이 서로간
> 의 기쁨과 사랑을 마음껏 은미할 때 내일이 존재한다는 것이 얼마나 즐
> 거운 일이며 내가 살아있는 인간임을 어렴프히나마 진심으로 조물주에
> 게 감사했습니다."[107]

그는 아직도 서울에서 방황하고 있었으면 어떻게 되었겠나 가슴이 철렁하면서, 어떻게든 공부를 끝까지 해 서울에서 고생하는 친구들, 거리에서 허기진 배를 움켜쥐고 5원의 동정을 받으며 양심까지도 다 내보여야 하는, 밑지는 생명을 연장하려고 애쓰는 불쌍한 사람들을 위해 일하리라 막연하게나마 생각한다. 그러나 이런 행복은 오래가지 못한다. 가정 형편이 어려우니 학교를 그만두라는 아버지의 압박이 시작된 것이다.

> "아버지께서는 저더러 학교를 중단하고 집에서 전적으로 미싱일을 돌보
> 라는 분부이십니다. 저의 심정은 과연 어떠하였겠읍니까? 아버지의 그
> 말씀을 듣는 순간 나는 뇌성 번개가 세상을 삼키는 것 같았읍니다. 아버
> 지의 분부를 거역할 수는 없읍니다. 그러지만 학업을 중단하기는 더욱
> 싫었읍니다. 입학한 지 일 년이 체 못 되었지만 하루하루 나의 생활 속에

---

107) 전태일, 전태일기념사업회 엮음, 『전태일 전집 내 죽음을 헛되이 말라-일기·수기·편지 모음-』, 돌베개, 1988, p. 50.

서 배움을 빼버리면 무슨 희망으로 살아가겠습니까. 나는 학업에 반미치광이가 되다시피 한 나를(에게), 어떻게 학업을 중단하라고 하시는지 정말 애가 타고 불안하기만 합니다.……아버지께선 학교에 가는 시간도 못자기(가지)게 하시고 내가 예전에 집 나갔을 때를 나무라시면서 약주를 과하게 취하시면 죄없는 어머니를 무수히 때리시는 것입니다."[108]

아들 편을 드는 어머니에 대한 아버지의 구타와 폭음, 고함이 다시 시작되면서 서울로 가 고학을 하겠다며 가출하는 반항을 해보지만 실패한다. 그런 그를 향한 폭언과 매질은 더욱 심해졌고, 종일 지쳐 돌아온 아내를 향한 무력한 가장의 전형적인 욕설과 폭행 또한 마찬가지였다. 집안 살림이 또 결딴나버린 것은 당연한 수순.

태일은 결국 1964년 막냇동생을 데리고 세 번째 가출을 결행한다. 식모살이하러 떠난 어머니를 찾아 올라온 서울. 거리에 동생을 버릴 시도까지 할 정도로 춥고 배고픈 음력 정월이었다. 그는 결국 보육원에 동생을 맡기고 천직처럼 된 구두닦이 일에 매달린다. 여기에 더해 저녁에는 신문팔이, 한밤중에는 담배꽁초 줍기, 여름엔 아이스케이크 장사, 비 오는 날은 우산장사, 때로는 손수레 뒤밀이까지. 서울역 뒤 야채시장 시멘트 바닥에서 지푸라기를 깔고 자고 나면, 또 하루의 배를 채우기 위해 일거리를 찾아 나서야 했던, 누군가 버린 운동화를 짝짝이로 신고, 때에 절은 런닝 샤쓰를 입고, 누렇다 못해 벌겋게 보이는 치아에 스스로 구역질 난다고 표현한 열여섯 살의 그였다.

---

108) 전태일, 앞의 책, p. 51.

평화시장(1973년) ⓒ서울역사박물관

아버지의 폭행을 피해 뿔뿔이 흩어졌던 가족은 서울에서 하나둘 만났고 사회 밑바닥에서 처절하게 생존한다. 1964년 봄 어느 날 태일과 태삼 형제는 구두통을 메고 다니다 평화시장 근처까지 온다. 학생복 맞춤 집 '삼일사' 앞에서 '시다 구함' 광고를 본 다음 날 찬물로 목욕을 하고 누더기인 옷의 떨어진 곳을 깁고 빨아 다려 입은 후 찾아간 그에게 주인은 몇 마디 물어보지도 않았다. 떠돌이 삶을 살던 태일이 평화시장으로 흘러 들어간 날이었다.

그해 박정희 정권의 한일 협상에 반대한 대학생들은 '6·3 항쟁'에 나섰고 계엄령이 선포되었지만, 뼈가 휠 정도의 고된 나날을 보내던 태일에게 그것은 어떤 의미였을까? 커피 한 잔 값인 50원이 열네 시간 노동에 대한 대가. 기가 막힌 저임금 노동 지옥에 발을 디딘 것을 알고 있으면서도, 기술을 배운다는 희망과 고생하시는 어머니, 배가 고파 울고 있을지도 모를 막냇동생을 생각할 때 피곤함은 문제가 아니라고 여긴 초보 임금노동자에게 말이다.

미싱 보조로 기술을 익힌 그는 1966년 추석 대목을 한 달가량 앞두고 '통일사' 미싱사가 된다.

6·3항쟁(1964년)
6·3시위. 박정희 정권은 1964년 6월 3일 계엄령을 선포해 한일 국교정상화회담 반대 시위를 무력으로 진압했다.

술을 마시지 않겠다 약속해 받아들인 아버지와 보육원에서 데리고 온
순덕까지 가족이 '상봉'하며, 기술을 배워 부모님을 편히 모시고 배움의
길을 다시 걷겠다 다짐하는 청년노동자 태일의 삶은 시작되고 있었다.

기억으로 타오르다

"오늘은 내가 처음으로 눈물을 보았다.……그전에 덕수궁에서 구두를 닦
고 저녁에는 신문을 팔고, 밤 1시, 2시에는 야경꾼을 피해다니며 조선호
텔 앞에서부터 미도파 앞, 그리고 국립극장 앞, 명동 뒤골목을 쓸며 담배
꽁초를 주어모아 팔아서 생계를 유지하고, 잠은 덕수궁 대한문, 지금의
수위실에서 가마니를 덤(덮)고 잘 때도 눈물을 보이지 않았건만 오늘 저
녁은 나도 모를 서름이 복바치는구나? 사나히답지 못하게.……24일부터
는 그래도 명예적으로는 재단사가 아니냐? 용기를 내. 그까짓 3일간 금
식이 그렇게 힘들 게 머야.……다른 건 다 참아도 가슴 속에 복바쳐오는
고독과 서름은 당해날 자신이 없구나. 오늘 저녁은 왜 이럴까? 정말 이
상하다. 금희 그 사람 생(각)까지 겹쳐서. 사랑해선 안 될 사랑인데. 금희
그 사람과 나 사이에 선생님과 존경을 넣어 갈라노아건만 어떻하란 말이
냐?"(1967년 2월 30일)[109]

미싱사로 추석 대목을 보낸 태일은 '한미사'의 재단 보조로 들어간다.

---

109) 전태일, 앞의 책, pp. 97~98. 일기 내용상 날짜는 2월 20일의 오기로 보임.

4개월간 고생 끝에 재단사가 될 것이지만 설이 되어도 도봉산 집에 못 갔다. 미싱사일 때 7천~8천 원이던 월급이 재단보조가 되니 4천 원. 가족 선물조차 살 수 없었기 때문이다. 주인 내외가 지방으로 수금을 가며 사정을 알고 가게를 보고 있으라 했다. 태일에게 이모에서 누나로, 사모의 대상이 되어간 주인의 처제 이금희를 만난 것이 그때다.

그는 "보잘것없는 자신"을 동생으로 대해 주겠다 하는 누나에 대한 보답으로 열심히 일해 주인집이 부자가 되게 해주겠다 다짐한다. 그러다 주인집에서 함께 전축으로 재즈를 듣고 화투놀이를 하는 등 기쁨과 설렘을 느끼는 날이 잦아지면서 그를 아내로 맞을 길이 없나 고민에 빠지게 된다. 하지만 곧 죄의식을 느낀다. 불효자식을 위해 마음으로 정성을 들이고 계실 어머니가 생각났다며, 장남으로 집안의 모든 일을 책임지고 이끌어 나가야 할 자신이 엉뚱한 일에 고민한다고 자책한다. 남자가 한 번 누님으로 정했으면 누님이지, 그런 생각을 품는다는 것은 그를 모독하는 것이라며 당장 만나지 말자는 결심도 함께다. 그러나 힘든 재봉일조차도 금희가 온다 하면 가뿐하게 해내는 그런 마음이 단번에 정리가 될 리 없다. 그는 결국 자신이 존경하는 대구의 이 선생님[110]에게 소개하는 결론을 택하지만, 그해 3월경까지도 이룰 수 없는 사랑에 대한 고통으로 얼룩진 마음이 아프다.

"선생님께 편지를 한 것이 잘한 것인지 못된 것인지는 나 자신도 모르겠

---

110) (배구 서브) 한 점을 성공시키자 이 선생님께서 또 그렇게 짧은 서부를 넣기를 하교하시면서 어깨를 두드리시면서 사기를 북돋아 주셨다. 전태일, 앞의 책, p. 50. 대구 청옥 고등공민학교 시절 체육대회 기록 속 인물과 동일 인물로 보임.

다. 다만 한가지 목표를 향하여 행했을 뿐이다. 솔직히 지극히 사랑하는 사람을 나의 앞날의 출세를 위해서 이 공장에서 완전한 재단사가 되기 위해서, 내 스스로 절재 할 수 없는 감정의 포로가 되기 이전에, 한참 피어나는 사랑을 찍어버린 것이다. 마음에 내린 뿌리가 아무리 강하다 하더라도 줄기 없이 뿌리가 얼마나 더 존재하겠는가. 곧 퇴화하고 말겠지. 부디 동심을 버리고 현실에 충실하라."(1967년 2월 14일)[111]

고백 한 번 못해 본 짧은 사랑을 끝내기로 결정한 그는 출세하기 위해 순수한 사랑을 스승님에게 밀어버렸다고, 젊음을 모독했다고, 자신이 타락했다고 기록했다. 그러나 태일은 재단사로서의 출세만을 생각한 인물이 결코 아니었다. 열아홉 살. 한창 이성 문제에 고민하며 밤낮을 보낼 수도 있는 때였지만, 매일 목도하던 평화시장 현실은 그마저도 사치라 생각하게 했다.

사실 재단사가 되겠다 한 결정은 쉽지 않은 것이었다. 재단사는 작업장 안의 직공 중 일명 '실력자'다. 시다나 미싱사 같은 하급 노동자와 달리 도급제가 아닌 월급제에, 경력이 붙으면 시간적 여유도 많았다. 영향력도 막강해 재단사 10명이 모이면 적어도 2백 명 이상의 노동자들을 움직일 수 있었으니, 출세라고 여길 만하다. 그러나 태일이 재단사가 되려면 미싱사보다 월급도 훨씬 적고 공장 내 지위도 낮은 '재단보조' 생활을 일정 기간 다시 해야 했다. 가족의 생계에도 타격을 입히는 상황은 당연했다. 그러나 여공들은 억울해도 불만을 표시할 수 없는 현실 속에,

---

111) 전태일, 앞의 책, p. 86.

평화시장 봉제 공장(1973년) ©서울역사박물관

노임 결정 협의 때 그들 편에서 정당한 타협을 하는 재단사가 되겠다 한 결심이었다. '돈벌이'에 중요한 존재였던 재단사를 업주가 회유하곤 했기에 그런 재단사의 길을 걷지 않으려 한 것이다.

마침내 재단사가 된 전태일은 약하고 어린 여공들을 도와주려 한다. 먼지 구덩이 다락방 작업장에서 주린 배를 안고 온종일 햇빛 한번 못 본 채, 쏟아지는 졸음을 막으려 약을 먹으면서 바늘 끝으로 제 살을 찍어대며 일해야 했던 여공들. 손발이 퉁퉁 붓고 마비가 되도록 일하는데도 늘 하루 생계가 위태로운 십 대 초반의 소녀들이었다. 굶주리는 그들에게 차비를 털어 풀빵을 사 먹이고 자신은 평화시장에서 도봉동까지 걸어다니기 일쑤였고, 밤늦게까지 하는 그들 일을 대신 떠맡곤 했던 태일이었다.

하지만 고통스러운 노동, 경제적인 어려움 등으로 그 또한 도움의 한계를 느끼던 어느 날. 한 미싱사가 일을 하다 피를 토한다. 급히 돈을 걷어 병원에 데려가니 폐병 3기. 평화시장 직업병 중의 하나였다. 그러나 여공은 해고당하고 말았고, 이 사건이 그에게 준 충격은 매우 컸다. 태일은 이제까지 엄두도 못 내던 생각을 하게 된다. 죽어가는 여공들을 살리고, 그야말로 지옥이 따로 없었던 잔인한 노동조건을 바꿔보자는 것이었다. 1969년 태일은 박정희 대통령과 근로감독관에게 보내려고 했던 진정서에서 노동환경 개선을 호소했다.

"2만여 명이 넘는 종업원의 90% 이상이 평균 연령 18세의 여성입니다.……또한 40%를 차지하는 시다공들은 평균 연령 15세의 어린이들로……전부가 다 영세민의 자녀들로써 굶주림과 어려운 현실을 이기려고 90원 내지 100원의 급료를 받으며 1日 16시간의 작업을 합니다.…… 평균 20세의 숙련 여공들은 6년 전후의 경력자로써 대부분이 햇빛을 보지 못한 안질과 신경통, 신경성 위장병 환자입니다. 호흡기관 장애로 또는 폐결핵으로 많은 숙련 여공들은 생활의 보람을 못 느끼는 것입니다.……각하께선 국부이십니다. 곧 저희들의 아버님이십니다. 소자된 도리로써 아픈 곳을 알려드립니다. 소자의 안픈 곳을 고쳐 주십시요.…… 여러분, 오늘날 여러분께서 안정된 기반 위에서 경제번영을 이룬 것은 과연 어떤 층의 공로가 가장 컷다고 생각하십니까? 물론 여러분의 애써 이루신 상업기술의 결과라고 생각하시겠읍니다만은 여기에는 숨은 희생이 있다는 것을 명심하여야 합니다."(1969년 12월 19일)[112]

---

112) 전태일, 앞의 책, pp. 137~139.

박정희는 정권 최우선 순위 과제를 경제개발에 두고 오직 수출만이 가난한 한국이 살길이라 부르짖었다. 1억 달러 수출 기념으로 '수출의 날'을 제정한 지 6년 만에 10억 달러 수출 목표를 달성한 1970년. 그해 11월 30일 열린 수출의 날 기념식은 그야말로 축제 분위기였다. 그러나 그 며칠 전 퍼진 태일의 울부짖음처럼 여기에는 그림자가 깊고 어두웠다.

1960년대 말부터 등장한 '산업전사, 산업의 역군, 수출의 역군, 수출의 기

전태일 흉상
2005년 서울 청계 6가 버들다리 위에 설치된 임옥상 화백 작품.

수' 같은 용어는 노동자에 대한 박정희 정권의 대표적 시선이다. 군인과 동일시된 노동자. '신성한' 국방의 의무를 이행하는 군인이 돈을 받고 일하는가? 수출 전사들도 마찬가지다. '신성한' 조국 근대화를 위해 희생을 감수해야 하는 것. 가난에서 벗어나기 위해 도시로 몰려나온 이들은 극도의 저임금과 열악한 노동환경을 묵묵히 받아들여야 했다. 오로지 성장만을 목표로 모두가 앞만 보고 달린 시대. 당시 한국형 수출의 최대 경쟁력이 노동집약적 제조업의 '싼' 임금이 되면서, 그들의 희생은 당연한 것 같았다.

영세한 피복 봉제 공장이 1천여 개나 밀집된 평화시장 노동자들 또한 예외가 아니었다. 대부분 가난한 농촌 가정 출신의 14~24세 젊은 여성들. 그들의 노동조건은 무엇을 상상하든 그 이하로 열악했지만, 업주는

물론 정부도 그들의 탄원서를 무시할 뿐이었다. 언론에 호소도 해보았으나 효과도 없었고, 시위는 경찰의 방해로 좌절당했다. 그 활동의 중심에 태일이 있었다.

태일은 피를 토한 여공 사건 이후 노동조건 개선에 관심을 가지다 놀랍게도 아버지의 노동운동 전력과 「근로기준법」의 존재를 알게 된다. 몇몇 동료와 바보회를 결성한 것이 1969년 6월. 그러나 '노동 실태에 관한 설문조사' 등 바보회에서 추진했던 일들은 업주들의 방해로 무산되었고, 곧 전태일의 해고로 이어졌다.

막노동판, 삼각산 기도원 공사장 등을 전전한 그는 일 년여 뒤인 1970년 9월 다시 평화시장으로 돌아온다. 동료들과 함께 '삼동친목회'를 조직, 활동하는 등 근로조건 개선을 위한 치열한 노력은 계속이었지만, 탈출구가 막힌 상태는 여전히 절망적이었고 사회의 무관심은 차디찼다.

그는 결국 1970년 11월 13일 오후 1시 40분경 불꽃 하나로 피어오른다. 분신. 그는 불타는 몸으로 사람들이 서성거리는 청계 6가 평화시장

버들다리에서 바라본 평화시장
종로5가와 을지로6가를 잇는 버들다리는 조선 시대 다리 주변에 버드나무가 많았다는 옛 기록을 반영한 공모 명칭. 평화시장이 가깝고 전태일 흉상이 있어 '전태일 다리'라고도 불린다.

전태일이 항거 분신 후 쓰러진 자리에
조성된 동판

국민은행지점 앞길로 뛰어나가서 외쳤다.

"근로기준법을 준수하라! 우리는 기계가 아니다! 일요일은 쉬게 하라!"

그는 몇 마디 구호를 외치다 곧 쓰러졌다. 마치 비명같이 들리던 마지막 외침. 사람들이 당황하여 우왕좌왕하는 동안 쓰러진 몸 위로 불길이 약 3분간 타오른다. 한 친구가 뛰어와 점퍼로 불을 껐지만 이미 참혹한 모습이었다. 잠시 후 기절한 태일은 구급차로 생애 처음이자 마지막으로 가 보는 병원에 실려 간다. 소식을 들은 재단사와 노동자들 수십 명이 몰려들었다. 그들은 울부짖으며 시위를 벌였으나 동대문 쪽으로 밀려가면서 곧 진압된다. 중태였음에도 정신없이 달려온 어머니를 위로한 태일. 명동 성모병원으로 옮겨진 뒤 밤 10시가 조금 지난 시각 결국 운명하고 말았다.

태일의 어머니는 아들과 한 약속대로 이후 민주화운동에 헌신했다. 아들과 자신을 평생 가난 속에 맴돌게 했던 남편이 아들의 분신 2년 전 사망할 때, 노동운동하는 아들 말리지 말라며 남편은 잘못 만났어도 자식은 좋은 아들을 두었다고 한 마지막 말을 가슴에 새겨 놓은 때문인지도 모른다.

사실 언론만 역할을 제대로 해주었더라면 죽음으로 항거할 필요까지는 없지 않았을까, 이후 많은 이들은 생각했다. 9월 중순 태일을 포함한 세 재단사는 동양방송국 프로그램 '시민의 소리' 담당자를 찾아갔다. 그러나 돌아온 것은 거절. 통계자료나 근거 없는 "추상적인 이야기"는 방송에 내보낼 수 없으니 구체적인 자료를 정리해 오라는 이유였다. 10월 6일 노동청장 앞으로 진정서를 제출한 사실이 노동청 출입 기자에 의해 『경향신문』에 보도되었다. 당황한 노동청과 기업주는 관심을 보이는 척 했지만, 곧 외면했고 경찰의 통제는 오히려 더 심해졌다. 24일 계획한 대대적인 시위 역시 경찰의 방해로 실패. 이 같은 좌절에 태일은 결국 분신이라는 수단을 결심한 것이다.

1950~60년대 이재영처럼 주장을 위해 '혈서'를 써야 했던 당시 상황에, 자신의 목소리에 힘을 싣고 싶던 이들의 절박함을 느낀다. 이것으로도 충분히 참혹하다. 그런데 더 나아가 '자신을 불사르는' 그 정도는 되어야 사람의 시선을 잡을 수 있는 시대라니, 도대체 무엇이 그 시절 그토록 우리 사회를 차갑게 단절되게 만들었던 것일까? 아니면 지금도 여전한 사회지만, 목소리를 내려는 처절함이 단지 같은 방식으로 드러나지 않고 있을 뿐인 걸까?

전태일이 낸 빛은 학생과 종교인의 양심을 강타하고 노동문제를 여론의 관심사로 등장시키며 대한민국을 덮었다. 잇따른 궐기, 노동조합의 탄생, 1970년대를 관통하는 대학생과 노동자 간 연대는 계속되었다. 1979년 'YH 사건'도 이 같은 일련의 흐름 속에 위치한다.

8월 11일 신민당 당사에서 'YH무역 폐업 반대' 농성을 벌이다 경찰진압 과정에서 스물한 살 김경숙이 사망한 사건. 한때 국내 최대 가발업체였던 사주의 일방적 폐업에 정상화를 호소하며 농성을 벌이던 180여 명 어린 여공 중 하나였다. 이는 박정희 정권 동안, 부담 없이 쓰다 소리 없이 폐기 처분된 허다한 산업전사들의 결말과 같은 그것일 듯 보였다. 그러나 정부의 과잉 진압, 특히 야당 당사에서 폭력이 벌어졌다는 사실에 대한 대내외적 비판은 엄청난 반향을 불러오게 된다. 철옹성 같던 박정희 유신체제 '겨울 공화국'은 몰락으로 치닫기 시작한다.

YH 무역사건 당시 김영삼 총재
김영삼 당시 신민당 총재는 경찰의 진입을 막다가 신민당사에서 상도동 자택으로 강제로 끌려갔다.

"내 죽음을 헛되이 하지 마라!"

전태일에서 김경숙까지, 노동자들의 죽음으로 열리고 닫혔다고 해도 과언이 아닐 '번영'의 1970년대. 이 시절 수많은 노동자의 꿈일 수도 있던, 아니 당시에는 꿈꾸는 것조차 허락될 수 없었을 '최저임금'이 법으로 제정된 것은 태일의 죽음 16년 만인 1986년. 민주화의 물결에 대한민국 전체가 일렁일 준비를 하고 있던 때였다.

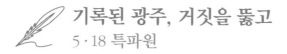

기록된 광주, 거짓을 뚫고
5·18 특파원

"(순천) 관광호텔 프런트에서 서울로 전화를 돌렸다. 서울지국으로 첫 원고를 보내는 나의 목소리는 떨렸다. 나의 기사는 곧바로 뉴욕의 뉴욕타임스 본사로 긴박하게 흘러 들어갔다. 필립 퐁스 역시 프랑스 파리의 르몽드 본사에 흥분된 목소리로 일신을 띄워 보냈다. 순천에서 보낸 우리의 광주발 기사는 다음 날 뉴욕타임스와 르 몽드의 1면 톱을 장식했다. 광주사태가 최초로 전 세계에 알려지는 순간이었다."[113]

『5·18 특파원 리포트』. 광주민주화운동 역사의 현장을 목격한 외신 기자 8명과 내신 기자 9명의 기록이다. 국가에서 '5·18'을 '사태'에서 '민주화운동'으로 평가, 정립한 1997년에 출간됐으니 빛을 보기까지 무려 17년이 필요했던 셈이다. 1980년 5월 당시 신군부는 광주의 저항을 강경 진압하고 나서야 정권을 완전히 장악할 수 있었다. 이는 거짓 정보로

---

113) 테리 앤더슨 외, 한국기자협회 엮음, 『5·18 특파원 리포트』, 풀빛, 1997, p. 68.

광주를 고립시켜 '항쟁'의 확산을 차단함으로써 가능했고, 국내 언론은 여기에 일조했다. 아픔과 부끄러움이 특히나 국내 기자들 기록에 짙은 까닭이다.

말할 수 없었던, 혹은 간신히 말을 꺼냈으나 억압당했던, 그럼에도 기록으로 남기고자 애썼던, 진실을 알리고 제대로 기억시키고 싶었던 그들의 마음. 광주 시민이 아닌 외지인의 눈에 비쳐 기록된 그날 그곳의 모습. 오월 광주의 그날이 있었음을 모른 채 살아온, 심지어 광주의 눈물을 왜곡하기까지 한 공통의 기억을 가진 우리기에, 먼 훗날에야 활자화될 수 있었던 이들의 시선에 더 공명하는지도 모르겠다. 하여 이 기록은 1985년 광주 시민의 목소리를 담아 광주민주화운동 기념사업회에 의해 처음 발행된 기록물『죽음을 넘어 시대의 어둠을 넘어』를 더욱 생생하고 가치 있게 만들어 간 의미 깊은 역사의 한 장을 이룬다.

1980년, 오지 못한 봄

『르 몽드』와『뉴욕타임스』를 통해 소식이 전해지기 전까지 대한민국의 작은 도시 광주에서 일어난 소요는 당시 외신에서 특별히 주목받지 못했다. 이미 현장을 취재하던 한국 언론은 보도조차 할 수 없던 상황. 그러나 이후 TV 방송, 신문, 잡지 등 외신특파원들은 광주로 물밀 듯 밀어닥친다. 진실이 가려진 채 역사가 될 뻔했던 5·18 현장을 직접 취재하고 '보도'해 세계 언론을 집중시킨 인물. 당시『뉴욕타임스』서울주재 기자 심재훈이다.

사실 그는 1979년 'YH 사건'과 관련해 미국에 박정희에 대한 지지 철회를 요구한 김영삼(1927~2015) 신민당 총재의 인터뷰 내용을 『뉴욕타임스』에 실은 인물이기도 하다. 박정희 정권은 이를 빌미로 10월 4일 김영삼의 국회의원직을 박탈했고, 부마항쟁은 이를 기폭제로 삼아 발생했다. 심재훈은 이런 일련의 사건들 때문에 검찰 조사를 받고 있었는데, 그 와중에 중앙정보부장 김재규에 의해 대통령이 살해된다.

18년간 이어진 박정희 시대가 막을 내린 뒤 국무총리 최규하(1919~2006)가 대통령 자리에 오른다. 그는 잔여 임기를 채우지 않고 헌법을 개정해 새 정부를 구성하겠다는 특별담화를 발표한다. 긴급조치 9호와 야당 지도자 김대중(1924~2009)의 가택연금도 해제되면서, 대한민국에는 유신체제 '겨울 공화국' 대신 새로운 헌법과 민주 정부를 꿈꾸는 '서울의 봄'에 대한 기대가 높아진다.

그러나 이 같은 국민의 여망과는 거리가 먼 움직임이 은밀히 진행되었다. 장기간 계속된 군사독재하에서 성장해온 군 장교집단 내 세력 교체가 그 시작. 김재규를 체포한 보안사령관 전두환(1931~2021)이 실세로 떠올랐는데, 불법적으로 동원한 군 병력으로 육군참모총장이자 계엄사령관이었던 정승화를 "박정희 암살 사건과 연루"된 의혹으로 연행하는 '12·12 사건'을 벌인 것이다. 1997년 대법원의 규정에 따르면 '하극상에 의한 군사반란', '정권 찬탈을 위한 내란의 시작'이었다. 곧이어 계엄사령관, 국방부 장관, 수경사와 특전사의 사령관 등 군 요직이 모두 전두환 계열의 인물로 교체된다. 군부를 장악한 전두환 등 신군부 세력은 상당 기간 권력 전면에 나서지 않았고 이로써 '서울의 봄'에 호응하는 것처럼 보였다.

그러나 그들은 사실 유신체제 해체에 유보적이었으며 이는 불길한 징조였다. 사회적 대세는 민주화인 듯했지만, 현실적으로는 계엄령이 유지되고 있었다. 실상 그들은 보안사 언론대책반 설치, 보도검열단 운영을 통해 국민 여론 조작을 시작했고, 공수부대 중심의 공세적 진압훈련 일명 '충정훈련'을 실시하며 강경 시위진압을 준비하고 있었다.

"1979년 10월 26일 박정희 대통령이 18년간의 권좌에서 사라지자 한국은 권력의 진공상태를 맞았다. 뒤이은 12·12 사건은 신군부의 등장을 예고하는 불길한 징조로 보였다. 광주에서 소요가 발생하기 전까지 빠른 속도로 실권을 장악하며 권력의 중심부로 진입하는 전두환을 비롯한 신군부 세력의 움직임을 추적하는 데 촉각을 곤두세웠다."[114]

5·18 직전 분위기를 묘사한 심재훈의 기록이다. 그러나 그를 포함한 외부의 우려 섞인 시각과 달리 정작 이를 저지해야 하는 위치에 있던 정치 지도자들은 새 체제에 대한 장밋빛 전망을 내리기 바빴고 곧 분열로 향했다. 1980년 2월 김대중을 포함한 재야인사 678명에 대한 사면복권 조치가 발표되는데, 이는 김영삼과 김대중이 각자 민주화운동의 주도 세력임을 주장하며 본격적으로 분열하는 계기가 된다. 이들은 '전두환 퇴진, 계엄령 해제' 등 정치적 구호를 내건 대학가 시위가 격화되며 정국의 긴장이 고조되는 5월 13일까지도 새 체제 내 권력 선점을 위해 독자적 행보를 벌였다.

---

114) 테리 앤더슨 외, 앞의 책, p. 61.

서울의 봄
1980년 5월 15일 서울역 앞에 운집해 민주화를 요구한 10만여 명의 대학생. 격론 끝 유혈 사태를 우려한 총학생 회장단의 결정에 따라 자진 해산했다.

5월 초 전두환의 지시로 보안사가 기획한 시국수습 방안은 실질적으로 군부 중심의 비상 체제를 구성해 통치하겠다는 내용이었다. 17일 김대중, 문익환 등을 '국가 기강 문란자'로, 김종필, 이후락 등을 '권력형 부정축재자'로 체포하면서 실행에 옮겨졌고, 김영삼 등 주요 정치인에 대한 가택연금 또한 시작되었다. 18일 0시 20분 계엄군이 국회의사당을 점거한 후, '비상계엄의 전국 확대, 정치 활동의 금지와 모든 언론에 대한 사전검열'을 명하는 계엄 포고령 10호가 선포된다. 학생 지도자에 대한 체포령과 함께 대학캠퍼스 내 부대 주둔도 시작되었다. 국회의사당을 강제로 봉쇄해 국회 임시회의 일정도 차단했는데, 이는 사실상 국회 해산 조치였다. 이어 신군부 권력을 제도적으로 뒷받침하는 국가보위비상대책위원회가 창설된다. 민주주의를 향한 행보에 족쇄가 채워지면서 '서울의 봄'은 다시금 얼어붙기 시작했다.

이에 광주 지역 대학에서는 서울의 흐름에 맞추어 '비상계엄 해제', '유신잔당 퇴진'을 요구하는 시위와 농성이 벌어졌다. 비교적 평온한 주말을 맞은 듯 보인 17일 오후 늦게 광주에도 다른 전국 대도시처럼 계엄군이 투입되고, 밤

광주의 대표적 항쟁 거리 금남로

에는 재야인사 등에 대한 예비 검거가 벌어진다. 자정 무렵 전남대와 조선대 교정에 계엄군이 주둔하기 시작하는데, 교내 수색에 들어간 이들은 받은 지시와 달리 눈에 띄는 학생들을 무조건 폭행한 뒤 연행한다.

18일 아침 7시경이었다. 도서관에 가기 위해 전남대를 들어가려던 학생들이 교문에서 공수대원들에게 구타를 당한다. 정치 상황과 관련 없이 취직시험이나 고시 공부에 전념하던 학생들이었다. 학생들은 계속 모여들었다. 도서관이나 야유회를 가려고, 운동하기 위해 혹은 휴교령이 떨어지면 정문 앞에서 모이자는 약속 때문에 나온 여러 부류의 학생들. 2백~3백여 명으로 늘어난 이들은 군병력이 교문 진입을 막는 데 저항해 구호를 외치며 농성을 시작했고, 그들에 대한 공수대원들의 진압은 경악을 금치 못할 만큼 과격하고 무자비했다.

분노한 학생의 시위가 금남로와 도청 앞 분수대, 시외버스 터미널로 확산한 이 날. 하루 동안 연행된 405명 중 68명이 두부 외상, 타박상, 자상 등을 입고 이 중 열두 명은 중태에 빠졌다. 그러나 실제는 훨씬 다수였고, 상황은 참혹했으며, 백일을 갓 지난 첫 딸을 축하하는 아침 가족모임 후 일감을 찾아다니던 청각장애인 김경철이 첫 사망 희생자였다.

일명 '피의 일요일'. 광주의 비극은 시작되었다.

> "5월 18일. 여느 때처럼 전남일보(현 광주일보) 편집국에 전화를 걸어 현장 취재 기자에게 광주 상황을 자세히 물었다. 아침 상황은 아직 큰 변화가 없었다. 오후에 전화를 걸었는데 기자의 긴장된 목소리에서 뭔가 낌새가 이상하다는 것을 직감했다. 광주에서 소요가 시작되었지만, 그때까지는 아직 큰 변화를 예상할 단계는 아니었다. 부마사태처럼 곧 진압될지도 모를 일이었다."[115]

공수부대의 만행에 대한 흉흉한 소문과 불안감이 광주 전역에 퍼져나간 밤이 지나 19일, 1개 공수여단이 광주로 증파되었다. "다른 지역은 조용한데 광주에서만 학생들이 반발하고 시위 확산의 조짐이 보인다"라는 보고에, 신군부에서 '조기 진압 필요'를 결정했기 때문이다.

시내 중심가 상가들은 대부분 철시했지만, 초중고등학교는 정상 수업, 관공서나 일반 기업체 공장은 정상 근무를 하고 있던 광주. 그러나 군인이 시가지 전역에 삼엄한 경비를 서고 젊은이와 차량을 검문 통제하면서 도시 전체는 긴장감에 휩싸인다. 상황을 살피기 위해 도심으로 몰려 수천 명으로 불어난 시민들과 공수부대의 충돌은 충장로 파출소 앞에서 시작된다.

'모두 몰살당할 것 같다'라는 위기감에 시민들의 적극 대응이 시작된 것은 오후부터였다. "극소수 불순분자 및 폭도들에 의해 자극되고 있다"

---

115) 테리 앤더슨 외, 앞의 책, pp. 63~64.

며 집으로 돌아가라는 선무방송과 전단지 살포에, 공수부대 진압으로 가족과 지인을 잃은 평범한 일반 사람들은 더욱 분노했다. 시위대 중심 세력이 학생에서 일반 시민으로 옮겨간 날. "필설로 이루 말할 수 없는 상황"은 『전남일보』 기자가 오후 통화로 심재훈에게 전한 현실이었다.

> "분에 못 이겨 몇 자 적어야겠다. 연 이틀째 사람이 개새끼처럼 떼죽음을 당하고 있다.……온 시내 바닥이 죽음의 거리로 변하고 있다.……서럽다. 금남로 도로는 온 상처투성이인 시민들. 어떻게 이 분함과 가슴 떨림을 감당해야 되나. 이게 과연 민주주의냐, 이게 진정한 자유의 나라냐"(1980년 5월 19일)[116]

당시 전남대 사범대학에 재학 중이던 이춘례의 일기에 적힌 내용처럼, 엄청난 일이 발생하고 있다는 심재훈의 직감은 맞았다. 그러나 언론은 광주에 관해 일체 보도하지 않고 있었다. 자정이 되어서야 믿지 못할 하루를 뒤로하고 집으로 돌아간 광주 시민들. 가족 중 돌아오지 않은 젊은이가 있는 집은 밤새 더 큰 불안감에 시달렸다. 밀고 밀리는 공방전 와중에 진압군 최초 발포로 고3 학생 김영찬이 총상을 입기도 한 기막힌 날. 그러나 방송에서는 평소처럼 연속극이나 오락 프로그램만 방영되고 있었다. 서울 주요 뉴스는 계엄 법정이 김재규 전 중앙정보부장에 내린 사형 판결에 대한 대법원의 확정판결이었다. 광주의 사람들은 언론에 배신감과 분노를 느꼈다.

---

116) 강현석, "'온 시내가 죽음의 거리로 변하고 있다'……시민들이 기록한 1980년 5월 광주", 『경향신문』, 2020. 4. 30. https://m.khan.co.kr/local/local-general/article/202004301109001#c2b, 2022. 5. 16. 접속.

외로운 고도 광주, 기록되다

광주와의 전화가 아예 끊기면서 심재훈이 현지로 내려가야겠다 결심한 20일. 서울 외신 기자들은 대체로 조선호텔 커피숍에서 비상계엄 아래 한국 정치 상황의 변화 향방 등에 관해 의견을 교환하는 한가한 분위기였다. 그러나 광주에는 이미 3공수여단 5개 대대가 증파된 터였다. 싸움을 벌이던 광주 사람들은 처참한 상황을 외부에 알리려고 했다. 서울 등 외지에 사는 친지나 지인들에게 전화했지만 잘 연결되지 않았다. 이날부터는 신문도 들어오지 않았다. 시민들은 무차별 폭력에 맞서 각목, 쇠파이프 등으로 무장 시위에 나서기 시작했다.

이날과 22일 광주에 처음 투입된 계엄군 사병들에게는 그런 시민의 반응이 "너무 과격하고 무시무시한 것"으로 비쳤다. 공격적이고 필사적인 시민의 저항은 공수부대원들이 어떤 배후세력의 조종이 있다 믿게 할 만큼 두려움을 주었다. 그들이 어찌 알았겠는가? 초기 18~19일 투입된 공수여단이 '평소 훈련받은' 대로 벌인 일명 '과감한 진압'이 시민들에게 인권 유린을 넘어 생존 위협을 느끼도록 공포심을 일으켰고, 그런 공포가 분노로 변해 저항의 원동력이 되고 있었다는 것을 말이다.

오후 3시 광주역 앞에 50대 택시가 집결했고 7시경 조직적인 대규모 차량시위가 시작되었다. 11대의 대형 트럭과 고속버스 등과 택시 2백여 대로 가득 메워진 금남로. 택시 기사는 시내 곳곳에서 공수부대의 무자비한 만행을 누구보다 많이 목격했다. 부상자들을 병원으로 옮기다 폭도를 빼돌린다며 잔인하게 폭행당하기도 했다. 이들을 중심으로 벌어진 충돌로 대규모의 희생자가 발생한 '금남로의 혈투' 소문은 빠르게 퍼

금남로 차량시위

져나갔다. 외곽 지역 시민들도 가세하며 광주역, 도청 등 도심 곳곳에서 심야까지 벌어진 시위와 진압은 전투를 방불케 할 지경이었다. 시위대 희생자들은 말할 것도 없고, 시위대 버스에 경찰 4명이 압사당하고 공수대원 1명이 최초로 사망하면서 진압군 대응도 훨씬 과격해진다. 실탄 보급 작전 시작은 발포로 이어졌다.

21일 아침 드러난 광주는 비극적이었다. 광주세무서, 전남도청 차고, 16개 파출소 등이 파괴되고 불탔다. 시내 중심가 도로는 폐허로 변했다. 차량 잔해, 찌그러진 바리케이드, 보도블록 조각, 화염병 파편, 그리고 엉겨 붙어 굳어가는 핏자국. 타다 남은 건물에서는 검은 연기가 치솟고 있었다. 심재훈은 광주 시내의 참혹함을 보며 1966~67년 『경향신문』 특파원으로 베트남전쟁을 취재하던 상황을 떠올렸다. 도끼, 쇠파이프 등으로 무장한 복면을 한 시민들이 그의 차를 에워쌌고, 공보 담당자의 차가 앞장서며 핸드마이크로 "외신 기자들이 광주 상황을 취재하기 위해 드디어 이곳에 왔다!"고 외쳤다.

> "수십만 명에 이를 것으로 추정되는 도로변의 군중이 우레와 같은 박수로 우리를 환영했다. 우리는 마치 개선장군 같은 환영을 받았다. 그들에게 우리가 구세주인 것처럼 느껴지고 있다는 사실을 깨달을 수 있었다."[117]

심재훈은 광주 시민들이 자신들을 왜 그렇게 환영했는지 곧 깨달았다. 광주는 외부로부터 철저히 단절되고 가려져 있었고, 광주 시민은 이 때문에 국내 언론에 대해 극도의 불신감을 나타내고 있었다. 전날 밤 광주 KBS와 MBC가 전소된 것은 광주에서 벌어지는 참상을 알리지 않는 언론에 대한 시민의 분노였다. 이날 광주 현장을 취재하러 왔던 당시 『한국일보』 사회부 기자 조성호는 언론인으로서 부끄러움을 느꼈다고 한다. 취재 중 금남로에서 만난 한 대학생은 "기자들도 적"이라며 눈을 부릅떴다. 그런 상황이었기에 광주 시민은 실상을 외부에 알릴 방법은 '외신'뿐이라 여겼으며 심재훈을 무조건 통과시키며 도운 것이다.

시간은 흘러 시위대는 계엄군이 정오까지 퇴각할 것을 요구했고, 도지사는 그렇게 해보겠다 약속했다. 분수대 앞 시계탑은 정오를 지났지만, 계엄군은 꿈쩍도 하지 않았다. 금남로에 모인 수만 명의 시위대와

---

117) 테리 앤더슨 외, 앞의 책, p. 66.

계엄군 사이 숨 막히는 긴장감 속에 오후 1시 정각, 도청 옥상에 설치된 스피커를 통해 애국가가 울려 퍼졌다. 그 순간 일제히 사격이 시작되었다. 누군가의 명령에 따른 집단 발포. 아비규환 현장으로 변해버린 금남로는 순식

시민 집회가 열렸던 도청 앞 5·18 민주 광장

간에 텅 비었다. 『동아일보』 사회부 기자로 취재하고 있던 김충근은 이 순간을 이렇게 기억했다.

"나는 오른쪽으로 도청 앞 광장, 왼쪽으로는 금남로가 한눈에 내려다볼 수 있는 건물의 3층에 서 있었다. 하기식을 알리는 애국가가 울려 퍼지자 금남로를 메운 시위군중들도 주섬주섬 기립 자세를 취했다. 바로 그 때 시위대 맨 앞쪽 사람들이 등 뒤쪽으로 피를 뿜으며 길바닥에 꼬꾸라졌다. 그런 다음 귀를 찢는 총성들이 들렸다. ……광주의 공식적인 집단 발포 명령은 집행되었다. 당시 내가 바로 그 지점에 있지 않았다면 애국가가 집단 발포 명령의 신호가 되는 참담한 비극을 증언할 수 없었을 것이다. 또 총알이 총성보다 빠르다는 사실도 몰랐을 것이다."[118]

집단 발포에 분노한 시위대가 무기 획득을 결정하고 무장하며, 시위는 '시민군'과 계엄군의 교전으로 바뀐다. 오후 계엄군이 광주를 빠져나

---

118) 테리 앤더슨 외, 앞의 책, p. 223.

가 시민들이 접수하면서 광주는 일명 '해방구'가 되지만, 이후 계엄군의 '자위권 발동 지시'로 시민에 대한 무차별 사격과 사전 경고 없는 발포도 이루어졌다. 이들이 두려워한 것은 광주의 '폭도'라기보다 '집단 발포로 인한 시민 살상'이라는 진상이 외부에 알려지는 것과 그로 인한 '무장봉기'의 전국 확산이었다. 봉쇄 작전이 본격화된 이유였다. 계엄군은 외곽에 전환 배치되어 전남을 완전히 고립시켰고 국내 언론으로부터 철저히 봉쇄했다. 광주 시민들은 철통같은 경계망을 뚫고 다른 지역 사람들에게 광주의 실상을 알리고자 했지만 역부족이었다.

그 사이 촬영한 필름을 숨긴 외신 기자들은 계엄군의 눈을 피해 오토바이, 자전거 등을 타고 광주 외곽으로 빠져나갔다. 통신이 가능한 순천, 목포, 전주 등으로 가 본국에 기사를 송고하기도 했다. 실제 눈은 푸르지 않지만 '푸른 눈의 목격자'로 불리는 위르겐 힌츠페터도 그랬고, 심재훈도 마찬가지였다. 이런 엄청난 상황이 외부에 전해지지 않고 있다는 사실에 가슴이 탁 막혔다고 한다. 국내 언론에서는 검열 때문에 불가능한 광주의 실상을 한시라도 빨리 전 세계에 전하는 것이 그가 할 수 있는 유일한 일이라 생각했다. 기사 송고가 가능한 가장 가까운 장소를 찾아 순천으로 향했다. 불과 한 시간 거리에도 광주 상황이 전혀 알려지지 않았음이 분명한 그곳에서 세상이 신기하게 단절되어 있음을 뼈저리게 느꼈다.

한국 신문들은 5월 21일에서야 '광주사태' 이후 처음 나온 계엄사 발표문을 싣는다. 그마저도 광주 시민들이 보면 기함할 내용이었다.

"계엄사령부는 지난 18일부터 광주 일원에서 발생한 소요사태가 아직 수습되지 않고 있다고 밝히고 조속한 시일 내에 평정을 회복하도록 모든 대책을 강구하겠다고 말했다. 계엄사령부에 의하면 이번 소요사태는 최초 전남대생 6백여 명이 거리에 나와 비상계엄 해제 등 요구하며 시위에 들어갔으나 20일에는 지역감정을 자극하는 터무니없는 각종 유언비어가 유포되어 이에 격분한 시민들이 시위대열에 가세함으로써 사태를 악화시켰다고 한다. 21일 상오 7시 현재로 집계된 피해 상황을 보면 군경 5명과 민간인 1명이 사망했고 경찰 30명이 부상했으나 민간인 부상자 수는 공식 집계되지 않았다."(1980년 5월 21일 수요일 『경향신문』)[119]

이후 신문지면과 방송에는 폭도, 폭동, 약탈, 유언비어 난무 등 '적대적 용어'들이 수시로 등장한다. 조성호 기자에 따르면 다행히 왜곡된 내용을 보도한 신문은 광주에 거의 배달되지 않아 현지 취재 기자들은 큰 화를 면할 수 있었다고 한다. 서울서 광주로 급파된 기자들은 본사에 "제발 신문을 보내지 말아달라"고 호소해야만 했다.

5월 23일 이후 관심은 '폭동'을 평화적으로 끝내려는 노력으로 모인다. 시민 수습위원회를 통해 평화적인 사태 해결로 가는 듯 보이기도 했다. 다음 날 AP통신 기자 테리 앤더슨은 광주 병원들을 취재한 뒤 한국전쟁 이후 가장 많은 사망자가 발생한 상황을 보도한다. 그러나 계엄사령부는 김재규를 사형 집행하는 등 평상시와 다름이 없었다. 이미 22일 '김대중 내란 음모 사건'이라며 날조된 중간 결과를 발표해 놓은 터였다. 광주는 한국인들에게 '폭도들의 도시'로 낙인찍혔고, 5월 27일 새벽 모

---

119) 광주광역시 5·18사료편찬위원회, 『5·18 광주민주화운동 자료총서 제51권: 신문기사 자료모음집 1』, 광주광역시 5·18사료편찬위원회, 2010, p. 343.

든 것이 끝났다. 군대는 새벽 3시 30분 시내로 진입, 고등학생들을 집으로 돌려보내고 남아 있던 강경파를 도청에서 무자비하게 살해했다.

3개월 뒤 전두환은 공식적인 대한민국 11대 대통령이 되었고, 그 한 달 후 김대중은 '반란 수괴 혐의'로 이름뿐인 재판을 거쳐 사형 선고를 받는다. 다시금 개헌한 전두환은 7년을 임기로 "중임을 금지하며 비상 조치권과 국회해산권을 가진" 제5공화국 대통령에 선출된다. 박정희 사망 후 민주주의 체제를 향하던 걸음들의 사실상 종말이었다.

하지만 광주민주화운동의 폭력적 마무리는 신군부에게도 내내 부담으로 작용했다. 광주의 참혹한 진압으로 그들의 정당성은 시작부터 빈약했고, 그들에 저항하는 운동은 명분을 부여받았다. 신군부가 저항세력 제압을 위해 동원하곤 했던 국가 폭력은 광주민주화운동이 한계가 되었다. 민주화 요구에 대해 군에 의존하는 폭력적인 진압 방법으로 대응할 경우, 감당키 버거울 정도의 결과가 초래될 수 있음을 이들은 광주를 통해 '학습'한 것이다.

신군부가 그토록 은폐하고자 했던 광주민주화운동의 진상 규명은 결국 20세기 말 대한민국 민주화의 기본 축으로서 역할을 한다. 외신 기자의 취재 영상 등이 비밀리에 유입되어 국내에 엄청난 실상이 알려지고, 1987년 6월 항쟁을 이끈 원동력의 하나가 되면서였다. 이는 1988, 89년

국립 5·18 민주묘지의 추모탑

'5공 비리 청문회', 1997년 '12·12, 5·18 재판'을 통해 전두환, 노태우 (1932~2021) 전직 대통령이 사법적으로 단죄받는 결과에까지 가닿았다. 그리고 5·18 광주민주화운동이 담긴 일기를 포함한 기록물들이 2011년 유네스코 세계 기록유산으로 등재되기에 이른다.

신군부 권력이 광주에 씌운 프레임은 수십 년이 지난 현재까지도 어떤 이들과 순간에는 영향력을 발휘할 만큼 견고했다. 그러나 일어난 사실 그대로를 기록하고, 기억하고, 알려온 필묵들은 이를 결국 뚫는다. 비록 오랜 시간이 필요했지만, 끝내 가능하게 했던 힘. 그리고 그 힘은 반드시 정직하게 쓰여야 한다는 신념. 그것이 대한민국 민주주의의 추동력이라 믿고 싶은 것은 우리 모두의 바람이 아닐까?

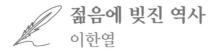

젊음에 빚진 역사
이한열

　서울 신촌 연세대학교에는 일명 '백양로'라 불리는 언더우드 길이 직선으로 뻗어있다. 시원스레 난 길은 한국 최초 근대식 병원인 광혜원을 복원해놓은 곳으로 이어진 제중원 길로 갈라진다. 그 갈래에 나지막한 동산이 있다. 이한열 추모 동산이다.

　"한열이를 살려내라!"

　조형물 옆 작은 돌에는 긴 숫자가 새겨져 있다. "198769757922" '1987년

이한열 추모 동산

6월 9일 쓰러진 한열은 7월 5일 세상을 떠났고 7월 9일 장례식이 거행되었다. 그 나이 22세'라는 의미다. 그가 병상에서 사투를 벌이던 한 달여. 대한민국 현대사가 민주주의를 기어이 획득해 내고야 만 치열한 시간이었음을, 언덕을 지나치는 2000년대생 수많은 그의 후배들은 알고 있을까?

대학생 이한열, 스러진 박종철

1986년 한열은 연세대 경영학과 C반 학생이 되었다. 전남 화순 출신이지만 광주에서 대부분 학창 시절을 보낸 그는, 진흥고 1학년 기말시험에서 뜻밖의 점수로 '올(all) 수(秀)' 계획이 틀어졌다며, "괴로운 심정에 빠져 있다" "인생의 괴로운 시절을 지나고 있다"라고 일기에 쓸 만큼 모범생이었다. 재수 생활을 끝내는 날이자 대입 학력고사 전날 그의 수험생 일기는 초조하면서도 초연한 마음을 전하며 대한민국 수험생 시절을 통과한 모든 사람을 공감케 한다.

"지금 시간은 9시 마지막 수험생의 밤을 조용히 명상하고 싶다.……나에게는 꿈이 있었다. 그리고 지금도 있다. 아니 곧 내일이면 현실이 된다. 수많은 고민과 번뇌 속에서 잉태되어야 했던 꿈이 있다.……지난 1월, 낙방의 결과를 찾으며 방황하던 그때 일이 어렴풋이 떠오른다. 참 어려웠다. 그리고 다짐했다. 한 번 해서 꼭 소중한 결과를 얻고야 말겠노라고. 그리고 이렇게 시간이 흘러 이제 보상을 찾을 시간이 왔다. 그동안 어떻게 보냈는지 무얼 했는지 기억은 나지 않는다. 그러나 확실한 건 그때 상황에는 그에 맞는 행동을 했다는 것뿐이다.……'하나님은 나의 목자시니 나에게 부족함이 없으리로다.' 나는 이렇게 살아왔다.……이제 잘 시간이다. 내일 아침 나는 틀림없이 일어나 세수하고 밥 먹고 수험장에 갈 것이다."(1985년 11월 19일)[120]

대학생이 되기 위해 열심이었던 만큼 새내기 생활에서도 치열하게 꿈을 찾아가던 그에게 결정적인 변화의 계기들이 다가온다. 그해 5월 서울 명동성당에서는 일명 '광주 비디오'가 열흘간 시민에게 상영된다. 1981년 5월 뉴욕한인회 단체가 주축이 되어 제작된 비디오 「오! 광주」는 교민들에 의해 국내로 몰래 유입되었고, 대학과 성당을 중심으로 은밀히 상영되었다. 한열은 이 같은 영상과 사진전을 접한 뒤 큰 충격을 받는다. 5·18 광주민주화운동 당시 중학생이던 그는 광주에 있었지만, 길에 나갔다가 혹 다치거나 참혹한 현장을 접할까 걱정했던 부모의 보호아래 집에만 있었다. 그래서 그 시절 광주의 의미를 모른 채 지나왔고, 대학생이 되어서야 당시 참상을 접하게 된 것이다.

여름방학 한열은 학교 선배·동기들과 함께 국토순례 대행진에 나섰는데, 동아리 '만화사랑' 동료에 따르면 이때부터 그에게 변화가 일어났다고 한다. 일행은 동학농민운동 전적지에서 그 정신을 기리고, 전봉준 장군을 추모한 후 망월동 묘지로 향했다. 이들은 광주민주화운동 시기에 희생당한 시민들의 묘지에서 묵념하고 「오월의 노래」를 불렀다. 돌아온 한열은 본격적으로 정의와 올바름에 관한 고민을 시작한다.

---

120) 이한열, 「대입 학력고사 전날에」, 『이한열 유고 글』, (사)이한열기념사업회, 2013.
http://www.leememorial.or.kr/?tpf=board/view&board_code=7&code=234 2022. 3. 29. 접속.

그해 2학기 자신의 기본적인 임무는 경영을 배우는 것이라는 글을 남겼다. 회계보다는 조직 행동을 전공하고 싶다고 한 그는 대학원에 가서 연구하고 유학도 하고 모교에서 강의를 맡고 싶다고도 했다. 사업을 하되, 자신을 위해서가 아닌 그를

망월동 묘지
5·18 구묘지. 1997년 신묘역(국립 5·18 민주묘지)이 조성되면서 희생자는 이장되었고 원형 유지를 위한 봉분이 남아있다.

둘러싼 이들과 그를 위해 교육받을 기회를 놓친 이들을 위해, 그리고 사회적 제 모순으로 피해받는 자들을 위해 하겠다며 대학은 이런 목표를 향해 최대한 노력하는 기간이 되어야 한다는 다짐도 함께였다.

"먼저 나의 전공을 열심히 배우고, 더불어 남을 인식하고 좀 더 넓은 것은 인식하기 위해서 사회과학 공부를 병행하고자 한다. 그리고 현재 처한 모순의 타파를 위해 젊음을 발산하려 한다. 젊음이란 하고 싶은 말을 할 수 있는 나이. 정의와 올바름을 위해 투쟁하고 싶다. 이로 인해 나의 궤도에 차질이 있다면 끝까지 감수하면서 투쟁할 것이다."(1986년 9월 7일)121)

그가 자신의 길에 차질이 있더라도 정의와 올바름을 위해 끝까지 투쟁하겠다 했던 시절. 당시 전두환 대통령은 '정의사회 구현'을 국정 목표 중 하나로 삼고 있었지만, 의문투성이 사건들이 빈발했던 때였다. 3저

121) 이한열, 「나의 미래」, 앞의 글, 2013.
http://www.leememorial.or.kr/?tpf=board/view&board_code=7&code=251 2022. 3. 29. 접속.

현상이라는 호재에 물가안정, 경제 성장, 국제수지 흑자라는 결과물을 내며 '단군 이래 최대 경제 호황', '86 아시안 게임의 성공적 개최', '88 올림픽 유치' 등등 공을 내세운 정부. 그러나 그 자체가 광주민주화운동의 탄압과 함께 출발했고, '정의'라는 이름으로 '국민의 민주주의 요구'라는 반대를 반대하며 침묵을 강요한 정권이었다. 그 정권의 유지 여부가 13대 대통령 선거로 결정이 될 터였다.

한열이 2학년이 되고 전두환의 12대 대통령 취임 6년째로 접어든 1987년. 대통령 직선제 개헌을 둘러싼 본격적 싸움은 1월 박종철의 죽음과 함께 시작된다. 13일 자정 서울대 언어학과 3학년 박종철은 수배 중인 선배 박종운을 잡으려던 수사관 6명에 의해 연행되었다가, 이튿날 낮에 사망한다. 15일 오전 『중앙일보』 신성호 기자가 대검찰청 공안 4과장으로부터 "경찰, 큰일 났어"라는 한마디를 듣고 사실 파악에 나서면서 사건은 모습이 드러나기 시작했다. 언론사에 대한 '보도지침'이 엄혹했던 시절, 외부 압력과 피 말리는 싸움 끝에 이날 자 『중앙일보』에는 "경찰에서 조사받던 대학생 쇼크사"라는 제목의 2단짜리 기사가 실린다. 그의 시체가 화장된 16일 『경향신문』은 "경찰서 대학생 쇼크사 검찰, 진상 규명 나서"라는 기사를 보도한다.

당시 보도들에 따르면 종철은 14일 오전 경찰이 제공한 콩나물국과 밥으로 아침 식사를 했는데 밤에 술을 너무 많이 마셔 밥맛이 없다며 냉수 몇 컵을 요구해 마셨고 10시 50분쯤부터 심문을 받았다. 11시 20분쯤 수사관이 책상을 세게 두드리는 순간 의자에 앉은 채 갑자기 쓰러졌고, 중앙대 부속병원으로 옮겼으나 12시경 숨졌다는 것. "책상을 '탁' 치며 추궁하자 '억'하고 쓰러졌다"라는 내용으로 역사에 길이 남을, 경찰

박종철기념관
박종철이 고문받다 숨진 구 남영동 대공분실 509호가 보존되어 있다.

이 발표한 사망 경위였다.

조사할 당시 수사관의 가혹 행위는 절대로 없었다는 경찰 입장과 함께 박종철이 과거에 구속되고 징역형을 받았던 기록들이 기재되었지만, 국민의 의혹에 찬 눈초리는 계속이었다.

사실 15일 저녁 부검에 참여한 국립과학수사연구소 법의학과장 황적준 박사는 물고문 도중 질식사한 것 같다는 의견을 피력한 상태였다. 그러나 경찰 측은 사인을 심장마비로 해달라는 협박을 서슴지 않았는데, 당시 황 박사의 일기가 1988년 1월에 공개되어 다시 한번 세상을 들끓게 했다.

"1월 15일 오후 밤 8시 30분경 한양대 영안실에 변사체 도착. 밤 9시경

사체가 부검대에 올려지고 ……부검 시작. 밤 10시 25분 부검 끝내고 영안실 사무실에서 안 검사에게 약 40분간 외상 부위와 사인에 대해 '경부 압박에 의한 질식사임을 배제할 수 없다'라고 설명. 16일 새벽 2시 '아침에 있을 급한 불(본부장의 기자회견)부터 끄자'라는 간부들의 설득에 따라 착잡한 심정으로 '외표 검사상 사인이 될 만한 특이소견 보지 못함'…… 발표용 부검 소견 작성에 동의.……오후 3시경 부검에 입회한 한양대 박 교수와 박 군 삼촌의 목격담이 동아일보에 비교적 상세히 보도된 것을 읽고 '어떤 일이 있어도 부검감정서만은 사실대로 기술해야겠다'라고 결심.……잠자리에 누웠으나 잠 이루지 못함. 17일 아침 6시 10분경 애들을 스케이트장에 데려다주면서 아내에게 '정의의 편에 서서 감정서를 작성하겠다'라고 결심을 밝힘."[122]

17일 결국 『동아일보』에 황 박사의 증언이 보도되면서 물고문에 의한 사망 가능성이 제기된다. 이틀 뒤 시인한 정부는 경찰 두 명을 구속하고 관련 장관 등을 해임하며 민심을 달래려 했다. 그러나 이미 상황은 걷잡을 수 없었고 저항은 본격화되었다. 20일 서울대생의 '고 박종철 학형 추모제'로 시작된 전국적인 추모대회는 3월 '고문 추방 민주화 국민평화 대행진'으로 이어진다. 전두환 정권은 '독재 타도'와 '직선제 개헌'을 외치는 시위를 불법 집회로 규정, 6만 명의 경찰관으로 진압에 나섰다.

1985년에 시작된 대통령 직선제 개헌 요구의 물살은 이 같은 흐름을 타고 더욱 거세어졌다. 그러나 전두환은 "모든 개헌논의를 금지"하는

---

122) 김정남, 『우리는 결코 너를 빼앗길 수 없다』, 민주화운동기념사업회, 2007, pp. 23~25.

박종철 추모 집회

'4 · 13 호헌조치'를 단행한다. 지금까지 개헌논의를 모두 중단하고, 이듬
해 2월 현행 헌법에 따라 정권을 이양하겠다는 내용. 당시 대통령 선거
인단에 의한 간접 선출 방식은 여당 후보의 집권을 보장한 것이니, 결국
정권을 유지하겠다는 전두환 의지의 표명인 셈이었다.

5월 18일 천주교정의구현사제단 김승훈 신부는 "박종철 군 고문치
사사건의 진상이 조작되었다"라는 제목의 사제단 성명을 발표한다. 대
공 간부 3명이 사건을 축소, 조작했고 고문 가담 경관이 다섯 명이었다
는 사실이 밝혀졌다. 전두환 정권은 추가 구속과 문책 인사로 사태를 수
습하려 했지만 속수무책이었다. 23일 '박종철 군 고문살인 은폐 조작 규
탄 범국민대회 준비위원회', 27일 '민주헌법 쟁취 국민운동본부'가 결성
되어, 6월 10일 '박종철 고문 은폐 조작 및 호헌선언 반대 범국민대회'를
준비했다.

1987년 6월 9일 역사가 된 젊음들

그해 2월 13일 한열은 광주에서 서울로 편지 한 통을 보냈다. 당시 그는 서울에서 교사로 근무하던 셋째 누나와 거주하고 있었는데, 누나는 9일 저녁 서울에 도착한 남동생이 늦은 밤 학교로 향한 것을 수상하게 여겼다. 한열의 서클(동아리) 가입 사실을 알게 된 누나가 부모님에게 연락을 드렸고, 그다음 날로 올라온 어머니가 자신을 데리고 광주로 내려갔다는 내용의 편지였다.

서클 활동을 정리하지 않으면 휴학하고 군에 입대하라는 부모의 최후통첩을 받은 그는 사회과학책 몇 권을 챙겨 광주로 내려갔다. 여느 가정과 마찬가지로 한열 또한 아들의 안위를 걱정하는 부모와 마찰을 겪은 것이다. 그전 해 12월 말 내려왔을 때도 어머니는 한열에게 고시 준비를 하고 있느냐 물었다. 자신이 하려는 일과 극과 극을 달리는 것에 부모님께 자기 생각을 말씀드리지 못하는 스스로가 미웠으나 당시 그럴 필요까지는 없다고 생각했던 터였다. "80년 5월 18일, 망월동 공원묘지 303호실에서"라고 시작하는 일기에 그의 의지는 여전했고 이미 누구도 막아설 수 없는 것처럼 보였다.

"도서관 위의 하늘은 파란색 위에 최루가스를 덮어놓은 것처럼 흐므레했고, 5월의 핏빛은 내 마음속에 머물러 있었다.……오늘 또다시 생각한다. 나의 어린 날의 추억, 피의 항쟁이 끝난 후 6월 초순, 아무런 의식이 없는 상태에서 나는 자연을 만끽했고 고풍의 문화재에 심취했다. 친구들과 찍은 몇 장의 사진이 슬라이드로 흐르고, 사회의 외곽지대에서, 무풍

지대에서 스스로 망각한 채 살아왔던 지난날이 부끄럽다."(1987년 5월)[123]

각 대학은 전국적 시위를 위한 출정식을 준비한다. 한열도 6월 9일 열린 '6·10 대회 출정을 위한 연세인 결의대회'에 참가한다. 박종철의 죽음과 '호헌 조치'에 분노해 거리 한복판으로 나서기로 한 학생들. 이날 오후 2시 천여 명의 연세대 학생은 동아리 깃발을 들고 도서관 앞 민주광장에 모였고, 두 시간 후 "호헌 철폐" "독재 타도" 구호를 외치며 정문으로 향했다.

이미 오전 9시부터 연대 앞과 신촌 로터리 일대 수백 명의 전투경찰이 진압을 위해 배치된 상황이었다. 경찰은 정문에 도달한 학생들에게 최루탄을 발포했다. 이를 피해 교내로 뛰어가던 한열. 최루탄이 뒤통수에 맞으며 터진다. 얼굴과 코에서 피가 쏟아졌고, 쓰러지는 그를 발견한 도서관학과 2학년 이종창이 부축하며 학교로 들어갔다. 한열은 세브란스 병원으로 옮겨지는 동안 의식을 완전히 잃지는 않았지만, 약 1시간 뒤 "내일 시청에 나가야 하는데"라는 말을 남기고 혼수상태에 빠진다.

이한열 피격 장소에 조성된 기념 동판

123) 이한열, 「1987년 분단 42년 피맺힌 오월」, 앞의 글, 2013.
http://www.leememorial.or.kr/?tpf=board/view&board_code=7&code=261 2022. 3. 30. 접속.

"87년 6월 9일, 6·10을 하루 앞두고 서울을 비롯해 전국의 대학들이 동시에 출정식을 가졌다. '시청으로 가자!' 당연히 연세대에서도 출정식을 하고 격렬한 시위가 있었다. 그때의 상황이야 지금 상세히 기억해낼 순 없지만 그날 한열이는 우리의 눈앞에서 쓰러져갔다. 당시 우리 중대(45중대)와 44중대가 정문을 담당해서 sy44탄을 동시에 쏘았었다. 한 개 중대에 사수가 15명 정도가 되니까 약 30명이 함께 쏘아서 그중 한 발 정도가 너무 각도가 낮았는지 한열이의 머리에서 터진 것이었다. 다음 날 중앙일보 신문엔 피 흘리며 쓰러진 채 부축되어 일어서는 한열이의 사진이 실렸고 상당히 비참하면서도 충격적이고 국민의 분노를 충분히 살 만한 모습이었다."(1988년 3월)[124]

이날 쓰러진 이한열 건너편에는 그에게 최루탄을 겨누어야 했던 비슷한 또래의 전투경찰들이 있었다. 거의 매일 연세대 앞에 나가 학생 시위대를 막았던 최 아무개(당시 22) 역시 그중 한 명이다. 최 씨는 당시 상황을 기록했고, 30년이 지난 2017년 5월 '이한열기념사업회'를 직접 방문해 전경 생활 모습이 담긴 사진 10여 장과 일기장을 전달했다. 6월 9일 그날이 기억된 일기장이었다.

한열이 죽음 앞에 놓여 있던 다음 날, 민정당 전당대회에서는 노태우가 대통령 후보로 선출된다. 예정대로 오후 6시 개최된 범국민대회, 22개 도시에서 시위대가 거리로 쏟아져 나왔다. 정부는 시위 원천 봉쇄를 위해 버스와 택시 경음기를 떼어냈고, 직장인의 조기 퇴근을 독려해

---

124) 황금비, "'눈앞에서 이한열이 쓰러졌다'……1987년 6월 기록한 어느 전경의 일기', 『한겨레』, 2017. 6. 11. https://www.hani.co.kr/arti/society/society_general/798283.html 2022. 3. 30. 접속.

시위 참여를 막으려 했다. 옥외방송 마이크를 꺼버리고 서울에서는 지하철 1·2호선이 지나는 도심역들을 폐쇄해 열차가 그냥 통과하게 했다.

그러나 그 같은 각종 시도와 서울에서만 2만 3천여 명이 동원된 경찰력으로도 시민의 분노를 막을 수 없었다. 차량 운전사들은 서행하며 경적을 울렸고 시내버스에서 시민들은 흰 손수건을 흔들었다. 시민대회 끝 세브란스병원과 명동성당에서 천여 명의 학생들은 철야 농성하며 시위를 이어갔다. "우리 민주 학우 한열이를 살려내라!" 구호가 터져 나오기 시작했다.

12일 천주교 신부들은 회의를 열어 명동성당에서 농성하는 학생들을 끝까지 보호할 것을 결의한다. 시민들은 명동 거리에 나선 시위대를 향해 박수를 보내고, 사무직 노동자들은 학생들과 함께 시위를 벌였다. 일명 '넥타이 부대'의 탄생. 명동 입구부터 신세계 백화점 사이 도로 주변

6·10 대회 이후 명동성당 사제단

넥타이 부대를 포함한 시민 2천여 명이 모여 "호헌 철폐" "독재 타도"를 외쳤다. 건물 안에서는 두루마리 휴지를 던지며 참여했다. 차량은 경적으로 격려하고 시민은 박수로 호응하는 속 평화적인 시위는 경찰의 강압으로 격렬해졌다.

명동성당 농성의 영향으로 15일 전국 대학에서 시위를 이어갔고, '6·18 최루탄 추방 대회'에는 14개 도시에서 경찰 집계만으로도 20만 명이 참가한다. 한열이 혼수상태에서 깨어나지 못한 지 19일째인 6월 26일, 오후 6시 37개 도시에서 '6·26 국민평화 대행진'이 열렸다. "국민의 힘으로 민주화를 쟁취하자"는 플래카드를 내세운 이 시위에는 국민운동본부 집계로 130만 명이 참가해 전두환 정권 아래 가장 많은 참여 인원을 기록했다. 6월 29일 민주정의당 대통령 후보 노태우는 결국 '5년 단임의 대통령 직선제 개헌' '김대중 사면복권' 등 민주화 요구를 반영한 8개 항목의 시국수습 방안을 발표하기에 이른다. '6·10 민주항쟁'이라 불리게 될 이 모든 과정은 전국 20~30개 도시에서 동시다발적으로, 학생만이 아닌 대한민국 국민이 함께 얻어낸 대한민국 민주화의 역사적 장면이었다.

"약 20일 정도가 지나 이한열은 합병증으로 사망했다.……어쨌든 격동의 한 시기에 나와 직접 연관된 굉장한 사건이 되어버렸다. 아직도 9개월 전의 그때 함성들이 머리를 울린다. '민주를 사랑하는 한열이를 살려내라!' 우리들 다리를 부여잡고 친구를 살려내라고 피를 토하듯 울부짖던 그 학생들의 모습과 함께."(1988년 3월)[125]

---

125) 황금비, 앞의 글.

이한열 장례 추모 행진
1987년 7월 9일 민주국민장으로 치러진 이한열의 장례

6월 민주항쟁 당시 독재 규탄 문구 ⓒ서울역사박물관
서울 시청 부근 보행로에 새겨진 독재 규탄 문구 (1987년 7월 9일)

7월 5일 사망한 한열의 장례식은 9일 민주 국민장으로 진행됐다. 오전 9시에 거행된 영결식에서 조사를 한 문익환 목사가 민주화에 희생된 광주 2천여 영령과 스물다섯 열사의 이름을 한 명씩 부르짖을 때, 추모객들은 다 같이 눈물을 쏟았다. 수십만 서울시민들은 신촌 로터리와 시청광장에서 구호와 묵념으로 한열을 떠나보냈다.

그의 고향 전라도로 향한 운구행렬은 전남도청 앞 광장에서 수십만 시민의 배웅을 뒤로하고 망월동으로 향했다. 대한민국 민주화를 앞당긴 한열은, 자신이 정의를 위해 일어나게 한 5·18 묘역에 안장되었다.

10월 27일 드디어 대통령 직선제를 위한 국민투표가 진행되었고 9차 헌법 개정이 이루어진다. 이에 따라 실시된 13대 대통령 선거는 야권의 분열로 36.6%를 획득한 노태우의 승리로 돌아가 버렸지만, 이후 여소야대 국회라는 다음 전진을 위한 발판이 만들어졌다.

"목요일 제대를 했다. 데모라면 신물이 날 정도로 막아야 했던 86년 7월 ~88년 12월까지의 전투경찰 생활을 드디어 청산했다.……다치기를 무려 4번! 나의 다리는 온통 꿰맨 자국이 수두룩하고 남은 건 영광도 없는 상처뿐인가 싶다. 그래도 후유증이 심하게 다친 것이 없어서 다행이라고 생각하고 제대를 했다. 길거리에서 시커먼 얼굴로 식사하던 지긋한 그 생활들이 정말 싫었고 뜨거운 한여름의 그 목마름은 또……그렇게 애를 먹었고, 많이도 싸웠는데 어떻게 난 보람이랄까, 자부심이란 것이 없고 오히려 수치심이 앞서는 것에 정말 화가 치민다."(1988년 12월 29일)[126]

126) 황금비, 앞의 글.

이한열 조형물

1987년 6월 9일 오후 4시 40분 로이터통신의 정태원 사진기자에 의해 찍힌, 피 흘리며 부축받는 이한열의 사진. 『중앙일보』와 『뉴욕타임스』 1면에 실려 대한민국 국민의 마음을 결국 어울러내게 만든 그 순간은 AP통신 선정 20세기 100대 보도사진 중 하나가 되었다. 연세대 이한열 추모 언덕 위 조형물로도 기념되어 여전히 그날 그 순간을 기억하게 한다. 원치 않은 가해자가 되어 무거운 짐을 지고 살아가게 될 그 시절 젊음의 또 다른 비극 역시 함께다.

21세기 현재, 사는 것이 당연하고 누리는 것이 자연스러운 '대한민국 국민으로서의 민주적'인 삶은, 자신의 미래 대신 정의와 올바름을 위해 거리로 나섰던 수많은 박종철, 이한열 그리고 어쩔 수 없이 반대편에 설 수밖에 없었던, 이름조차 밝힐 수 없는 허다한 젊음에게 빚지고 있는 건 아닐까. 그들이 포기한 것을 누리고 있을 수도 있는 우리는 정의와 올바름을 위해 '무엇'을 '어떻게' 선택하면서 일상을 살고 있을까. 그 선택한 과정과 결과를 후대를 위해 기록으로 남기고 기억하는 작업을, 우리는 오롯이 반듯하게 잘해나가고 있다 할 수 있을까.

30여 년의 세월이 흐른 지금, 1987년에 시간이 멈춰버린, 여전한 스물 두 살 젊음, 이한열이 우리에게 묻고 있는 듯하다.

| 참고문헌 |

강만길, 『고쳐 쓴 한국현대사』, 창비, 2018.

강만길, 『역사는 변하고 만다』, 당대, 2003.

강준만, 『한국 현대사 산책 1950년대편』 1~3, 인물과 사상사, 2004.

강준만, 『한국 현대사 산책 1960년대편』 1~3, 인물과 사상사, 2004.

강준만, 『한국 현대사 산책 1970년대편』 1~3, 인물과 사상사, 2002.

강문식 외, 『15세기 조선의 때 이른 절정』, 민음사, 2014.

강응천 외, 『16세기 성리학 유토피아』, 민음사, 2014.

강항, 이을호 옮김, 『간양록』, 서해문집, 2005.

고경태, 『대한국民 현대사』, 푸른숲, 2013.

고동환 외, 『한국사 특강』, 서울대학교출판문화원, 2008.

고정휴, 『이승만과 한국 독립운동』, 연세대학교 출판부, 2004.

광주광역시 5 · 18사료편찬위원회, 『5 · 18 광주민주화운동자료총서 제51권 : 신문기사 자료모음집 1』, 광주 광역시 5 · 18사료편찬위원회, 2010.

국가보훈처, 『(4 · 19혁명 60주년) 민주열사들을 만나다』, 국가보훈처 국립4 · 19민주묘지, 2020.

권보드래 외, 『1970 박정희 모더니즘』, 천년의상상, 2015.

권헌익, 정소영 옮김, 『전쟁과 가족』, 창비, 2020.

끌라르 보티에, 이뽀리트 프랑뎅, 김상희 · 김성언 옮김, 『프랑스 외교관이 본 개화기 조선』, 태학사, 2002.

金九, 白凡金九先生記念事業協會 譯, 『金九 自敍傳: 白凡逸志』, 白凡金九先生記念事業協會, 1947.

김구, 양윤모 옮김, 『백범일지』, 미르북컴퍼니, 2017.

김구, 열화당 편집부 옮김, 『백범일지』, 열화당, 2019.

김기수, 구지현 옮김, 『일동기유』, 보고사, 2018.

金綺秀, 李載浩 譯註, 『譯註 日東記游』, 釜山大學校 韓日文化研究所, 1962.

김돈, 『뿌리 깊은 한국사 샘이 깊은 이야기』 4, 가람기획, 2014.

김동춘, 『대한민국은 왜? 1945~2015』, 사계절, 2015.

김동호, 『대통령 경제사 1945~2012』, 책밭, 2012.

김백철 외, 『18세기 왕의 귀환』, 민음사, 2014.

김성주 외, 『4월 학생민주혁명』, 지식과교양, 2013.

김성칠, 『(고쳐쓴) 조선역사』, 大韓金融組合聯合會, 1950.

김성칠, 『역사 앞에서』, 창비, 2009.

김세중, 『6월 민주항쟁과 한국의 압축 민주화』, 대한민국역사박물관, 2018.

김인호, 『공존과 화해의 한국현대사』, 국학자료원, 2013.

김정남, 『우리는 결코 너를 빼앗길 수 없다』, 민주화운동기념사업회, 2007.

김정인 외, 『19세기 인민의 탄생』, 민음사, 2015.

김정인 외, 『한국근대사』 2, 푸른역사, 2016.

김태웅, 『뿌리 깊은 한국사 샘이 깊은 이야기』 6, 가람기획, 2013.

김태일, 『거제도 포로수용소 秘史』, 북산책, 2011.

김찬웅, 『선비의 육아일기를 읽다』, 글항아리, 2008.

나혜석, 서정자 엮음, 『원본 나혜석 전집』, 푸른사상, 2013.

나혜석, 조일동 엮음, 『나혜석의 말』, 이다, 2020.

남정옥, 『북한 남침 이후 3일간, 이승만 대통령의 행적』, 살림, 2015.

남평 조씨, 박경신 역주, 『병자일기』, 나의시간, 2015.

남평 조씨, 전형대 · 박경신 역주, 『丙子日記』, 예전사, 1991.

류성룡, 김시덕 역해, 『교감 · 해설 징비록』, 아카넷, 2013.

류성룡, 김흥식 옮김, 『징비록』, 서해문집, 2003.

류성룡, 이재호 번역, 『국역 징비록』, 서애선생기념사업회, 2001.

류승렬, 『뿌리 깊은 한국사 샘이 깊은 이야기』 7, 가람기획, 2016.

맹의순, 남대문교회 엮음, 『십자가의 길』, 홍성사, 2017.

메리 린리 테일러, 송영달 옮김, 『호박목걸이』, 책과함께, 2014.

모지현, 『사건으로 보는 한국 현대사』, 더좋은책, 2022.

무적핑크 외, 『세계사톡』 3, 위즈덤하우스, 2019.

무적핑크 외, 『세계사톡』 4, 위즈덤하우스, 2020.

무적핑크 외, 『세계사톡』 5, 위즈덤하우스, 2020.

문중양 외, 『17세기 대동의 길』, 민음사, 2014.

문화재청 엮음, 『수난의 문화재: 이를 지켜낸 인물 이야기』, 눌와, 2008.

미상, 김광순 옮김, 『산성일기』, 서해문집, 2004.

미상, 조재현 옮김, 『계축일기』, 서해문집, 2003.

박동찬, 『통계로 본 6 · 25 전쟁』, 국방부 군사편찬연구소, 2014.

박상식, 부산박물관 옮김, 『동도일사』, 서해문집, 2017.

박제가, 박정주 옮김, 『북학의』, 서해문집, 2003.

朴趾源, 李家源 譯, 『熱河日記』 上下, 大洋書籍, 1973.

박지원, 허경진 글, 『열하일기』, 현암사, 2009.

박찬승, 『마을로 간 한국전쟁』, 돌베개, 2010.

박태균, 『한국전쟁』, 책과함께, 2005.

박평식 외, 『뿌리 깊은 한국사 샘이 깊은 이야기』 5, 가람기획, 2015.

박홍갑 외, 『승정원일기』, 산처럼, 2009.

손해용, 『다시 쓰는 경제교과서』, 중앙북스, 2011.

송덕봉, 문희순 외 번역, 『국역 덕봉집』, 심미안, 2012.

서미경, 『홍어장수 문순득, 조선을 깨우다: 조선 최초의 세계인 문순득 표류기』, 북스토리, 2010.

서인범, 『명대(明代)의 운하길을 걷다: 항주에서 북경 2500km 최부의 '표해록' 답사기』, 2012.

서중석, 『사진과 그림으로 보는 한국현대사』, 웅진, 2005.

신기수, 김경희 옮김, 『조선통신사의 여정: 서울에서 에도-'성신의 길'을 찾아서』, 월인, 2018.

신병주, 『책으로 읽는 조선의 역사』, 휴머니스트, 2017.

신유한, 성락훈 외 번역, 『해유록』, 『국역 해행총재』 I II, 민족문화추진회, 1977.

신유한, 이효원 편역, 『조선 문인의 일본견문록-해유록』, 돌베개, 2011.

안광묵, 구지현 옮김, 『창사기행』, 보고사, 2018.

안재철, 『생명의 항해』, 자운각, 2008.

안중근, 푸른나무 펴냄, 『안응칠, 이토히로부미를 쏘다!』, 푸른나무, 2004.

연세대학교박물관, 『(연세가 기록한 1960년 4월 혁명) 청년 학생의 힘: 정의의 깃발! 자유의 함성! 민주의 길』, 연세대학교 박물관, 2020.

오욱환, 『한국 사회의 교육열: 기원과 심화』, 교육과학사, 2000.

오희문, 신병주 해설, 『한 권으로 읽는 쇄미록』, 사회평론아카데미, 2020.

오희문, 유영봉 외 옮김, 『쇄미록』 1~6, 국립진주박물관, 2018.

오희문, 李民樹 譯, 『瑣尾錄』 上·下, 해주 오씨 추탄공파 종중, 1990.

윌리엄 T. 로, 기세찬 옮김, 『하버드 중국사 청』, 너머북스, 2014.

유영익, 『젊은 날의 이승만』, 연세대학교 출판부, 2002.

유영익 편, 『이승만 대통령 재평가』, 연세대학교 출판부, 2006.

유희춘, 권수용 편역, 『(연운당 소장) 갑술년 미암일기(眉巖日記)』, 곡성군, 2019.

유희춘, 안동교 외 옮김, 『미암집』 3, 경인문화사, 2013.

유희춘, 정창권 풀어씀, 『홀로 벼슬하며 그대를 생각하노라』, 사계절, 2016.

윤치호, 김상태 편역, 『물 수 없다면 짖지도 마라』, 산처럼, 2013.

윤치호, 박정신 · 이민원 번역, 『국역 윤치호 영문 일기』 3, 국사편찬위원회, 2015.

윤치호, 박미경 번역, 『국역 윤치호 영문 일기』 4, 국사편찬위원회, 2016.

윤치호, 박미경 번역, 『국역 윤치호 영문 일기』 5~7, 국사편찬위원회, 2015.

윤치호, 박미경 번역, 『국역 윤치호 영문 일기』 8, 국사편찬위원회, 2016.

윤치호, 박정신 번역, 『국역 윤치호 영문 일기』 9~10, 국사편찬위원회, 2016.

윤치호, 윤경남 옮김, 『국역 佐翁 윤치호 서한집』, 호산문화, 1995.

이문건, 김인규 옮김, 『역주 묵재일기』 1~4, 민속원, 2018.

이문건, 이상주 역주, 『양아록』, 태학사, 1997.

이상호 · 이정철, 『역사책에 없는 조선사』, 푸른역사, 2020.

이순신, 노승석 옮김, 『난중일기』, 여해, 2019.

이순신, 박종평 옮김, 『난중일기』, 글항아리, 2018.

이순신, 이은상 풀이, 『난중일기』, 현암사, 1993.

이승만, 『국역 이승만 일기』, 대한민국역사박물관, 2015.

李珥, 成樂薰 外 原譯, 『經筵日記』, 『國譯 栗谷全書』 Ⅳ, 韓國精神文化研究院, 1988.

이이, 오세진 역해, 『율곡의 상소』, 홍익, 2019.

이이, 오항녕 옮김, 『율곡의 경연일기』, 너머북스, 2016.

이장규, 『대한민국 대통령들의 한국경제 이야기』 1, 살림, 2014.

이정현, 『한국전쟁과 타자의 텍스트』, 삶창, 2021.

이재영, 『4 · 19혁명과 소녀의 일기: 역사의 봄을 되살려 낸 민주주의 이야기』, 지식과감성, 2017.

이주영 외, 『이승만 연구의 흐름과 쟁점』, 연세대학교 대학출판문화원, 2012.

이택선, 『우남 이승만 평전: 카리스마의 탄생』, 이조, 2021.

이한우, 『이승만 90년』 上, 조선일보사, 1995.

이훈, 『조선인의 표류와 기록물』, 『항해와 표류의 역사』, 솔, 2003.

이희진, 『한국전쟁사』, 살림, 2014.

임영태, 『국민을 위한 권력은 없다』, 유리창, 2013.

張漢喆, 鄭炳昱 譯, 『漂海錄』, 汎友社, 1979.

전국역사교사모임, 『처음 읽는 일본사』, 휴머니스트, 2018.

전태일, 전태일기념사업회 엮음, 『전태일 전집 내 죽음을 헛되이 말라 – 일기 · 수기 · 편지 모음―』, 돌베개,
　　　　1988.

정병준 외, 『한국현대사』 1, 푸른역사, 2018.

제밀 아이든 외, 이진모 · 조행복 옮김, 『하버드 C. H. 베크 세계사 1750~1870』, 민음사, 2021.

제임스 S.게일, 최재형 옮김, 『조선, 그 마지막 10년의 기록(1888~1897)』, 책비, 2018.

제임즈 게일, 張文平 譯, 『코리언 스케치』, 玄岩社, 1971.

조관희, 『중국현대사』, 청아, 2019.

조정래, 『전태일평전』, 아름다운전태일, 2020.

조헌, 동아시아비교문화연구회 옮김, 『조천일기』, 서해문집, 2014.

최부, 서인범 · 주성지 옮김, 『표해록』, 한길사, 2004.

최부, 이재호 번역, 「표해록」, 『국역 연행록선집』 I , 민족문화추진회, 1976.

최부, 허경진 옮김, 『표해록』, 서해문집, 2019.

최성환, 『문순득 표류 연구 – 조선후기 문순득의 표류와 세계인식–』, 민속원, 2012.

폴 로프, 강창훈 옮김, 『옥스퍼드 중국사 수업』, 2016.

폴 코트라이트, 최용주 옮김, 『5 · 18 푸른 눈의 증인』, 한림출판사, 2020.

프란체스카 도너 리, 조혜자 옮김, 『6 · 25와 이승만: 프란체스카의 난중일기』, 기파랑, 2010.

테리 앤더슨 외, 한국기자협회 엮음, 『5 · 18 특파원리포트』, 풀빛, 1997.

허은 편, 『정의와 행동 그리고 4월 혁명의 기억』, 선인, 2012.

현봉학, 『현봉학』, 북코리아, 2017.

헨드릭 하멜, 김태진 옮김, 『하멜표류기』, 서해문집, 2003.

헨드릭 하멜, 유동익 옮김, 『하멜 보고서』, 중앙M&B, 2003.

헨드릭 하멜, 李丙燾 譯註, 『하멜漂流記』, 一潮閣, 1954.

홍석률 외, 『한국현대사』 2, 푸른역사, 2018.

황석영 외, 『죽음을 넘어 시대의 어둠을 넘어』, 창비, 2017.

황준헌, 김승일 편역, 『조선책략』, 범우사, 2020.

H. N. 알렌, 金源模 完譯, 『舊韓末 激動期 秘史 알렌의 日記』, 檀國大學校 出版部, 1991.

I. B. 비숍, 신복룡 역주, 『조선과 그 이웃 나라들』, 집문당, 2019.

J. M. 로버츠 외, 노경덕 외 옮김, 『세계사』 II , 까치, 2015.

Oliver R. Avison, 에비슨記念事業會 譯, 『舊韓末秘錄』 上 下, 大邱大學校 出版部, 1984.

Oliver R. Avison , 황용수 번역, 『(고종의 서양인 전의(典醫) 에비슨 박사의 눈에 비친) 구한말 40여 년의 풍경』, 대구대학교 출판부, 2006.

Hamel, Hendrik. and B. Hoetink eds. 『Verhaal van het vergaan van het jacht de Sperwer En van het wedervaren der schipbreukelingen op het eiland Quelpaert en het vasteland van Korea (1653–1666) met eene beschrijving van dat rijk』, Martinus Nijhoff, 1920.

Gale, James S. 『Korean Sketches』, Fleming H. Revell Company, 1898.

❙ 참고사이트 ❙

경향신문
국립대한민국임시정부기념관
국립중앙박물관
국사편찬위원회
대한민국역사박물관
두산백과
동아일보
문화재청
민주화운동기념사업회
연합뉴스
위키백과
위키실록사전
서울역사박물관
(사)이한열기념사업회
디지털장서각
중앙일보
한겨레신문
한국민족문화대사전

Internet Archive
LIFE
Project Gutenberg